PHILÈBE

Œuvres de Platon
dans la même collection

PLATON

PHILÈBE

Introduction, traduction et notes
par
Jean-François PRADEAU

Traduit avec le concours du Centre national du Livre

GF Flammarion

© Flammarion, Paris, 2002.
ISBN : 978-2-0807-0705-5

REMERCIEMENTS

Cette nouvelle traduction du Philèbe *a été relue par Michel Crubellier et Chantal Marbœuf, aux corrections desquels elle doit beaucoup. Le texte du* Philèbe *est, en plusieurs endroits, incertain ou corrompu, de sorte que j'ai dû avoir recours à des constructions de fortune et à des choix de traduction parfois très hypothétiques, que mes deux lecteurs ont considérés ou corrigés avec bienveillance. Ils m'ont suggéré bon nombre de solutions heureuses et m'ont évité ainsi bien des erreurs.*

Luc Brisson, Francesco Fronterotta et Jérôme Laurent m'ont fait l'amitié de relire tout ou partie de ces pages. Je leur exprime ma gratitude, ainsi qu'à Richard Goulet, qui a mis à ma disposition un lexique grec complet du texte du dialogue, composé à partir du logiciel Lexis 2 *dont il est l'auteur.*

pour Frédéric Brahami

INTRODUCTION

Le *Philèbe* s'ouvre presque brutalement sur une conversation déjà entamée : Socrate, Protarque et Philèbe discutent ensemble du meilleur mode de vie, et ils ont ainsi entrepris de définir le bien le plus estimable, à la poursuite duquel la vie humaine doit être ordonnée si elle veut atteindre le bonheur (*eudaimonía*). Lorsque Socrate demande à ses interlocuteurs qu'ils lui désignent « la disposition et l'état de l'âme qui sont capables de procurer à tous les hommes la vie heureuse » (11d4-5), il pose une question dont on peut dire qu'elle est le principal souci de la réflexion éthique grecque. Loin que de l'ouvrir, les personnages du *Philèbe* viennent donc prendre part à un débat déjà ancien, en choisissant de disputer d'abord des mérites respectifs de deux modes de vie distincts : celui qui est fondé sur la jouissance et qui se donne le plaisir pour bien, et celui qui s'appuie sur une vie de réflexion pour consacrer la bonté de l'activité intellectuelle. Mais cet affrontement paraît vain : les deux modes de vie qu'on voudrait opposer ne sont pas, en effet, des modes de vie contraires, pas plus que le plaisir et la réflexion ne sont eux-mêmes des contraires. Le débat que promettent les premières phrases du dialogue est presque immédiatement déjoué en faveur de la recherche d'un « troisième » mode de vie, à la fois distinct de la réflexion et du plaisir ; et le dialogue qui semblait annoncé entre

Socrate et Philèbe n'aura pas davantage lieu : Philèbe
n'intervient guère dans l'entretien que pour faire valoir
une thèse hédoniste très générale[1], quand Socrate
choisit en revanche de soumettre à Protarque l'hypothèse que la vie bonne ne saurait être ni la vie de plaisir
ni la vie de réflexion, mais une tierce vie qui l'emporte
en bonté sur les deux premières tout en n'étant rien
d'autre qu'un certain mélange du plaisir et de la
réflexion.

L'OBJET DE LA RECHERCHE

Lorsque Marsile Ficin entreprit de donner aux dialogues de Platon leur première traduction latine, il fit
d'abord paraître, en 1464, un ensemble de dix dialogues dont le *Philèbe* était la dernière pièce[2]. Fidèle en
cela au privilège que les néoplatoniciens avaient accordé

1. Philèbe, dont le nom signifie, littéralement, « celui qui aime les
jeunes gens », se contente ainsi d'affirmer que la vie bonne est la vie
de plaisir. Ce personnage est parfaitement fictif. Parce qu'il soutient
une thèse hédoniste relativement convenue, la question se pose de
savoir si Platon en fait le prête-nom d'une école, d'une doctrine,
voire d'un auteur particulier (voir l'Annexe 2). Son disciple Protarque, tout aussi fictif, montre une attitude plus conciliante et, le fait
est assez rare pour être signalé, renonce progressivement à défendre
la thèse de son maître pour se ranger, sous ses yeux, à l'opinion
concurrente de Socrate. C'est ce qui l'apparente notamment au
Polos du *Gorgias*.
2. Cette première décade platonicienne comportait l'*Hipparque*, le
Sur la philosophie, le *Théagès*, le *Ménon*, le premier et le second *Alcibiade*, le *Minos*, l'*Euthyphron*, le *Parménide* et enfin le *Philèbe* ; on
tient aujourd'hui six de ces dialogues pour douteux (et notamment
le premier *Alcibiade* ; voir toutefois mes remarques introductives à la
traduction de ce dialogue, dans la même collection) ou apocryphes
(*Hipparque*, *Sur la philosophie*, *Théagès*, second *Alcibiade* et *Minos*).
Ces doutes n'étaient pas de mise à l'époque de Ficin. Le *Commentaire du* Philèbe qu'a rédigé ce dernier est présenté, traduit et commenté en langue anglaise par J.M.B. Allan, *Marsilio Ficino. The* Philebus *Commentary. A Critical Edition and Translation*, Berkeley et
Los Angeles, University of California Press, 1975. Ce *Commentaire*
n'est pas exhaustif : il se présente comme une lecture cursive du *Philèbe*, mais s'interrompt à la hauteur de la page 24a.

au dialogue [1], Ficin le plaçait au terme de l'ascension
philosophique qui devait conduire le lecteur de Platon
à la découverte du souverain bien, du *summum bonum*
qui est à la fois la cause de toutes choses et la fin à
laquelle toutes aspirent, leur commune félicité [2]. Selon
son illustre traducteur florentin, Platon avait ainsi
cherché à démontrer que la quête humaine de la félicité n'avait pas d'autre fin que la connaissance du
« Bien », et l'enquête éthique du dialogue, dont l'objet
est la vie bonne, pouvait être tenue pour l'apothéose de
la réflexion philosophique, pourvu que l'on définisse
cette dernière comme la recherche du « Bien » et qu'on
sache reconnaître dans le *Philèbe* l'accomplissement
d'une recherche métaphysique que Platon avait portée
au comble de sa rigueur et de sa complexité dans le
Parménide. Quels qu'en soient les présupposés hermé-
neutiques ou religieux, le jugement que Ficin portait
en son temps sur le *Philèbe* a pour intérêt, aujourd'hui
encore, de souligner combien le dialogue platonicien
accomplit en effet un mouvement de synthèse ou de
reprise : dans le *Philèbe*, Platon met au service d'un
argument éthique un ensemble de thèses relatives à la
réalité dans son ensemble comme à la connaissance

---

1. Si ces œuvres ont disparu, on sait toutefois avec certitude que
tous les principaux et successifs représentants de la tradition néopla-
tonicienne ont consacré des commentaires au *Philèbe* ; il ne nous
reste aujourd'hui que des notes d'un cours professé par l'un des derniers représentants de la tradition platonicienne, Damascius (qui
commentait Platon au tournant des Ve et VIe siècles) : *Damascius, Lectures on the Philebus, Wrongly Attributed to Olympiodorus*, édition et
traduction anglaise annotée par L.G. Westerink, Amsterdam, North-
Holland Publishing Company, 1982. L.G. Westerink donne la liste
des commentaires néoplatoniciens consacrés au *Philèbe*, p. XXI.
L. Brisson rassemble les informations relatives à l'ordre dans lequel
les platoniciens anciens lisaient et commentaient les dialogues platoniciens dans « Diogène Laërce, "Vies et doctrines des philosophes
illustres", livre III : structure et contenu », *Aufstieg und Niedergang
der Römischen Welt*, II, 36, 5, Berlin/New York, De Gruyter, 1992,
p. 3619-3760. En bref, cet ordre de lecture connaît un certain
nombre de variantes jusqu'à Jamblique (c. 240-325). À partir de ce
dernier, les néoplatoniciens n'en changeront plus.
2. Ficin, *op. cit.*, chap. I, 362r, puis chap. V.

qu'on peut en avoir ; des thèses que d'autres dialogues
ont plus amplement examinées et justifiées et qui sont
ici reprises afin de contribuer à la réflexion éthique.
Encore faut-il immédiatement ajouter que cette reprise,
si elle prend souvent la forme économe, sinon elliptique, d'une succession de résumés, s'avère être parfois
l'occasion d'une révision, voire d'un approfondisse-
ment doctrinal. Toujours est-il que bon nombre de ces
développements sont présentés par Socrate comme de
simples rappels, de telle sorte que le dialogue prend
parfois l'aspect d'un *compendium* ou d'un manuel. Ce
que dit Platon dans d'autres dialogues du monde, de
ses causes intelligibles, de la manière dont nous pouvons les connaître et y trouver de surcroît le principe
du gouvernement de nos conduites, tout cela est ici
répété par Socrate. On peut dire du *Philèbe* qu'il est à
cet égard la démonstration publique, à la faveur du
débat éthique sur la vie bonne, de la pertinence de
l'ensemble de la doctrine platonicienne : la philosophie
y fait la preuve de son aptitude à rendre compte de la
réalité et, pour cette raison, de sa capacité à concevoir
ce qui est bon [1]. Les lecteurs contemporains et les successeurs immédiats de Platon, au sein ou à la marge de
l'Académie que ce dernier avait fondée, ne s'y trompè-
rent pas. Pour autant qu'on puisse en juger d'après les
témoignages trop rares, c'est semble-t-il à partir du
Philèbe que Speusippe (c. 410-339, le premier succes-
seur de Platon à la tête de l'Académie) et Xénocrate
(c. 395-347, qui succéda à Speusippe) élaborèrent les
principales catégories de leur propre platonisme [2], et
c'est en critiquant ces Académiciens qu'Aristote trouva
à son tour la synthèse de la doctrine avec laquelle il

---

1. C'est du reste ce qui explique et justifie la place que les néoplatoniciens, et Ficin à leur suite, ont réservée au dialogue en le désignant comme l'accomplissement (éthique) de la philosophie platonicienne, en rapportant son enseignement à celui des dialogues
consacrés à l'« un » ou à l'« être » (et surtout au *Parménide*), ou
encore à la nature (au *Timée*).

2. L'Annexe 2, en fin de volume, y revient et comporte les principales références bibliographiques.

entreprit de rompre[1]. Les pages qui suivent présentent les principaux arguments du dialogue ; leur variété et leur importance dans la doctrine platonicienne devraient suffire à justifier l'attention que lui portèrent les lecteurs anciens.

OBJeT

L'objet du *Philèbe* est la vie bonne, et non pas d'emblée la définition du plaisir et de la réflexion ; ces derniers sont deux biens consacrés, deux concurrents que l'on oppose dans les discussions savantes et sans doute dans la discussion éthique commune. Or c'est là précisément l'opposition à laquelle Platon entend soustraire la réflexion éthique. Ces deux activités présentent à ses yeux pour commune caractéristique de ne pas être le bien, c'est-à-dire de ne pas être entièrement et toujours bonnes. Ce qui veut dire qu'elles peuvent toutes deux l'être partiellement et parfois, et que certains plaisirs ou certaines formes de réflexion comportent une part de bonté, ou participent au bien, en vertu d'une qualité qu'il convient de définir. De sorte que l'examen philosophique doit chercher à identifier précisément ce qui, du plaisir ou de la réflexion, est bon. L'élément ou la qualité alors découverte sera le bien qui rend la vie « bonne ». C'est de cette manière que Platon entend faire accomplir un pas considérable au débat éthique, en le sortant de l'aporie où le maintient

---

1. Il va de soi qu'on ne peut renvoyer les œuvres des uns et des autres au seul *Philèbe* ; il me paraît en revanche indéniable que la querelle des héritiers, fidèles à l'enseignement du maître ou en rupture avec lui, s'est jouée pour beaucoup autour de ce dialogue, pour cette seule raison, encore une fois, qu'il présente une synthèse doctrinale unique en son genre. La chose est peut-être plus particulièrement vraie de la thèse dite des « idées-nombres », que promeuvent Speusippe et Xénocrate et à laquelle Aristote objecte dans la *Métaphysique* (il s'agit, pour l'essentiel, de la doctrine selon laquelle les formes intelligibles platoniciennes seraient des nombres, à partir desquels la réalité serait déduite : celle-ci proviendrait d'une unité et d'une dualité primordiales, l'« Un » et la « Dyade », distinction fondée sur celle que le *Philèbe* établit entre les unités véritables et toutes les choses qui, illimitées, oscillent de façon indéterminée entre « le plus et le moins » ; voir l'étude classique de H. Cherniss, *L'Énigme de l'ancienne Académie* (1945), trad. par L. Boulakia, Paris, Vrin, 1993).

l'opposition stérile et péremptoire de la bonté exclusive du plaisir ou de la réflexion, pour faire valoir qu'il y a partout, au sein de toutes les sortes d'affections ou d'activités humaines, de bonnes choses. De ce point de vue, le *Philèbe* complète et achève l'argument que développait le *Gorgias*. En admettant, comme le faisait Socrate dans le *Gorgias*, que le bien ne doive pas être seulement identifié à l'exercice de la pensée, de la réflexion ou encore du savoir et de la connaissance scientifique, mais que le plaisir puisse aussi bien entrer dans sa définition (et que les bonnes choses soient aussi des choses plaisantes), la question demeurerait encore de savoir lequel des deux éléments de ce mélange doit prédominer. Et sous cette forme, plus subtile, une rivalité persiste encore entre deux prétendants qui, s'ils ne sont plus exclusifs l'un de l'autre, entendent faire valoir l'un sur l'autre une priorité. On peut certes choisir de ne pas opposer le plaisir et la réflexion, mais encore faut-il trancher entre les deux afin de savoir quelles sont les parts, les mesures ou les « proportions » de réflexion et de plaisir qui doivent entrer dans la fabrication de la vie bonne [1]. Par rapport à la discussion agonistique du *Gorgias*, le *Philèbe* propose ainsi une forme de conciliation que certains lecteurs ont estimé être une concession ou même un compromis. Quelle est pourtant la raison pour laquelle

---

1. Le *Gorgias*, 500a, en appelait lui-même à une analyse « technique » de ce qui est bon et des prétentions respectives du plaisir et de la réflexion et du plaisir ; il est manifeste que le *Philèbe* entend poursuivre cette enquête, tout en la soustrayant à l'opposition où l'affrontement de Calliclès et de Socrate l'avait maintenue. J'ajoute que la présence de Socrate dans le *Philèbe*, là où les dialogues dits « tardifs » aux côtés desquels on a pris l'habitude de ranger le *Philèbe* lui substituent le plus souvent d'autres personnages, paraît être l'indice que ce dialogue entend poursuivre, sinon achever, la démonstration éthique conduite par Socrate dans des dialogues antérieurs » ou « socratiques ». Voir, en ce sens, D. Frede, « The hedonist's conversion : the role of Socrates in the *Philebus* », in *Form and Argument in Late Plato*, éd. par C. Gill et M.M. Mc Cabe, Oxford, Clarendon Press, 1996, p. 213-248 (et plus particulièrement les p. 221-222, consacrées au personnage de Protarque).

la vie bonne doit comporter quelque chose du plaisir et quelque chose de la réflexion ? La raison de ce choix est double. Elle est d'abord la conséquence de l'analyse successive du plaisir et de la réflexion : ni l'un ni l'autre ne peuvent se suffire à eux-mêmes, et chacun d'eux appelle l'autre comme son moyen ou son adjuvant (21a-e). Elle est ensuite la conséquence de l'hypothèse selon laquelle le plaisir appartient à la vie humaine sur laquelle on se prononce, qu'il lui est inhérent, et que la vie « commune » ou « mélangée » est la seule qui convienne aux hommes. Cette précision peut certes passer pour une réserve et suggérer que la fin de la vie humaine consiste en un mélange faute de pouvoir consister en une réflexion purement apathique et divine, libérée du fardeau du plaisir et des avanies du désir. Mais Socrate ne distinguera pas deux biens ou deux fins, et c'est à l'aune de la même mesure que la bonté, qu'elle soit celle des dieux, des hommes ou des autres vivants, doit être éprouvée ou jugée. Si tous les vivants ne vivent pas la même vie, la bonté qu'ils sont susceptibles les uns et les autres de connaître et d'éprouver est unique : il n'existe qu'un seul bien.

Dès lors que l'hypothèse est faite que la vie bonne ne peut être réduite à l'un des concurrents traditionnels, le dialogue procède à une opération technique inédite, celle de leur mélange. Il s'agit bien de délivrer la recette d'une mixture, puis de se livrer à une fabrication artisanale en réalisant le mélange des deux ingrédients. Le *Philèbe* se propose ainsi d'épurer un matériau hétérogène, puis de composer un mélange adéquat au critère d'excellence requis. La justification d'un tel mélange est aisée : si la vie bonne doit comporter du plaisir et de la réflexion, c'est indubitablement parce que ni le plaisir ni la réflexion ne sont totalement et suffisamment bons : soit parce que l'un des deux termes a besoin de l'autre pour s'accomplir[1], soit encore parce que les deux

---

1. En réfléchissant à la manière d'atteindre le plaisir, on a davantage de chance d'y parvenir, tout comme on réfléchit davantage lorsqu'on prend du plaisir à découvrir ou à connaître (21a-e).

termes sont des genres, au sein duquel tous les éléments ne sont pas bons. C'est ce dernier constat,
lorsque Socrate montre que certaines réflexions ou certains plaisirs ne sont pas bons, qui donne à l'entretien
sa véritable raison d'être, en établissant que le plaisir
comme la réflexion ne sont pas des termes univoques
ou des réalités singulières, mais des classes ou des
espèces qui comportent des cas distincts entre lesquels
il faut choisir afin de composer le mélange qu'est la vie
bonne.

Le plan du dialogue est ordonné à ce constat et à
l'analyse qu'il appelle. On peut en résumer le cours
ainsi : la question en débat est celle de la vie bonne,
dont les interlocuteurs estiment qu'elle doit trouver sa
réponse dans la définition du bien le plus digne d'être
choisi (11d-e, puis 19c). Les deux prétendants au
titre de bien, le plaisir et la réflexion, sont écartés en
faveur d'un troisième concurrent, qui est le résultat
du mélange d'une partie de chacun des deux premiers. Il convient donc d'analyser les deux espèces
que sont le plaisir et la réflexion, afin d'en isoler les
bons éléments et de réaliser enfin leur mélange. C'est
une démiurgie particulière que doit ainsi concevoir et
mettre en œuvre l'entretien, en choisissant puis en
appliquant une méthode d'analyse des deux espèces
ou multiplicités que sont le plaisir et la réflexion,
avant d'adopter ensuite une procédure appropriée au
mélange en quoi consiste la vie bonne, c'est-à-dire
heureuse. Le dialogue obéit très strictement à ce pro-
gramme :

Les rubriques de ce plan et leur taille respective indiquent déjà quelques-unes des caractéristiques du *Philèbe* : l'entretien, outre l'analyse des éléments qui vont entrer dans le mélange, et la réalisation de ce dernier, ne renonce pas à la comparaison de la réflexion et du plaisir, dont on voit qu'ils seront classés l'un par rapport à l'autre : Platon défend bien dans le *Philèbe* la thèse selon laquelle la réflexion l'emporte en bonté sur le plaisir. Par ailleurs, et c'est sans doute le plus frappant, l'examen des deux ingrédients de la vie bonne est parfaitement déséquilibré, puisque l'analyse des plaisirs occupe à elle seule le tiers du dialogue : sa complexité est ainsi attestée. À quoi l'on peut ajouter, ce que le double projet d'une analyse puis d'un mélange de parties du plaisir comme de la réflexion n'impliquait pas nécessairement, que l'analyse des plaisirs est menée en tenant compte des critiques que des contemporains adressent à l'encontre du plaisir. L'examen et la réfutation de ces thèses « antihédonistes » rappellent à leur façon que le *Philèbe* s'inscrit dans un débat actuel, au sein duquel Platon entend faire valoir que la distinction des différents plaisirs est aussi le moyen de réussir ce que les hédonistes que représente Philèbe ne parviennent pas à accomplir : sauver le plaisir et montrer en quoi il est bon et vrai.

RÉFUTATION DE PHILÈBE

La thèse selon laquelle « le plaisir est le bien » est réfutée par Socrate avec une facilité déconcertante ; et elle l'est de surcroît avec l'assentiment de Protarque, qui ne montrera de la réticence que plus loin, lorsque

Socrate dira du plaisir qu'il occupe un rang inférieur à la réflexion parmi les choses bonnes. Au début de l'entretien, Protarque paraît redevable à Socrate de ne pas chercher à discréditer d'emblée la vie de plaisir. Il accorde ainsi que les deux éléments qu'on se prépare à faire entrer dans le mélange ne sont pas des éléments simples mais bien des composés, des ensembles qui comptent une multiplicité de parties : il existe différents plaisirs là où l'on parle du plaisir, tout comme il existe différentes sortes de réflexions là où l'on n'en nomme qu'une.

L'un et le multiple

Les pages 14a-18d examinent la situation para-doxale et confuse à laquelle chacun est conduit lors-qu'il constate qu'une chose quelconque peut être dite à la fois une et multiple : telle chose est bien une chose, mais elle comporte des parties ou des qualités dis-tinctes et multiples. Le plaisir comme la réflexion ne sont pas davantage des objets uniques et simples, mais ce sont d'abord des mots, qui désignent chacun et indistinctement une pluralité de phénomènes. Alors que Socrate vient de lui faire la preuve qu'il existe dif-férents plaisirs, mais encore que certains d'entre eux sont opposés les uns aux autres, Protarque n'accepte pourtant pas qu'il faille renoncer à se représenter le plaisir comme une chose unique ni cesser de le nom-mer au singulier.

Comment et pourquoi une multiplicité quelconque peut-elle être regardée et nommée comme une unité ? Comment peut-on concevoir que quelque chose comme « le plaisir » existe au moment même où nous consta-tons la diversité et la contrariété des plaisirs ? Cette question, qui justifie l'examen des « merveilles » rela-tives à l'un et au multiple, a deux aspects et un double objet. Elle a d'abord une signification dans l'ordre du discours, lorsqu'on se demande à quelle condition il est possible de donner un même nom à des choses pour-tant différentes ou même opposées. Platon demande

alors, de la manière la plus classique qui soit, ce
qu'est la fiabilité du discours (*lógos*) qui nomme des
unités là où l'observation montre des réalités multiples. Cette question, dans la mesure où elle engage
le statut et les modalités de la connaissance (de la
science, *epistếmê*), dont le discours est l'expression,
est aussi bien épistémologique : comment se fait-il
que l'on semble avoir de la difficulté à se représenter
et à connaître des multiplicités (les différents plaisirs,
par exemple) autrement que sur le mode de l'unité ?
Enfin, l'objet de cette première question est double : il
s'agit de l'un et du multiple (*hèn kaì pollá*), du couple
que ces deux termes forment et de la manière dont le
discours comme la connaissance semblent les substituer l'un à l'autre, et ce mutuellement. En 14c-d,
Socrate précise en effet que la confusion de l'un et du
multiple peut aussi bien procéder de la substitution
du premier au second que de la substitution du
second au premier, selon qu'on nomme et connaît
une multiplicité comme une unité (si l'on parle du
plaisir en négligeant la diversité des plaisirs), ou bien
qu'on tient pour une multiplicité ce qui est pourtant
une unité (si, comme le signale Protarque, on énumère les qualités ou propriétés d'un objet en négligeant son unité). La confusion de l'un et du multiple
trouve ainsi à se manifester dans tous les cas où
l'unité d'un objet est substituée à la multiplicité de ses
qualités ou propriétés, puis dans tous les cas où
l'unité d'un genre ou d'un tout est confondue avec la
multiplicité de ses espèces ou de ses parties, quelle
que soit l'issue de cette confusion, que l'on unifie ce
qui est multiple ou que l'on multiplie ce qui est
unique. L'examen que Platon propose de cette confusion écarte spontanément l'aspect simplement lan-
gagier d'une difficulté qui est avant tout relative à la
connaissance. Ce faisant, il hérite là aussi d'une
réflexion épistémologique dont ses prédécesseurs
avaient déjà fixé les termes. Pour partie du moins, si
l'on se fie à l'importance que semble avoir revêtu
l'usage des termes « un » et « multiple » chez les pré-

décesseurs de Platon[1]. Dans la tradition milésienne, dans les fragments d'Héraclite comme dans les traditions éléates ou atomistes, l'un et le multiple ont servi à nommer, sous la forme d'une alternative ou d'une déduction, la plupart des difficultés relatives à la connaissance de toutes choses, c'est-à-dire à l'objet même de ce que Platon nommera « philosophie ». Soit qu'il s'agît pour eux de réfléchir à ce que pouvait être l'unité de la réalité, conçue comme un monde ordonné et unique, et de se demander alors comment une multiplicité de réalités diverses et changeantes pouvait former ou composer une unité totale, soit encore qu'ils cherchassent à montrer comment d'une unité primordiale, un principe ou un élément, avait pu procéder la multiplicité factuelle, donnée à l'observation, de toutes choses. Quelles que soient les solutions doctrinales que les auteurs préplatoniciens pouvaient donner à ces questions, il semble bien que la double catégorie abstraite de l'un et du multiple se soit souvent imposée dans la formulation générale des difficultés épistémologiques qu'ils se proposaient de résoudre. C'est du moins ce que suggèrent Aristote et la doxographie aristotélicienne après lui ; ou bien encore et avant Aristote la façon dont Platon lui-même a pu mettre en scène les recherches de ces prédécesseurs et les apories de l'un et du multiple.

Au début du *Philèbe*, ces apories sont introduites alors que Protarque se refuse à accorder que le plaisir puisse être multiple. Ni l'usage du discours, qui parle précisément du plaisir comme d'une chose une, ni la connaissance du plaisir dont s'autorise Protarque pour

---

1. Comme y insistent notamment C.C. Meinwald, « One/many problems. *Philebus* 14c1-15c3 », *Phronesis*, 41, 1996, p. 95-103 ou, plus rapidement, C.A. Huffman, « Limite et illimité chez les premiers philosophes grecs », dans *La Fêlure du plaisir, études sur le* Philèbe *de Platon*, II, éd. par M. Dixsaut, Paris, Vrin, 1999, p. 11-31. M.C. Stokes a consacré une étude d'ensemble aux usages présocratiques de ce couple : *One and Many in Presocratic Philosophy*, Washington, Centre for Hellenic Studies, 1971. Mais l'ouvrage ne prend pas en compte le témoignage de Platon.

soutenir que le plaisir est cette jouissance qu'il faut assimiler au bonheur, ne lui paraissent permettre que l'on conteste au plaisir son unité. Protarque concède que les espèces du plaisir sont multiples, qu'il existe bien différents plaisirs, mais cette diversité, y compris lorsqu'elle prend la forme d'une contrariété entre certains plaisirs, ne lui paraît pas compromettre l'unité du genre. Car il faut bien, si l'on entend encore parler du plaisir ou raisonner à son propos, que tous les plaisirs conservent entre eux une forme d'identité. Cette exigence est relative à ce que l'on pourrait appeler l'unité épistémologique de l'objet, à l'unité de l'objet de la connaissance. La question, en la matière, se pose ainsi : lorsque l'on parle d'un objet dont les instances, les cas ou les espèces sont multiples, en quoi consiste l'unité nommée ? Quelle est-elle ? Et, de façon plus générale, quand bien même on nommerait simplement un unique objet, en quoi son unité consiste-t-elle ?

Le « problème » de l'un et du multiple, sous sa forme la plus courante, est une aporie dont Socrate signale qu'elle frappe tous les esprits et qu'elle est « merveilleuse » (14c) ; mais elle n'en demeure pas moins un jeu vain et stérile auquel il faut renoncer : certes, on peut dire de toute chose qu'elle est en même temps une et multiple[1], mais on ne peut s'en tenir là, au risque sinon de se complaire dans une aporie qui a fait le succès des héraclitéens et qui est devenue l'une des ressources des sophistes. Mettre fin à ce jeu suppose que l'on définisse l'un et le multiple, puis que l'on explique que l'aporie est dissipée dès lors qu'on aperçoit que l'un et le multiple ne sont pas tous deux des choses sensibles et soumises au changement. L'argument platonicien prend la forme suivante : le dilemme traditionnel de l'un et du multiple, s'il est appliqué aux seuls phénomènes, aux seules choses perçues par les sens, reste de peu de valeur. En revanche, il devient d'un inestimable intérêt si l'on se demande quel rapport la multiplicité

---

1. Le *Parménide*, 129b-130a, fait le même constat, en le rapportant au statut des formes intelligibles.

sensible et changeante peut entretenir avec une unité qui, elle, n'est pas d'ordre sensible. C'est à cette réflexion qu'invite Socrate, en 15a1-8, lorsqu'il rappelle à Protarque la nécessité d'accepter l'existence d'unités autres que sensibles. Ce faisant, Socrate renvoie le lecteur du *Philèbe* à l'une des hypothèses platoniciennes majeures : celle de l'existence de réalités intelligibles.

Les choses sensibles montrent à qui les perçoit du changement et de la dissemblance, et aucune d'elles ne reste toujours identique à elle-même. Pour peu que l'on estime, avec Platon, que l'objet d'une connaissance certaine ne saurait être qu'une réalité toujours identique à soi, les choses sensibles ne seront pas, au sens strict, objets de connaissance. C'est une impossibilité que Socrate rappelle d'emblée (en 14b) et que Protarque accuse encore davantage en concédant qu'une même chose sensible change et diffère dans le temps et, de surcroît, peut être perçue et qualifiée, au même moment, en des termes contraires, selon qu'on la compare à telle ou telle autre. Il ressort de ces rappels pour le moins rapides que la multiplicité phénoménale ne peut être réduite qu'à la condition d'être rapportée à des réalités soustraites au changement et à la multiplicité. C'est là ce qu'indiquent les exemples courants du petit et du grand, du chaud et du froid ou de tout ce qui est qualifié selon « le plus et le moins » : la comparaison mutuelle des choses sensibles reste indéterminée et relative tant qu'on ne rapporte pas celles-ci à des mesures absolues, c'est-à-dire à des réalités déterminées et toujours identiques. En 15a, Socrate donne ainsi congé à la formule commune du dilemme de l'un et du multiple, en soutenant que l'unité et la multiplicité ne sont pas de même nature puisque les unités véritables, qui sont au principe des multiplicités et qui permettent que ces dernières soient connues, sont soustraites au devenir. Les difficultés que le *Philèbe* n'évoque ainsi que très allusivement, tout comme la réponse « intelligible » qui leur est apportée, reçoivent un traitement plus précis dans d'autres dialogues, et plus particulièrement dans le *Parménide*, dont les termes, les exemples et l'argument sont semblables[1]. Le *Philèbe* paraît supposer de son lecteur une certaine connaissance doctrinale, et il libère Socrate de l'obligation de s'y attarder outre mesure. Ce dernier se contente de rappeler que des unités véritables existent toujours, toujours identiques à elles-mêmes[2], et que ce sont elles qu'on trouve d'une certaine manière « dans » la multiplicité des choses qui possèdent une même qualité. Ces réalités uniques ne sont pas affectées de la multiplicité, de la variété et du changement qui caractérisent les choses sensibles, et elles sont les seuls objets de connaissance possibles. Le recours à cette hypothèse définit les conditions de l'analyse des plaisirs et des réflexions. Si les différents plaisirs appartiennent à un seul et même genre, alors il faut définir l'unité véritable à laquelle participent tous les plaisirs ; si tel n'est pas le cas, et si le genre plaisir rassemble artificiellement et indûment des espèces hétérogènes, alors il faudra dénombrer et désigner chacune des unités auxquelles se rapportent ces différentes espèces. Un tel examen exige une méthode. Elle est exposée en 16c-17a.

La méthode dialectique

Les premières remarques relatives à la diversité des plaisirs donnent lieu à l'exposé méthodologique de la division dialectique. Celle-ci, à son tour, est supposée

---

1. Les études rassemblées dans le volume *Platon : les formes intelligibles*, éd. par J.-F. Pradeau, Paris, PUF, 2001, examinent les textes platoniciens pertinents et les principales difficultés liées à l'hypothèse de l'existence de ces réalités « intelligibles ».

2. Chacune de ces réalités est une et identique à soi. Le dilemme de l'un et du multiple est aussi bien celui de l'identité et de la différence (c'est là un fait linguistique : le « un » grec désigne aussi bien l'unité que l'identité) que celui de la ressemblance et de la dissemblance (le *Philèbe* comme le *Parménide* associent spontanément le couple du semblable et du dissemblable à celui de l'un et du multiple).

connue, et Socrate dit bien se contenter d'en rappeler
les principaux aspects et usages lorsqu'il souligne
combien elle est indispensable à la recherche en cours.
La méthode qui lui convient est celle qui est à la fois
précisément définie et abondamment employée dans
le *Sophiste* et le *Politique*[1]. Les principales caractéristiques de cette méthode – on les retrouve dans chacun
de ces dialogues – sont les suivantes : elle prend pour
point de départ une multiplicité, qu'elle identifie à une
notion générique[2], puis elle soumet cette dernière à
des restrictions successives. Dans le *Politique* comme
dans le *Sophiste*, ces restrictions sont l'œuvre de divisions qui distinguent des couples de termes opposés
ou distincts, les « espèces » du « genre ». Le genre initial est donc subdivisé en deux espèces, l'une d'elles
est de nouveau subdivisée en deux sous-espèces, et
ainsi de suite : la méthode consiste à poursuivre ces
divisions jusqu'à atteindre une espèce qui ne puisse
plus être subdivisée et qui corresponde ainsi à la différence ultime et spécifique, c'est-à-dire à la caractéristique de l'objet recherché[3]. Il s'agit d'une méthode
hypothétique : on suppose que l'objet recherché est
l'une des espèces d'un genre qui en compte plusieurs,
au risque de se tromper et de devoir reprendre la division au sein d'un autre genre. La pertinence de la division « dichotomique » n'est ainsi vérifiée qu'au terme
de la distinction progressive des espèces d'un même
genre, lorsqu'elle s'achève en proposant la définition

---

1. *Sophiste*, 218b-232a, et *Politique*, 258b-262a, puis 284e-285c.
Voir aussi la présentation du *Phèdre*, 265d-266b et 273d-e, et le bref
rappel de *République*, X, 596a.
2. V. Goldschmidt examine cette méthode dans *Les Dialogues de
Platon*, Paris, PUF, 1971[3] ; voir plus particulièrement ses remarques
p. 245 *sq.* sur la manière dont Platon distinguerait entre un genre
nominal et un genre participé. V. Goldschmidt signale encore à juste
titre que le *Philèbe* choisit de dénombrer les espèces du plaisir, et non
pas les espèces du genre de l'illimité (sans se soucier aucunement
des autres espèces de l'illimité).
3. La dernière espèce est l'indivisible (*átmēton*, dit le *Phèdre*,
277b) sur laquelle s'achève la division.

(le *lógos*) de l'objet qu'elle recherche[1]. Pour peu que la
division soit convenablement conduite, elle aura à
terme fait la preuve de la pertinence de son hypothèse
générique initiale, tout comme elle aura permis de
définir en propre chacune des espèces du genre initial[2]. Il est remarquable que cette méthode ne pré-
tende aucunement à résoudre ou à analyser exhausti-
vement le genre qu'elle divise ; l'analyse est en effet
limitée, puisqu'elle s'interrompt lorsque toutes les
espèces ont été définies par distinctions dichoto-
miques successives, sans aller au-delà (les individus
qui appartiennent à chaque espèce ne sont pas saisis
par la division[3]).

Ce n'est toutefois pas à une « division spécifique » que
se livre le *Philèbe*. Ce dernier ne paraît pas chercher à
obtenir la définition d'une espèce particulière d'objets
au sein d'un genre, mais il se propose plutôt de compter
et de nommer, dans une totalité donnée, les différents
genres. À la différence de ce que proposent les développements méthodologiques parents du *Sophiste* ou du
Politique, le *Philèbe* ne prend pas pour point de départ
l'hypothèse de l'appartenance d'un objet à un genre
particulier. Lorsque l'enquête commence, on ne sait pas
encore à quel genre de choses le plaisir appartient. De
sorte qu'il faut énumérer les différents genres de choses
existantes, avant de se demander où faire entrer le
plaisir, la réflexion et leur mélange. La fin de cette analyse reste, bien entendu, celle à laquelle doit conduire
toute recherche dialectique : la définition de l'objet de
l'enquête. Mais c'est, d'une certaine manière, en amont

---

1. Voir sur ce point F. Fronterotta, « L'être et la participation de
l'autre. Une nouvelle ontologie dans le *Sophiste* », *Études philosophiques*, 3, 1995, p. 311-353.
2. Ces sous unités, que Platon nomme aussi indistinctement
« genres » ou « espèces », sont les « intermédiaires » qu'évoque ici le
Philèbe, en 17a.
3. C'est là un trait distinctif de l'épistémologie platonicienne, dont
Aristote héritera : les individus sensibles ne peuvent être connus en
tant quels, mais seulement en tant qu'ils appartiennent à une espèce
donnée.

des dichotomies effectuées dans le *Sophiste* et le *Politique* que le *Philèbe* met en œuvre la méthode dialectique[1], quand il se demande quel est le genre des multiplicités qu'il entend observer. Il y a bien là une difficulté : faute de savoir à quel genre appartiennent les objets de la définition, il convient d'énumérer tous les genres possibles. C'est ainsi que le *Philèbe* renoue avec une réflexion d'ordre à la fois ontologique et cosmologique, celle qui occupe notamment le *Parménide*, le *Sophiste* ou encore le *Timée*, et dont l'objet est l'examen et la définition de tout ce qui est[2]. L'indécision relative au genre du plaisir conduit alors l'entretien à un examen d'une ampleur on ne peut plus vaste, puisqu'il doit désormais porter sur toutes choses, sur tout ce qui est dans l'univers.

La définition des genres

L'introduction de la méthode dialectique et les exemples de mise en œuvre qu'en donne Socrate (17a-18d) lui donnent l'occasion de rappeler que cette méthode est appropriée à la résolution des difficultés liées à l'un et au multiple, mais aussi bien d'employer un vocabulaire qui n'apparaît pas dans les autres dialogues platoniciens, celui de l'illimité (*ápeiron*) et de la limite (*péras*). Socrate en impute allusivement la découverte et l'usage à d'augustes prédécesseurs (16c-17a[3]), en soutenant que les difficultés inhérentes au maniement du couple formé par l'un et le multiple seront évitées si on lui substitue celui de la limite et de

----

1. En exploitant alors le second des deux chemins que le *Phèdre* propose à la dialectique : non plus la division analytique, mais le rassemblement synthétique qui consiste à « découvrir l'unité naturelle d'une multiplicité » (266b), à « ramener à une forme unique » (273e) cette multiplicité.

2. Il s'agit de la réflexion sur « le tout qui est et sur la totalité des choses existantes » (*Sophiste*, 249d), qui n'est en rien distincte de celle qui porte sur l'un et le multiple.

3. L'origine de ces deux termes et l'usage qu'en fait Platon continuent d'occuper et de diviser les exégètes. L'Annexe 1 y revient, en fin de volume.

l'illimité. Fort de ce que l'entretien a déjà établi, le lecteur comprend d'emblée que la limite doit être associée aux unités véritables et intelligibles, quand l'illimité doit l'être à la multiplicité sensible et indéterminée. La limite et l'illimité sont désignés comme les outils adéquats à l'examen des réalités unes et multiples. Traduite dans ces termes nouveaux, la méthode dialectique se propose alors de rapporter chaque multiplicité illimitée à l'unité d'une limite, en expliquant comment cette multiplicité est déterminée, c'est-à-dire limitée par ces intermédiaires que sont les unités quantitativement déterminées [1]. C'est ainsi que le couple de la limite et de l'illimité permet de résoudre, à tout le moins partiellement, les apories de l'un et du multiple, en évitant que l'on oppose simplement et en vain la multiplicité sensible à l'unité intelligible. Selon Platon, c'est la présence d'une limite qui procure à l'indéterminé ou à l'illimité sensible une forme relative de détermination (ou aussi bien d'unité). Une telle thèse a des présupposés épistémologiques ou, si l'on veut, « ontologiques ». Et notamment celui-ci que la multiplicité sensible, qui comporte l'indétermination du plus et du moins, ne peut être ni absolument déterminée, ni non plus absolument connaissable. Si l'on s'en tient aux indications méthodologiques de Socrate, c'est en effet pour admettre que la détermination de la multiplicité sensible, tout comme la connaissance qu'on peut en avoir, reste partielle, limitée aux formes « intermédiaires » de limitation que la dialectique doit découvrir. C'est l'une des leçons du développement que les pages 23b-27c consacrent à la fameuse présentation des « cinq genres ».

Ces pages ont depuis longtemps inspiré une tradition d'exégèse « ontologique », celle des « cinq genres de l'être », qui a sans doute eu le tort d'isoler à l'excès

---

1. Le terme *péras* a ces deux significations : il nomme à la fois la « limite » (le terme ou la fin d'un espace ou d'un processus) et la « détermination » (dans la mesure où il désigne l'achèvement, par exemple d'un raisonnement, voire encore la définition d'un objet).

une discussion dont le contexte précis n'est pourtant que celui des conditions de la définition de cette chose bien particulière qu'est le plaisir. C'est dans la mesure où le plaisir (ainsi que la réflexion du reste) ne peut se dire au singulier de façon univoque, du fait de la multiplicité et de la dissemblance des plaisirs, qu'il convient d'en traiter comme d'un genre de choses, comme d'une réalité à la fois une et multiple. Dans ce long développement, l'argument de Platon est avant tout d'ordre méthodologique. On vient de le signaler plus haut, les interlocuteurs du *Philèbe* se placent en amont des procédures ordinaires de la division parce qu'ils ne savent pas encore sous quel genre unique on peut éventuellement ranger l'ensemble des plaisirs. Avant de se prononcer, Socrate se propose donc d'énumérer tous les genres possibles entre lesquels peuvent être réparties toutes les choses qui sont (*tà ónta*) ; ces genres sont au nombre de cinq. Une fois chacun d'eux défini, l'entretien devra rapporter ses deux objets (les espèces du plaisir et celles de la réflexion) à l'un ou l'autre de ces genres, de façon à percevoir « de quelle nature est le genre du plaisir » (44e8).

Si l'on trouve mention dans les commentaires et les traductions contemporaines du *Philèbe* de « genres de l'être », l'expression ne paraît toutefois pas plus convenir à la langue du *Philèbe* qu'à son objet[1]. Platon n'y fait jamais l'hypothèse de tels genres[2], pas plus qu'il ne se propose de traiter de l'être en tant qu'être. Ce qui est en jeu dans le dialogue, c'est l'ensemble des choses existantes, l'ensemble de ce qui existe dans le

---

1. L'expression est convenue, on la retrouve dans la plupart des commentaires modernes. La lecture « ontologique » de ces pages atteint sans doute sa forme la plus achevée dans le commentaire de H. G. Gadamer, *L'Éthique dialectique de Platon. Interprétation phénoménologique du* Philèbe (1931, 1983³), traduction par F. Vatan et V. von Schenk, Arles, Actes Sud, 1994, et particulièrement les p. 199-223, qui font de l'analyse des genres une description ontologique de la structure de l'être.
2. On cherchera en vain dans le *Philèbe* la mention de *génē toû óntos* ou de *génē tés ousías*.

monde. L'analyse dialectique prend en effet pour point de départ, en 23c, « la totalité des choses qui existent actuellement dans l'univers [1] ». Il s'agit d'une totalité encore indéterminée (c'est-à-dire encore inconnue), qu'il faut diviser en un nombre défini de genres, conformément à la méthode exposée en 14a-18d. Les unités entre lesquelles se partagent toutes les choses qui existent sont les quatre (ou cinq) genres que va définir Socrate [2]. À cet égard, l'expression « cinq genres de l'être » n'a guère de sens ; les genres sont les genres de choses entre lesquelles doivent pouvoir être réparties toutes les choses que le monde contient. C'est la raison pour laquelle cette mise au point méthodologique, du fait de la généralité on ne peut plus étendue de son objet, relève tant de la cosmologie [3]. La particu-

---

1. 23c4 : *pánta tà nûn ónta en tôi pantì* ; *tò ón* est la forme neutre du participe présent du verbe être ; on pourrait rendre ce terme par « l'étant ». « Ce qui est » ou « ce qui existe » convient aussi bien. Je traduis le pluriel *tà ónta* par « les choses qui existent » ou « les choses existantes ». Enfin, *tò pân* (littéralement : « le tout », « la totalité ») est rendu par « univers », pour être ainsi distingué de *kósmos*, le « monde », qui désigne non seulement une totalité, mais surtout une totalité ordonnée.

2. Le texte en nomme cinq mais n'en expose que quatre, de sorte que la question est depuis toujours débattue de savoir ce que désigne le « cinquième » genre. Comme la note 56 de la traduction y revient, je tiens que le cinquième genre correspond à ce que le *Timée* décrit sous le nom de « nécessité », en l'espèce d'une puissance d'indétermination et de division qui est à l'œuvre dans le monde (voir, *infra*, note 1, page suivante). La question apparaît dès les premiers commentaires néoplatoniciens (dans le texte de Damascius, § 108), et on la retrouve dans le commentaire contemporain. Dans une monographie discutable et datée, mais qui présente l'essentiel de la littérature critique jusqu'à l'avant-guerre, N.-I. Boussoulas passe en revue la plupart des interprétations relatives à « l'identification » des cinq genres : *L'Être et la composition des mixtes dans le* Philèbe *de Platon*, Paris, PUF, 1952.

3. Platon traite ici de la totalité de ce qui existe : *pánta tà ónta* et *tò pân* sont des expressions synonymes. Deux questions se posent encore à propos de ces genres : d'une part, sont-ils des formes ou des réalités intelligibles ? En aucun cas, puisque les réalités intelligibles ne sont pas des genres qui embrassent les choses sensibles et que leur mode d'être est parfaitement distinct et séparé. D'autre part, les réalités intelligibles appartiennent-elles à l'un de ces genres

larité du *Philèbe* tient ici à la manière dont Platon choisit d'exploiter explicitement l'hypothèse d'une rationalité limitée, tant du point de vue du monde dans son ensemble (qui peut être décrit comme le produit d'une rationalité limitée) que du sujet humain (qui est le sujet d'une connaissance rationnelle limitée). Cette hypothèse est aussi bien celle qui gouverne l'argument et la forme narrative du *Timée* : le monde y est décrit comme un produit artisanal, une totalité ordonnée par une intelligence démiurgique dont l'efficacité ou la puissance ne sont pas optimales, puisque le produit conserve une part de l'indétermination du matériau. La raison démiurgique ne domine pas entièrement tout ce qu'elle informe et ordonne, mais elle doit persuader une puissance de changement et d'indétermination, afin d'ordonner, « autant qu'il est possible », l'ensemble des éléments : « la venue à l'être de notre monde résulta d'un mélange qui réunissait la nécessité et l'intellect[1] ». Que l'intellect ordonnateur et informateur puisse donner, grâce à un modèle intelligible adéquat, une détermination partielle et relative à un matériau qui n'en possède aucune, est exactement ce que le *Philèbe* résume et prend pour point de départ de son enquête dialectique[2]. Cette reprise, si elle est avérée, a ceci de déroutant qu'elle ne repose pas, d'un dialogue à l'autre, sur la conservation d'un même vocabulaire. Des rapprochements patents peuvent toutefois être faits en dépit des distinctions terminolo-

---

et plus particulièrement à celui de la limite ? Aucunement, à la fois pour la raison qui précède, mais aussi et surtout parce que les unités intelligibles sont ce qui introduit dans le monde des limites, et non pas ces limites elles-mêmes.

1. 47e5-48a1, trad. L. Brisson, dans la même collection. La « nécessité » est le nom que le *Timée* donne à la puissance d'indétermination qui résiste à l'information rationnelle et divine du monde (47e-53b).

2. Je résume ici trop rapidement les arguments et les leçons du *Timée*, et renvoie le lecteur aux explications introductives de L. Brisson, ainsi qu'aux développements de son étude sur *Le Même et l'autre dans la structure ontologique du* Timée *de Platon* (1974), Sankt Augustin, Academia, 1998[3].

giques. Les « quatre genres de choses qui existent »
énumérés par le *Philèbe* en 23c-e (l'illimité, la limite,
leur mélange et la cause de ce mélange) correspondent
en effet aux quatre premières figures ou réalités de la
cosmologie du *Timée*. Les commentateurs ont pu aisément établir que la limite du *Philèbe* trouvait son équivalent dans les Formes intelligibles du *Timée*, que
l'illimité trouvait le sien dans le matériau (la *khôra*),
que la cause du mélange, explicitement qualifiée de
« démiurge », de « productrice » et d'« intellect » dans le
Philèbe (26e-27b), recevait les traits du démiurge divin
du *Timée*, et enfin que le produit du *Philèbe*, le
« mélange » correspondait en tous points à ce que le
Timée désigne comme le monde dans son ensemble.
Ces rapprochements sont anciens, Plotin les avait pour
partie signalés[1], et les exégètes contemporains n'ont
pas eu de difficulté à rétablir la correspondance
conceptuelle des deux dialogues[2]. Celle-ci a au moins
le mérite d'écarter d'emblée la possibilité que les
quatre genres du *Philèbe* puissent être regardés comme
des Formes intelligibles, ou des genres de Formes. On

---

1. Plotin le note dans le traité 10 (V, 1), 8, 3-5 (quand Plutarque
insistait pour sa part et sans doute à tort sur la nécessité de rappro-
cher les genres du *Philèbe* et ceux du *Sophiste* : *Sur l'E de Delphes* 15).
S'agissant des lecteurs contemporains, on peut se contenter de renvoyer à H.F. Cherniss, *L'Énigme de l'ancienne Académie*, trad. citée,
p. 92-103, et à L. Brisson, *Le Même et l'autre dans la structure ontologique du* Timée *de Platon*, éd. citée, p. 101-103 (qui consigne de surcroît l'histoire des interprétations anciennes).
2. D'autres commentateurs ont choisi, avec moins de bonheur, de
défendre l'hypothèse que ces pages du *Philèbe* ne supposent en rien
l'hypothèse des Formes intelligibles. C'est le cas de R.A. Shiner, qui a
estimé que Platon se contentait, dans le *Philèbe*, de poser une question
« métaphysique » (celle du rapport qu'entretiennent des monades à
une multiplicité de particuliers) sans lui trouver de réponse, pour cette
raison qu'il aurait finalement renoncé à l'hypothèse des Formes intelligibles et à l'ontologie dualiste qui la soutenait ; *Knowledge and Reality
in Plato's Philebus*, Assen et Maastricht, Van Gorcum, 1974 (p. 40 *sq.*).
Ce faisant, R.A. Shiner se trouve dans l'obligation de lire le *Philèbe*
comme un texte platonicien parfaitement atypique, en retrait par rapport au *Timée* et, surtout, se retrouve dans l'incapacité de donner une
fonction au couple de la limite et de l'illimité.

pourrait, afin de compléter ces rapprochements textuels platoniciens, se demander si les « genres » du *Philèbe* évoquent les formes intelligibles ou les « genres »
intelligibles qu'énumère le *Sophiste*. Si les uns et les
autres ne peuvent être confondus, la leçon ontologique
du *Théétète* et du *Sophiste* est toutefois retenue par le
Philèbe : là où le *Sophiste* définit l'être comme puissance de production et de passion[1], le *Philèbe* distingue
désormais « toutes les choses qui sont » selon leurs différentes manières d'agir ou d'être affectées[2]. Par
exemple, le démiurge ou la cause ont pour caractéristique (c'est là leur nature, c'est-à-dire leur puissance,
dúnamis) d'agir sur un matériau d'après un modèle,
quand les choses illimitées ont pour caractéristique
d'être affectées et déterminées par l'action sur elles
d'une limite. Autrement dit, le *Philèbe* s'appuie là
encore sur les leçons et les instruments d'enquêtes
exposées dans d'autres dialogues, pour les appliquer à
l'ensemble des choses qui sont, à celles-là mêmes dont
le *Timée* a donné pour sa part une explication cosmologique[3]. Le *Philèbe* fait en effet un usage étendu de ce

---

1. *Sophiste*, 247d-248e, où l'Étranger fait notamment cette
remarque fameuse : « Avons-nous posé une définition en quelque
sorte suffisante des choses qui existent en disant qu'il s'agit de ce en
quoi se trouve une puissance de pâtir ou bien d'agir, y compris sur la
plus chose la plus insignifiante qui soit ? » (248c4-6). Tout ce qui
existe, selon Platon, possède une aptitude à produire (*poieîn*) et à
pâtir (*páskhein*) ; cet axiome, qui n'est en rien propre au *Sophiste*, est
notamment évoqué dans le *Gorgias*, 476b-c, dans la *République*, IV,
436a-c, dans le *Phèdre*, 270c-e et dans le *Théétète*, 156a-b.
2. L. Robin soutient une interprétation semblable dans son *Platon*,
Paris, PUF, 1935, p. 116.
3. On devrait alors dire du *Sophiste* qu'il formule la définition de *ce
qui est* comme « puissance » (de produire ou de pâtir), et du *Philèbe*
qu'il applique cette définition aux quatre « puissances » génériques
principales que sont la limite, l'illimité, leur mélange et la cause de
ce dernier, afin de se demander alors, puisque c'est l'objet éthique
de son enquête, de quel genre sont les « puissances » respectives du
plaisir et de la réflexion. Le dialogue établira ainsi que le plaisir a une
puissance d'indétermination ou d'illimitation, mais aussi bien, du
moins lorsqu'il est pur, une puissance de recevoir une limite. L'hypothèse chronologique dont se soutient cette proposition est bien

que le *Timée* avait lui aussi désigné comme les puissances des différents agents du récit vraisemblable (le
démiurge, les réalités intelligibles, le « matériau » et la
nécessité). De la cosmologie fictive du *Timée* aux distinctions génériques du *Philèbe*, on passe de fonctions,
d'actions ou d'opérations ponctuelles à l'hypothèse
selon laquelle toute réalité peut désormais être définie
selon le genre de puissance qui est le sien (puissance de
déterminer, de limiter ; puissance d'être limité ; puissance causale). La représentation fictive des agents
paraît effectivement convenir à la distinction des puissances génériques.

La différence de leurs projets respectifs est suffisante toutefois pour qu'on soupçonne la pertinence du
rapprochement qu'on vient de mentionner entre les
genres du *Philèbe* et les « figures » du *Timée*. C'est au
moyen d'une représentation artisanale de la participation du sensible à l'intelligible que Timée décrit la
fabrication du monde. Les réalités intelligibles, qui
sont à proprement parler les seules choses réelles,
jouent un rôle déterminant dans cette fabrication artisanale du monde, puisqu'elles sont le modèle vers
lequel le démiurge divin porte son regard afin de réaliser la meilleure œuvre possible (28c). Toutefois, ce
modèle intelligible n'entre pas en tant que tel, immédiatement, dans le mélange à partir duquel les choses
sensibles vont être engendrées. Comme le souligne
Timée, ce qui entre dans ce réceptacle indéterminé
qu'est la *khōra*, ce sont « des imitations de réalités
éternelles » (50c5, puis 51a3), et non pas les réalités
elles-mêmes, qui par définition restent séparées de ce
dont elles sont le modèle. On retrouve dans le *Philèbe* la
même nuance. Lorsque Socrate y traite des unités qui
ne sont pas sensibles, il rappelle surtout combien il est
difficile de concevoir de telles unités véritables, éternel-

---

entendu que le *Sophiste* est connu des lecteurs du *Timée* et du *Philèbe* ;
quant à ces derniers, si le *Philèbe* paraît parfois rappeler ou résumer le
Timée, il n'est pas indispensable d'imaginer que l'un soit nécessairement antérieur à l'autre. Ce sont des textes contemporains.

lement identiques à elles-mêmes, qui existent pourtant
« dans » les choses qui deviennent, c'est-à-dire dans la
multiplicité et l'illimité (15a-b). Si le vocabulaire de
l'illimité et de la limite a bien un usage ici, c'est dans la
mesure où il permet de préciser, sinon de résoudre,
cette difficulté relative à la participation des choses
sensibles aux réalités intelligibles, qui suppose que,
d'une manière ou d'une autre, quelque chose des intelligibles soit dans le sensible[1]. Le genre de la limite
désigne précisément la délimitation et la détermination
que l'intelligible apporte à l'indéterminé : la limite est
ce que la participation procure, sans pour autant que
l'intelligible qui en est la cause soit contraint de devenir
lui-même sensible. C'est pourquoi l'on doit se garder
d'identifier purement et simplement les réalités intelligibles au genre de la limite[2]. Ce n'est pas la réalité
intelligible, mais l'action de la réalité intelligible sur ce
qui n'est pas elle, l'exercice de sa puissance de détermination, que désigne le terme de « limite ». Cette nuance a
une importance déterminante pour la compréhension
des pages 23c-27c. L'énumération des genres qu'on y
trouve suit un ordre précis, dont le point de départ est
la thèse que toutes choses appartiennent d'abord au
genre de la limite ou à celui de l'illimité. Cette nouvelle
terminologie, on l'a signalé, permet à la réflexion philosophique de se soustraire aux apories traditionnelles
de l'un et du multiple. Et cela de deux manières :
d'abord, en attribuant à l'un et au multiple une certaine puissance (active de limitation, et passive d'être

---

1. Pour plus de détail, voir la présentation que L. Brisson donne
de la participation platonicienne et de ses apories dans « Comment
rendre compte de la participation du sensible à l'intelligible chez
Platon ? », dans *Platon : les formes intelligibles*, éd. citée, p. 55-85.
Puis surtout l'ouvrage de F. Fronterotta, *METHEXIS. La teoria platonica delle idee e la partecipazione delle cose empiriche. Dai dialoghi giovanili al* Parmenide, Pise, Éditions de la Scuola Normale Superiore,
2001, qui est tout entier consacré à cette question.
2. Comme le font en revanche H.F. Cherniss et L. Brisson dans
les études déjà citées ; sur ce point, je m'écarte donc de leurs conclusions.

limité), de façon à ce que l'un et le multiple soient mis
en rapport, comme deux puissances indissociables,
agissant l'une sur l'autre. Ensuite et dans le même
sens, l'usage du couple de la limite et de l'illimité, dans
la mesure où il permet de ne plus tenir l'un et le multiple pour des termes exclusifs l'un de l'autre, pour des
contraires, donne une autorité nouvelle à l'hypothèse
que l'intelligible consiste d'une certaine manière en
l'unité de la multiplicité sensible. La catégorie du
mélange de la limite et de l'illimité serait ainsi la formule que le *Philèbe* propose afin de clarifier les modalités de la participation. S'il faut distinguer entre la réalité intelligible et la limite, c'est précisément parce que
le *Philèbe* entend insister sur le fait que la réalité intelligible est cette unité pure de tout mélange qui unifie, en
la limitant, une réalité indéterminée ; l'unité véritable,
qui est intelligible, a la puissance de limiter, c'est-à-dire
aussi bien de déterminer et de définir le multiple sensible [1]. De sorte que, du point de vue cette fois de la
connaissance que nous pouvons avoir de la réalité,
l'identification de la limite dans un mélange sensible
est la condition méthodologique de la perception des
limites que l'intelligible a introduites dans un matériau
indéterminé, et qu'elle devient de ce fait la condition
de la perception des unités véritables que sont les réalités intelligibles.

On conclura ces comparaisons en faisant remarquer
que le *Philèbe* donne de la mise en ordre de toutes
choses la même explication que le *Timée* (tout ce qui
devient résulte de la mise en ordre d'un matériau indéterminé par une cause intelligente), sans toutefois avoir
recours à la représentation fictive et démiurgique
qu'on trouve dans ce dernier. L'une des conséquences,
et sans doute l'une des raisons, de ce choix est que

---

1. C'est là, pour employer de nouveau les termes du *Sophiste*, la
« puissance » que l'intelligible exerce sur le sensible. On doit se
garder de confondre l'unité et la limite ; la seconde est la puissance
de la première, ce qu'elle apporte à la multiplicité. Mais la limite est
elle-même multiple, comme le signale 23e.

Platon trouve avec le couple de la limite et de l'illimité l'occasion de rendre aux réalités une puissance de détermination que leur statut de modèles leur retirait dans le *Timée*[1].

Avec la définition des quatre genres et le rappel des éléments de cosmologie qui les accompagnent, le *Philèbe* achève ses préalables méthodologiques. Abondants et précis, ces derniers ne resteront pas lettre morte, et la fin du dialogue en tirera de nouveau profit. Les pages qui les suivent immédiatement se proposent pour leur part d'en tirer la leçon attendue, c'est-à-dire de rapporter à tel ou tel des cinq genres le plaisir et la réflexion, ou plutôt les plaisirs et les réflexions.

L'ANALYSE DES PLAISIRS

La définition des quatre genres est le préalable de l'application de la méthode dialectique à l'analyse des différentes espèces du plaisir et de la réflexion. Elle excède de toute évidence ce seul objet, puisqu'elle a permis à Socrate de se prononcer sur tout ce qui existe dans l'univers. Ce dernier doit donc rapporter les définitions génériques aux multiplicités que sont le plaisir et la réflexion, à la faveur des précisions qui occupent les pages 27c-31b et qui renouent avec le projet éthique de l'entretien. La définition du genre de l'illimité puis celle du genre de la limite ont ceci de particulier qu'elles portent sur des qualités. Ces deux genres ne rassemblent pas des objets ou des classes particulières d'objets, mais bien des qualités : dans le genre des choses illimitées, on trouve ainsi tout ce qui « contient » le plus et

---

1. Sur ce point, voir les brèves remarques de R. Hackforth, p. 40-41 de sa traduction du dialogue (le détail des titres des éditions et traductions du dialogue figurent dans la Bibliographie, en fin de volume). Cela n'autoriserait aucunement que l'on voie une rupture entre les deux dialogues, puisque le *Philèbe* maintient la catégorie de la cause intellective, et la distingue de celle de la limite. De sorte que Platon paraît toujours distinguer entre ce qui est issu de l'intelligible (ici, la limite) et la puissance intellective qui transforme le sensible.

le moins, c'est-à-dire tout ce qui est susceptible de variation quantitative ou intensive, et tout ce qui est susceptible de posséder à la fois une qualité et son contraire
(d'être petit et grand, doux et intense, chaud et froid,
etc.). La coexistence de ces qualités caractérise l'illimité,
quand les exemples de choses limitées sont au contraire
des objets qui possèdent une quantité déterminée, susceptible d'être mesurée. La limite est définie, en tant que
genre, comme l'ensemble des rapports de mesures qui
permettent de rendre commensurables des quantités. Les
choses illimitées sont donc susceptibles, par nature, de
recevoir une limite, et elles ne sont pas, pour ainsi dire,
« illimitables » ; loin que de désigner une pure indétermination, l'illimité rassemble ainsi toutes les qualités
susceptibles de recevoir la mesure ou « le nombre »
qu'apporte la limite (25d-e). Appliquée aux objets de
l'enquête, la distinction de la limite et de l'illimité pourrait
prendre la forme suivante : le plaisir, puisqu'il est susceptible du plus et du moins, devrait être rangé dans le genre
de l'illimité. Quant à la réflexion (ou à l'intellect), elle
devrait appartenir au genre de la limite ou à celui de la
cause. Platon soutient la seconde proposition, en expliquant que l'intellect, en nous comme dans l'ensemble du
monde, est bien l'agent qui introduit de la limite dans
l'illimité, qui mesure, proportionne et harmonise ce qui
est susceptible de variations quantitatives. La réflexion et
ses différentes espèces appartiennent donc au genre de la
cause, défini comme ce qui réalise la limitation de l'illimité. En termes éthiques, pour peu que le plaisir appartienne au genre de l'illimité, la vie mélangée qu'est la
vie bonne devra donc consister en une limitation des plaisirs par l'intellect : ce dernier doit rendre commensurables les différents plaisirs, afin, conçoit-on, d'en écarter
certains trop grands ou trop intenses, et d'en admettre
d'autres, plus « mesurés ». Mais le *Philèbe*, s'il range spontanément la réflexion dans le genre de la cause, hésite à
rapporter le plaisir tout entier dans celui de l'illimité. En
27d-e, le plaisir « sans mélange » dont Philèbe a fait l'apologie est rangé parmi les choses illimitées. En 31c, en
revanche, Socrate affirme que « naturellement, c'est dans

le genre commun que le plaisir et la douleur naissent ensemble »[1]. Cette hésitation semble indiquer qu'il est d'autant plus difficile de traiter du plaisir comme s'il était une chose unique que, selon la manière dont il est ou non limité, sa nature change. De sorte que c'est l'un des objectifs de la longue analyse des plaisirs que de distinguer entre leurs différentes espèces et de se prononcer sur la manière dont certains d'entre eux peuvent être ou non limités, c'est-à-dire « mesurés ».

La définition du plaisir et de la douleur (31b-36c)

Deux hypothèses président au début de l'analyse du plaisir. D'une part, Socrate admet que le plaisir et la douleur naissent dans le genre des choses « mélangées », et, d'autre part, il choisit d'associer le plaisir et la douleur. Ces deux affections « naissent ensemble », et l'analyse des plaisirs, pour cette raison, sera aussi une analyse des douleurs. Socrate ne s'en explique pas, comme s'il allait de soi que l'on ne doive pas les distinguer[2]. Ces deux hypothèses sont ainsi admises sans discussion aucune : les plaisirs et les douleurs appartiennent au genre mélangé. Les règles méthodologiques définies en 16c-17a n'en sont pas moins respec-

---

1. On peut chercher à dissiper d'emblée la difficulté qu'induit la présence de ces deux définitions distinctes en expliquant que le plaisir est certes un illimité, mais qu'il se « manifeste » cependant dans le genre mélangé. C'est la solution, de facilité me semble-t-il, qu'ont notamment adoptée A. Diès, note *ad loc.* de sa traduction, et D. Frede, qui s'en explique p. XLII de sa traduction en langue anglaise. La suite du dialogue, qui va distinguer entre des plaisirs vrais et faux, c'est-à-dire aussi bien des plaisirs réels et des plaisirs inexistants, plaide pour une distinction beaucoup plus tranchée entre les modes d'existence des affections que l'on nomme à tort du seul et même nom de « plaisir ». L'hésitation de Socrate, qui demande où au juste il convient de ranger le plaisir, annonce précisément que, selon l'espèce à laquelle les plaisirs appartiennent, ils ne devront pas figurer dans le même genre.
2. Le lien entre le plaisir et la douleur avait été au moins suggéré à deux reprises, en 23b et 27e. Ce lien n'est pas découvert par le *Philèbe* ; le constat que plaisir et douleur s'accompagnent ou se mélangent est fréquent dans les dialogues ; voir, par exemple, la manière dont Socrate s'en émerveille avant de mourir, dans le *Phédon*, 60b-c.

tées : Socrate suppose que l'objet de sa recherche appartient à un genre, et il en entreprend la définition spécifique, au moyen de la division.

• *Les plaisirs et les douleurs consécutifs à la modification de l'harmonie physiologique du vivant*

Si le plaisir et la douleur naissent ensemble, on peut toutefois les distinguer d'emblée, au moyen d'un même critère : la douleur est l'effet qui résulte de la perte de la détermination ou de la limite (du *péras*), quand le plaisir est l'effet qui résulte de la reconstitution ou de la restauration de cette limite[1]. Cette première distinction semble bien redire du plaisir qu'il n'est pas tant lui-même un illimité qu'un certain effet de l'application d'une limite à un illimité. Le plaisir est l'effet d'un processus plutôt qu'il n'est l'expression d'un état. Plus précisément, il est l'effet affectif que produit dans un vivant le processus de restauration de l'harmonie qui conduit ce vivant d'un état illimité à un état limité (alors que la douleur est l'effet du processus inverse) : plutôt qu'il n'est un illimité, il est l'effet de l'application d'une limite à un illimité. Le processus qui engendre le plaisir et celui qui engendre la douleur sont définis comme deux affections contraires de l'« harmonie ». Cette dernière, comme l'avait signalé l'exposé méthodologique, en 17d3, nomme l'application de la limite à l'illimité[2]. Cette limitation de l'illimité est aussi bien ce que Socrate nomme « mesure » ou encore « nature » (*phúsis*) et « réalité » (*ousía*)[3], en affirmant qu'une réalité naît lorsque

---

1. C'est une même hypothèse qu'on trouve dans le *Timée*, 64a-65b.

2. La paternité de la notion était alors attribuée aux prédécesseurs qui ont également introduit le couple de la limite et de l'illimité dans la réflexion philosophique. Dans la mesure, là encore, où le concept d'harmonie joue un rôle important dans le pythagorisme ancien, l'identité présumée pythagoricienne de ces prédécesseurs s'en est trouvée renforcée.

3. Le vocabulaire de la réalité et de la nature, rapidement introduit ici, aura une importance déterminante au terme de l'analyse des plaisirs, en 54a-55c.

de l'illimité est limité, c'est-à-dire reçoit une mesure. Le plaisir et la douleur ne résultent ainsi de rien d'autre que de la dissolution ou de la reconstitution de l'harmonie en quoi consiste la nature de chaque chose. La proposition a une valeur on ne peut plus étendue, puisqu'il est désormais acquis que chaque chose qui naît et devient est une certaine multiplicité limitée et unifiée, mais aussi que cette unité, qui est celle d'un tout harmonisé par une limite, n'est ni immuable ni incorruptible ; le plaisir et la douleur sont les effets des deux transformations majeures qui sont susceptibles d'affecter une nature douée de sensibilité : la destruction de son harmonie ou sa restauration. Encore faut-il ajouter ici une précision importante : si le plaisir comme la douleur résultent bien d'un processus de restauration ou de dissolution de l'harmonie, ils ne sont toutefois pas ces processus eux-mêmes, mais seulement leurs effets. Le plaisir et la douleur affectent des vivants, susceptibles de percevoir d'une manière ou d'une autre les processus de restauration ou de dissolution qui les affectent.

La première définition du plaisir et les exemples qu'en donne Socrate présentent d'autant moins de difficulté qu'ils sont familiers au lecteur des dialogues. La question du plaisir y a été souvent abordée [1], et Platon soutient dans d'autres textes que le plaisir est la restauration d'une corruption ou la « réplétion » d'un vide. L'originalité de la définition du *Philèbe* tient à la manière dont Socrate choisit d'y associer deux types de définitions du plaisir (et de la douleur) que les précédents dialogues avaient évoqués séparément. Il s'agit de deux représentations à la fois médicales et physiques du plaisir. La première considère le plaisir comme la sustentation d'un manque, comme une « réplétion » (le récipient est vide, le remplir est un

1. Outre les développements précis et déjà cités qu'on trouve dans le *Gorgias* et le livre IX de la *République*, la question du plaisir est encore évoquée dans l'*Hippias majeur*, 297e-300c et le *Protagoras*, 351c-360e, et elle occupe deux passages des *Lois* : II, 660e-663d, puis V, 732d-734e.

plaisir) [1] ; la seconde comme la reconstitution mécanique de l'harmonie des éléments d'un tout (la structure et les proportions du tout sont détruites ou
reconstruites, le premier cas provoque la douleur et
le second le plaisir) [2]. Ces deux définitions sont ici
conjointes et mises au service d'une explication psychique du plaisir.

• *Les plaisirs et les douleurs consécutifs*
à l'anticipation psychique

La définition du plaisir comme effet de la restauration
de l'harmonie physiologique n'est toutefois que partielle, puisqu'elle ne vaut que pour une espèce de plaisirs, la « première » (32b), celle des plaisirs consécutifs à
la satisfaction de la faim ou de la soif, dont on doit distinguer une seconde espèce. Socrate explique que tous
les plaisirs ne sont pas exclusivement dépendants des
modifications physiologiques, mais qu'il existe des plaisirs et des douleurs de l'âme. Il y a, dans l'âme, espoir ou
crainte du plaisir ou de la douleur ; cette « anticipation »
des affections à venir définit un phénomène psychique
particulier, délié de l'actualité physiologique de la destruction ou du rétablissement de l'harmonie naturelle.
Les remarques que lui consacre le dialogue, jusqu'en
36c, sont décisives, bien plus que ne l'est la définition du
plaisir comme rétablissement de l'harmonie, rapidement
exposée. L'anticipation consiste, pour un vivant, à juger
de ce qui lui adviendra [3] : cette anticipation est elle-même

---

1. La « réplétion » est la *plérōsis*, qui désigne littéralement le remplissage de qui a été vidé. Le terme, sans doute emprunté par Platon
aux écrits médicaux, est abondamment employé dans le *Gorgias* ;
voir les précisions de la note 111 à la traduction.

2. Le *Timée*, 81a, emploie ainsi le terme de réplétion pour rendre
compte de la circulation du sang dans les organes.

3. Il s'agit plus littéralement d'une « opinion par anticipation »
(*prosdókēma* ou *prosdokía* ; voir 32b-c, et la note 116 de la traduction). C'est la première fois que le plaisir se trouve ainsi associé, par
l'anticipation, à l'opinion. Leur lien va être à ce point approfondi par
la suite que les deux termes deviendront indissociables.

un plaisir ou une douleur. Il s'agit d'une espèce distincte de plaisirs et de douleurs, puisqu'elle n'accompagne aucune sorte d'impression corporelle et que l'âme peut donc éprouver par elle-même du plaisir ou de la douleur, quand ces derniers peuvent avoir pour seule cause un jugement ou une représentation. Si Platon y insiste tant, c'est parce que la thèse qu'il entend soutenir est novatrice : le plaisir n'a pas seulement pour cause des affections issues du corps. Et mieux encore, à l'encontre de tout ce que peuvent en dire les prédécesseurs ou les contemporains, le plaisir est un phénomène exclusivement psychique, qui relève de la sensation, c'est-à-dire d'un jugement de l'âme. Cette thèse décide de toute l'analyse des plaisirs que conduit le *Philèbe*.

• *Une première typologie des plaisirs*

À la distinction des plaisirs et douleurs physiologiques d'un côté, et « anticipés » ou psychiques de l'autre, Socrate ajoute une seconde distinction, afin de séparer les plaisirs mélangés de douleurs et ceux qui en sont « purs » (32c). Le cas des plaisirs que l'âme éprouve par anticipation a en effet ceci d'intéressant qu'il montre des plaisirs psychiques déliés de la douleur du vide ou de la destruction que connaît éventuellement le corps. L'hypothèse est ainsi introduite dans le dialogue que des « plaisirs purs » peuvent exister, pourvu que la jouissance ne soit mélangée à aucune sorte de privation, de vide ou de destruction. Socrate se demande ensuite, fort du constat que l'on peut éprouver des plaisirs sans douleur, s'il ne serait pas envisageable de n'éprouver ni les uns ni les autres, et de vivre alors sans plaisir ni douleur. L'hypothèse est avérée au moins par instants ou provisoirement, puisqu'il est possible qu'un vivant conserve un certain temps l'harmonie qui le constitue, mais elle ne peut tenir lieu de définition de la vie humaine, pour cette raison, affirme Socrate, que les dieux sont les seuls vivants dont la nature échappe éternellement à toute forme de corruption. Ainsi trouve-t-on confirmation que le plaisir ne peut être simplement écarté de la vie humaine, mais aussi bien et en même temps que cette dernière ne peut y être réduite.

Ces précisions ont été l'occasion d'une première classification des plaisirs. On trouve dans le genre des choses mélangées ces affections parentes que sont les plaisirs et les douleurs. Ces affections peuvent être distinguées selon qu'elles sont des affections relatives à l'état du corps ou bien aux anticipations de l'âme. Enfin, on peut distinguer, dans le cas des plaisirs ou douleurs par anticipation, des plaisirs purs de douleur et des plaisirs mélangés [1].

• *L'âme, sujet des plaisirs*

Cette première division suscite deux questions. La première est relative à son exhaustivité et à sa pertinence, la seconde à sa précision. La question est d'abord posée de savoir si la distinction de l'affection qui résulte de sa reconstitution de l'harmonie et de celle qui résulte de la dissolution suffit à rendre compte de toutes les affections du corps ; comme on l'a vu, plaisirs et douleurs n'épuisent pas la totalité des états physiologiques : le corps peut ne connaître ni plaisir ni douleur. Une seconde question est posée en 33b-c qui introduit à ce qu'on peut appeler la théorie platonicienne des affections de l'âme, sinon de ses « passions » [2]. Le plaisir et la douleur ont été définis comme des affections du corps ou de l'âme. Dans le second cas, celui des plaisirs par anticipation, Socrate précise quelque peu le processus à la faveur duquel naissent les plaisirs et les douleurs. Les plaisirs et les douleurs sont en l'âme les effets de deux causes distinctes : la modifi-

---

1. La division suggère qu'il existe, de la même façon, des douleurs « pures » et des douleurs « mélangées ». La question se pose de savoir comment on peut distinguer un plaisir mélangé d'une douleur mélangée : appartiennent-ils à une même espèce ou bien un critère de mesure nous permet-il de dire que le mélange est davantage un plaisir qu'il n'est une douleur ? La question sera résolue en 45b-47b.

2. « Affection » rend le terme *páthos*, plus communément traduit par « passion ».

cation de la nature physiologique et l'opinion qui, par anticipation, est portée sur le compte d'une telle modification, selon que l'âme la désire ou la craint[1]. Comme le souligne Socrate, l'affection du corps et celle de l'âme ne sont ni identiques ni simultanées. D'une part parce que l'âme anticipe sur les effets de la modification du corps selon la mémoire qu'elle a de semblables modifications, d'autre part parce qu'elle ne perçoit pas toutes ces modifications. C'est ici que Platon, comme il le fait également dans le *Timée*, demande que l'on distingue les modifications d'où résultent les « impressions sensibles » (les *pathēmáta*) qui sont des affections et des modifications des organes corporels, de la « sensation » (*aísthēsis*) proprement dite, qui est le jugement porté par l'âme sur celles des « impressions » qu'elle perçoit[2]. On retrouve cette distinction dans le *Philèbe*, qui l'emploie afin d'indiquer que tout plaisir suppose un certain jugement, et que tout plaisir procède d'une certaine manière de l'opinion que se fait l'âme de ce qu'elle éprouve. Les impressions sensibles désignent l'ensemble des mouvements et changements qui affectent le corps et ses parties : les échanges physiologiques d'éléments qui résultent de la respiration ou de la nutrition, l'accroissement ou le mouvement de certains organes, l'ensemble des affections pathologiques ou naturelles qui font qu'un corps, celui d'un vivant quelconque, est toujours affecté d'un nombre indéter-

---

1. Le plaisir et la douleur en l'âme sont définis comme des jugements d'anticipation : Platon emploie *prosdokía* ou *prosdókēma*, en 32c1 et 5-6.
2. Voir *Timée*, 61c-69a (puis *Ménon*, 80e-81e et *Phèdre*, 245c-257b). Lorsque le *Philèbe* rappelle cette définition de la sensation, en 33c-d, Socrate paraît supposer, comme c'est si souvent le cas dans le dialogue, que ses interlocuteurs (et le lecteur) sont déjà familiers de cette distinction. Pour plus de précision, et des interprétations distinctes, voir D. O'Brien, *Theories of Weight in the Ancient World*, vol. II : *Plato, Weight and Sensation*, Paris / Leyde, Les Belles Lettres / Brill, 1984, p. 128-143, puis L. Brisson, « Perception sensible et raison dans le *Timée* », dans *Interpreting the Timaeus-Critias. Proceedings of the IVth Symposium Platonicum*, éd. par L. Brisson et T. Calvo, Sankt Augustin, Academia, 1997, p. 307-316.

miné de modifications. En toute rigueur, c'est donc sans cesse que l'harmonie physiologique qu'évoquait Socrate est partiellement dissoute ou restaurée. Si le vivant n'en éprouve pas alors à tout instant du plaisir ou de la douleur, ce doit être que ces deux affections ne se produisent qu'à partir d'un certain seuil de modifications, à un certain degré [1]. Cette modification majeure de la compréhension et de l'usage du terme *aisthēsis*, désormais employé afin de nommer le seul jugement que l'âme porte sur les impressions que font sur le corps les objets sensibles, dédouble l'analyse du plaisir et de la douleur et la rend plus complexe. Si l'on définit en effet le plaisir et la douleur comme des sensations, il convient désormais de ne plus seulement les regarder comme les effets immédiats des modifications physiologiques, mais comme le résultat, au terme d'une certaine durée, d'un processus où la mémoire et le désir jouent un rôle déterminant.

• *Le souvenir, le désir et le plaisir*

Les remarques qu'il consacre aux sensations sont l'occasion pour Platon de rappeler que chacune d'entre elles est une forme de perception de l'âme, qu'elle est certes une affection, une passion (un *páthos*), mais éprouvée par l'âme. Platon tient du reste tous les jugements et toutes les connaissances pour des affections (des *páthē*) [2]. C'est une leçon que le *Philèbe* exploite en définissant le plaisir comme une certaine sensation,

---

1. Il n'y a ainsi de sensation que lorsque l'âme est affectée par les modifications corporelles, que lorsque celles-ci ne lui échappent pas (33d8-10). Cela implique que, dans bien des cas, l'âme ne sente pas les modifications corporelles (et c'est une bonne chose, puisque cela libère son attention et lui permet de se consacrer à d'autres fonctions, parmi lesquelles figurent les opérations de pensée).

2. En vertu du principe platonicien selon lequel tout ce qui est possède une aptitude à produire (*poieîn*) et à pâtir (*páskhein*) (que rappelle notamment un passage fameux du *Sophiste* 248c), Platon dit de la connaissance qu'elle est un *páthos* de l'âme ; voir par exemple *Théétète* 155d et *Politique* 277d, puis mes remarques dans « Platon, avant l'érection de la passion », dans *Les Passions à l'âge classique*, t. 1, B. Besnier et *alii* (éd), Paris, PUF, 2002.

c'est-à-dire comme une affection psychique justiciable des critères qui s'appliquent par ailleurs à tous les jugements ainsi qu'à toutes les connaissances de l'âme, et notamment la vérité et la fausseté. Avant de l'établir, le *Philèbe* donne une définition de la mémoire et du désir qui, cette fois, n'ont pas leur strict équivalent dans le *Timée*. Il s'agit avant tout pour Socrate de distinguer différents rapports à l'impression sensible, dans l'ordre même du processus qui conduit à la sensation de plaisir ou de douleur : depuis les impressions sensibles jusqu'à leur perception par l'âme et à leur conservation. La mémoire (*mnémē*) est alors définie comme la conservation, par l'âme, d'une sensation (elle est « sauvegarde de la sensation », *sōtēría aistéseōs*, 34a). Elle est la conservation d'une sensation qui n'est donc pas effacée [1]. La mémoire témoigne au contraire de la persistance de ce jugement qui, suscité par une impression sensible perçue, perdure. Elle doit être alors distinguée de la réminiscence (*anámnēsis*), dont le mécanisme psychique est différent. Cette dernière désigne la réactivation d'un souvenir passé, c'est-à-dire cette fois le rappel d'une sensation qui n'a pas été sauvegardée : on distinguera donc la mémoire comme conservation d'une sensation et la réminiscence comme rappel ou « ressouvenir » d'une sensation oubliée. La présence de ce dernier terme importe sans doute d'autant plus que Platon en a déjà fait un usage abondant dans d'autres dialogues, afin de définir avant tout l'acte de remémoration qui permet à l'âme, à l'occasion d'une sensation particulière, de se ressouvenir de la connaissance qu'elle avait pu avoir d'une réalité intelligible alors qu'elle n'était pas attachée à un corps. La réminiscence désignait ainsi une aptitude psychique particulière, qui est l'une des conséquences de son immortalité et de sa capacité à percevoir des réalités autres que sensibles.

---

1. Ce que dit encore le *Théétète*, 191c-193c. Qu'une telle sauvegarde de la sensation soit possible résulte précisément de la distinction faite entre l'impression sensible (qui ne perdure aucunement) et la sensation, qui se conserve, à la manière d'un jugement.

Comme le *Ménon* (80e-86a) et le *Phèdre* (246a-249d) l'avaient expliqué, elle est la manifestation psychique d'une aptitude à se libérer de la connaissance du sensible en se ressouvenant de l'intelligible jadis perçu. Il en va autrement dans le *Philèbe* qui, s'il ne remet pas en cause ces précédents usages, donne de la réminiscence une définition générique plus vaste. Car celle-ci ne concerne pas les seules réalités intelligibles ; comme l'atteste explicitement la remarque de 34b6, il y a réminiscence de « ce dont elle [l'âme] a jadis pâti conjointement avec le corps », c'est-à-dire de sensations issues d'impressions sensibles. La mémoire et la réminiscence peuvent donc porter sur les mêmes objets, en l'occurrence sur les sensations, mais seule la réminiscence porte sur des connaissances, des savoirs (*mathémata*, 34b11) [1]. Elle a pour spécificité de désigner le ressouvenir de n'importe quelle pensée ou jugement, sans être nécessairement liée, comme c'est le cas de la sensation et de la mémoire, à une impression sensible. Il existe donc, insiste Platon, une affection de l'âme qui n'est en rien tributaire de l'impression sensible, qui ne dépend aucunement d'une modification physiologique. Une fois cela admis, il convient de suspecter la pertinence de l'hypothèse selon laquelle tous les plaisirs seraient corporels ou auraient une origine corporelle ; c'est précisément ce à quoi s'attachent les pages 34b-35d, qui définissent le désir en le rapportant à la mémoire.

La définition du désir (*epithumia*) est l'occasion de tirer profit mais aussi de modifier la première analyse du plaisir. Celle-ci avait caractérisé le plaisir comme réplétion, satisfaction d'un manque. Le désir est alors défini comme la recherche de l'affection contraire : on

---

1. Le *Philèbe* ne contredit pas la leçon des précédents dialogues, puisqu'il retient la possibilité d'une réminiscence de savoirs acquis indépendamment de la perception sensible (voir la note 130 de la traduction). Et c'était là l'une des raisons principales de l'attention que lui accordent le *Phèdre* et le *Ménon*, qui tous deux entendent montrer que la connaissance véritable, à la différence de l'opinion, n'ont pas la sensation, actuelle ou passée, pour point de départ ni pour objet.

désire remplir ce qui est vide, restaurer ce qui est corrompu ou encore satisfaire un manque[1]. Les exemples
qu'en donne Socrate comptent parmi ceux des plaisirs
de la première espèce, les plaisir relatifs au corps que
sont la soif ou la faim. Ces plaisirs, qui résultent de la
satisfaction d'un manque, ont une double condition :
le manque, qui est une douleur, et le désir de le satisfaire, c'est-à-dire de restaurer l'harmonie physiologique. Le désir se trouve inscrit de la sorte dans l'intervalle qui sépare la sensation de la dissolution et la
sensation de sa restauration ; il est ce qui permet de
passer d'une sensation à la sensation contraire.
Désirer un état contraire à l'état actuel n'est envisageable, précise Socrate, qu'à la condition que l'on ait
du second une certaine représentation ou une certaine
connaissance[2]. Dans la mesure où cet état de réplétion
n'est pas celui, actuel, du manque, le désir ne peut
donc se fonder que sur un souvenir. La première
conclusion de cette démonstration, surprenante mais
inéluctable, est que le désir est une opération exclusivement psychique : il est un jugement de l'âme qui
résulte du souvenir d'une sensation, et l'on doit
reconnaître, pour extraordinaire que puisse sembler
cette proposition, qu'« il n'y a pas de désir du corps »
(35c6-7). La seconde conclusion de cette même
démonstration est plus embarrassante, puisqu'elle
concède que tous les plaisirs évoqués jusqu'ici, à
l'encontre de ce qu'avaient admis les interlocuteurs,
sont des plaisirs « mélangés » et non pas purs. Tous les
cas de restauration de l'harmonie physiologique, aussi
bien que les cas d'anticipation psychique qui s'y rap-

---

1. Cette définition du désir comme satisfaction d'un manque aura
une postérité considérable (aussi bien ancienne que moderne, si l'on
songe par exemple à la définition qu'en donne la psychologie freu-
dienne). Encore faut-il comprendre que Platon ne fait pas du désir
l'effet d'une souffrance. C'est bien plutôt le désir, c'est-à-dire la sensation d'un manque, qui est la cause de la souffrance.
2. Y compris lorsqu'on n'a jamais perçu l'état contraire, insiste
Socrate en 35b (en ayant alors recours à ce qu'il vient de dire de la
réminiscence).

portent, trouvent leur origine dans un manque initial
qui est leur cause. De sorte que les plaisirs procèdent
bien de la douleur. Mais il y a plus : si plaisir et douleur se mêlent ici, à l'encontre cette fois de la distinction initiale opérée entre les plaisirs et douleurs de
l'âme et ceux du corps, c'est encore parce que le corps
et l'âme, à l'occasion des plaisirs « mélangés », ne sont
pas affectés de la même façon. C'est ce qu'atteste le
cas où l'on désire l'état contraire à l'état actuel : avoir
soif lorsque le corps souffre de la soif, c'est désirer le
plaisir d'être désaltéré. Cela suppose bien que l'âme
éprouve deux sensations : qu'elle perçoive d'abord le
manque physiologique, et qu'elle désire ensuite la
jouissance de sa satisfaction. Le résultat de la première
division des espèces du plaisir ne permet pas, de toute
évidence, de démêler les fils tissés par ces plaisirs
mélangés qui voient l'âme désirer un état corporel
contraire à celui qui est le sien. Cette division doit
donc être revue et place doit y être faite aux plaisirs
mélangés dont l'importance semble être plus considérable que le début de l'entretien ne l'avait affirmé.

Les faux plaisirs

Les pages que le *Philèbe* consacre aux faux plaisirs
ont fait l'objet de commentaires nombreux et souvent
divergents [1]. Il faudrait rappeler, avant d'y introduire,
qu'elles ont des équivalents à la fois précis et fidèles
dans l'analyse des plaisirs que proposent le *Gorgias* et

---

1. La littérature critique est plus qu'abondante à leur propos ;
F. Bravo a donné une synthèse indispensable des principales interprétations : « La critique contemporaine des faux plaisirs dans le
Philèbe », dans *Renverser le platonisme*, II, éd. par M. Dixsaut, Paris,
Vrin, 1995, p. 235-270. Il me semble important d'insister sur le fait
que le *Gorgias* et le livre IX de la *République* dénoncent amplement
l'existence et les différentes formes possibles des « faux plaisirs »,
dans des termes qui sont ceux du *Philèbe* ; en revanche, et c'est là son
originalité, ce dernier examine les plaisirs faux pour mieux définir
des plaisirs vrais.

le livre IX de la *République*, et que leur examen ne constitue en rien l'originalité du *Philèbe*[1].

Les définitions successives de la sensation, de la mémoire et du désir ont établi que ces trois affections sont des affections de l'âme, qui chacune désigne une certaine connaissance et un certain jugement : l'âme se prononce sur les impressions sensibles qu'elle perçoit (sensation), et elle sauvegarde le souvenir de ce jugement qu'est la sensation (mémoire), ou bien encore souhaite retrouver l'état qui l'a suscitée (désir). Ces trois définitions doivent être l'occasion d'une correction de la définition du plaisir. C'est à quoi invite Socrate en 36c, en demandant si les plaisirs et les douleurs qui sont les effets du manque ou de la réplétion sont, tous ou certains d'entre eux, « vrais » ou « faux ». Que le plaisir et la douleur soient susceptibles de vérité ou de fausseté est une hypothèse que Protarque, en dépit des explications de Socrate, se refuse à accorder[2]. Dans la mesure où le premier concède au second tout le reste de ses arguments, on admettra volontiers que la définition des faux plaisirs soit la pierre de touche de leur dialogue. Mais elle ne l'est pas du fait de sa complexité. L'argument de Socrate est en effet d'autant plus clair qu'il est la conséquence des précédentes définitions : si la sensation est un jugement de l'âme, une certaine opinion qu'elle prononce sur ce qu'elle perçoit de l'état du corps, il ne reste plus à l'entretien qu'à trancher entre deux définitions possibles du plaisir et de la douleur, selon qu'ils sont eux-mêmes des sensations, c'est-à-dire des jugements, ou bien seulement des impressions corporelles. Dans le premier cas, que

---

1. C'est ce que fait valoir à juste titre C. Hampton, dans une étude qui conteste quelques-unes des subtilités de la lecture du *Philèbe* qu'a proposée D. Frede : « Pleasure, truth and being in Plato's *Philebus* : a reply to Professor Frede », *Phronesis*, 32, 1987, p. 253-262.

2. Aussi bien au début de l'argument (« Mais comment pourrait-il y avoir de faux plaisirs ou de fausses douleurs, Socrate ? », 36c9-10) qu'à son terme (« Comment pourrait-il en être autrement ? [que les plaisirs faux naissent souvent en nous] Si toutefois ils existent. », 41b3), Protarque montre une même réticence.

Socrate défend, les plaisirs seront susceptibles, comme le sont tous les jugements, d'être vrais ou faux. C'est ce qu'établissent les pages 36c-41b, en comparant les plaisirs à ces jugements que sont les « opinions »[1]. L'argument de Socrate est le suivant : de même qu'on peut se tromper en ayant une opinion, en jugeant (et avoir alors une opinion non pas « vraie » ou « droite », mais « fausse »), de même on peut se tromper en éprouvant du plaisir (et ne pas éprouver alors un « vrai » plaisir, mais un « faux ») ; dans les deux cas, et c'est pourquoi leur comparaison s'impose, les deux jugements sont faux, nous nous trompons : nous croyons jouir d'un plaisir alors que nous ne jouissons pas d'un vrai plaisir, mais que nous souffrons.

L'existence de plaisirs mélangés ou contrariés donne à Socrate le prétexte de sa démonstration : il existe des situations de douleur corporelle, de « manque », qui suscitent en l'âme un désir contraire à celui qu'elle perçoit, un désir de réplétion qui la voit anticiper sur un plaisir à venir. C'est précisément parce que ces plaisirs ou ces douleurs reposent sur une certaine anticipation psychique qu'on peut les dire vrais ou faux. L'âme qui juge de l'état du corps et désire sa restauration (ou craint sa dissolution) forme en effet un certain espoir, qui repose sur une opinion. Voilà l'hypothèse que Protarque refuse et que la discussion doit examiner. En comparant ainsi le plaisir à l'opinion, Socrate entend manifestement saper le fondement même de la thèse

---

1. Ici comme dans la traduction, c'est le terme *dóxa* qui est rendu par « opinion » (et le verbe *doxázein* par « avoir une opinion »). La *dóxa* est bien un jugement à la faveur duquel l'âme se prononce sur quelque chose qu'elle perçoit. Il s'agit d'un contenu de pensée relatif à un objet donné (et c'est en ce sens que l'on peut parler des « opinions » d'un auteur sur tel ou tel sujet, ou bien de encore de « l'opinion » qu'un individu se fait à propos de telle question). Les dialogues platoniciens accordent d'autant plus d'importance à cette notion qu'ils l'ont élevée à la dignité de concept : l'opinion est le jugement que l'âme porte sur une chose sensible telle qu'elle apparaît (et puisqu'elle peut apparaître autrement qu'elle n'est en réalité, l'opinion est susceptible d'être fausse tout comme elle peut être vraie ou « droite »).

hédoniste soutenue par Philèbe et défendue par Protarque. Cette dernière affirme que le plaisir est un fait, un état de fait physiologique et indubitable ; il n'est pas envisageable, comme Protarque s'en émeut, de jouir « faux » et de croire simplement jouir alors qu'on ne jouirait pas, pas plus qu'il n'est possible d'imaginer que le plaisir, réel, puisse être plus ou moins vrai. Sauf à admettre que le plaisir soit une forme de jugement ou qu'il soit tributaire d'un jugement, exactement comme l'étaient la sensation et le désir. Socrate, en entreprenant de le montrer, entend faire d'une pierre deux coups : réfuter Philèbe et retenir parmi les plaisirs ceux qui, parce que « vrais », pourront entrer dans le mélange qu'est la vie bonne.

La réfutation de Philèbe est acquise lorsque Socrate réussit à démontrer que le plaisir, qui résulte d'une opinion, est à son tour une sensation, c'est-à-dire une affection psychique distincte de l'impression corporelle. Cette dernière peut certes la susciter, mais le plaisir n'est pas l'impression corporelle, et il faut même désormais envisager qu'une sensation de plaisir puisse être éprouvée par l'âme indépendamment de toute impression corporelle. Cette dernière hypothèse fait l'objet d'un examen psychologique particulièrement minutieux, qui doit prouver que l'opinion est bien en l'âme la cause du plaisir, quand l'état du corps n'est pour sa part que l'un des objets possibles de l'opinion, c'est-à-dire encore l'une des occasions possibles du plaisir. Socrate précise à cet effet les conditions dans lesquelles naissent les plaisirs et les douleurs ; là où 31b avait demandé « par suite de quelle affection ils se produisent lorsqu'ils se produisent », 38a peut répondre que les plaisirs « accompagnent » soit « l'opinion droite et la science », soit « l'opinion fausse et la déraison ». Il aura été démontré entre-temps que le plaisir a toujours pour cause une opinion.

Cette démonstration, qui occupe les pages 36c à 43c, emprunte un certain nombre de détours. Elle définit d'abord l'opinion comme le jugement que l'âme prononce en associant la sensation et la mémoire (38c). La sensation, qui est déjà un jugement (relatif aux impressions corporelles), est ainsi distinguée de l'opinion, qui est un jugement redoublé ; l'une et l'autre ne sont pas confondues, mais elles nomment deux opérations psychiques distinctes qui produisent en l'âme des effets à leur tour distincts. La sensation est le jugement que l'âme prononce sur une impression corporelle actuelle (l'âme perçoit alors une qualité ou une chose sensible), à quoi l'on doit ajouter le jugement que l'âme peut encore prononcer sur la mémoire d'une sensation, en l'absence cette fois d'impression corporelle (l'âme perçoit alors un objet de pensée, un jugement). C'est à ce deuxième jugement qu'on réserve en propre le nom d'opinion[1]. Au moyen d'une analogie, le *Philèbe* définit encore une troisième espèce de mécanisme psychique : si la sensation et la mémoire donnent bien lieu à un jugement, l'opinion, cette dernière est en l'âme comme un texte écrit, qui peut y être conservé, à la façon cette fois d'une image ou d'une illustration du texte écrit[2]. Cette analogie permet d'expliquer que le jugement qu'est l'opinion perdure indépendamment de la sensation qui lui a donné son actualité, et elle ne décrit rien moins que le mécanisme même de la connaissance : lorsque nous avons l'intention de nous faire une opinion sur un objet perçu pour la première fois, nous convoquons l'image que nous avons conservée d'objets parents, pour nous prononcer alors par comparaison sur ce que nous venons de percevoir.

Le mécanisme psychique de la sensation et celui de l'opinion sont donc homogènes, puisqu'elles sont toutes deux des jugements susceptibles d'être conservés. Platon peut ainsi rendre compte de la genèse psychique d'une connaissance, quel qu'en soit l'objet. Si cet objet

---

1. Voir les remarques semblables du *Timée*, 45d, 64a-65b, et la note 298 de L. Brisson à sa traduction (ainsi que son introduction au dialogue, p. 59-60).

2. L'analogie repose sur l'hypothèse proprement platonicienne que la pensée peut être considérée comme un discours (*lógos*) prononcé silencieusement par l'âme. On la trouve notamment dans le *Phèdre*, 276a-277a, le *Théétète*, 190c-d, qui identifie l'opinion à un discours que l'on se tient à soi-même et dans le *Sophiste*, 263d-264b.

est sensible, ce sont des impressions sensibles qui sont transmises à l'âme qui porte alors sur elles, pourvu qu'elle les perçoive, un jugement : l'opinion, susceptible d'être conservée par la mémoire. L'âme, on l'a vu, peut percevoir autre chose que des impressions ; en l'occurrence, elle peut percevoir des opinions. Et c'est bien la succession de ces deux opérations psychiques qui rend possible la connaissance des choses sensibles : à la perception par les sens de qualités sensibles succèdent des impressions sensibles transmises du corps à l'âme qui les juge (sensation), puis ces jugements redoublés, proprement réflexifs, que sont les opinions. Ces dernières sont des contenus de pensée qui peuvent être déliés de l'actualité de la sensation.

Quel que soit l'objet du jugement, qu'il porte sur une impression sensible (sensation) ou sur une sensation (opinion), il est susceptible de vérité ou de fausseté. Le critère en est assez simple : si le jugement est conforme à la réalité de l'objet, il est vrai, alors qu'il est faux dans le cas contraire ; ainsi des opinions mais aussi et déjà des sensations sont susceptibles d'être vraies ou fausses[1]. Ainsi et encore des plaisirs pourront être dit « faux », s'ils reposent sur des opinions fausses de ce qui est réellement plaisant. Les conséquences de cette démonstration sont de deux ordres : il est d'abord établi que le plaisir, qui peut avoir pour occasion une impression sensible mais aussi bien un jugement ou un souvenir psychiques, a pour cause une opinion, c'est-à-dire une représentation d'un certain objet. De ce point de vue, il est désormais clair que tous les plaisirs sont psychiques : c'est simplement l'origine de certains d'entre eux, issus

---

1. Une question de taille reste toutefois en suspens : comment se fait-il que l'âme juge effectivement droitement ou en vérité ? Quel est, en d'autres termes, le fondement de l'adéquation de l'opinion vraie à la réalité de son objet ? La réponse que donne Socrate à cette question n'est qu'une échappatoire : c'est l'affection des dieux pour les hommes bons qui rend vraies les opinions de ces derniers (40b). La question épistémologique de l'adéquation trouve de la sorte une réponse éthique : ceux qui disent le vrai le disent parce qu'ils sont bons.

d'une impression corporelle, qui fait qu'ils méritent le nom de plaisirs « relatifs au corps ». Il est ensuite possible de distinguer entre les plaisirs, qui sont tous réels, selon qu'ils sont vrais ou faux. L'argument platonicien, à la différence de celui des antihédonistes qui va être réfuté plus loin, défend ainsi l'existence des plaisirs : tous sont des jugements relatifs à une affection réellement existante du corps ou de l'âme. Que ces jugements puissent être faux n'enlève rien à la réalité de la sensation, c'est-à-dire à la réalité du jugement que l'on porte sur ce qui nous affecte : on peut jouir de faux plaisirs, de sorte que le « fait de jouir [est] toujours absolument réel, quelle que soit la manière dont on jouit » (40d[1]). Dans la mesure où tous les plaisirs sont des jugements réels, les faux plaisirs se distingueront des autres sous le rapport de leurs effets et de leurs objets. Si les faux plaisirs sont mauvais, c'est parce qu'ils procèdent d'un jugement erroné sur le compte de la restauration de la nature propre. L'explication est proprement causale : c'est parce qu'ils sont faux que certains plaisirs sont mauvais[2]. Loin de remédier à une dissolution qui

---

1. C'est, me semble-t-il, la meilleure objection à faire valoir contre les interprètes qui suggèrent que certains plaisirs seraient faux « épistémologiquement », c'est-à-dire faux du seul fait qu'ils procéderaient d'une mauvaise intelligence de la réalité, alors que d'autres plaisirs seraient pour leur part « réellement » faux. Cette distinction n'a pas pour elle l'autorité du *Philèbe*, qui souligne au contraire que tous les plaisirs sont réels, et qu'à cet égard tous les plaisirs faux naissent comme tous ceux qui sont vrais. Ce qui rend faux l'ensemble des plaisirs faux, c'est simplement qu'ils accompagnent un jugement erroné, et qu'ils portent de ce fait sur des choses qui n'existent pas ou qui n'existent pas telles que le jugement les conçoit.

2. C'est une hypothèse que Protarque concède finalement à Socrate ; il avait fini par l'admettre, en 22e-23a, puis semble-t-il définitivement en 37d, après l'avoir refusée au tout début du dialogue, en 13b-c. Au terme de cette réfutation, Socrate aura fait admettre à Protarque l'un des principes majeurs de l'éthique platonicienne : la connaissance est, à tous égards, la cause de la bonté. Elle est par exemple la cause de l'action bonne, alors que la mauvaise action a pour cause l'ignorance (voir, par exemple, *Gorgias*, 467d-468e). Il en va de même avec les plaisirs : ceux qui sont mauvais le sont parce qu'ils ont une erreur pour cause.

n'existe pas, ces plaisirs résultent de l'invention d'une douleur et d'un soulagement (un soulagement qui n'est pas autre chose qu'une mauvaise action). De surcroît, ces mauvais plaisirs sont tous, par définition, des plaisirs mélangés[1], et c'est le mélange de douleur et de plaisir en quoi ils consistent qui explique selon Socrate que ceux qui les éprouvent se trompent d'autant plus sur leur compte que la douleur accentue l'apparence plaisante de soulagements qui ne sont pourtant pas de véritables plaisirs (42b).

En désignant les plaisirs mélangés de douleur comme des plaisirs à la fois mauvais et faux, le *Philèbe* peut clore un premier chapitre de son analyse des plaisirs, et conclure que les plaisirs mélangés ne sont pas de véritables plaisirs. En la matière, Socrate entend toutefois encore montrer que la fausseté des plaisirs tolère des degrés, puisque la vivacité des plaisirs mélangés est relative à celle de la douleur dont ils sont le soulagement, avant de partir ensuite à la recherche de ce que peuvent être des plaisirs qui, eux, ne seraient pas mélangés mais purs. S'il existe des plaisirs qui sont à la fois mélangés, faux et mauvais, quels sont ceux qui sont purs, vrais et bons ? Cette question ne peut semble-t-il être résolue qu'à la condition d'affronter la thèse des ennemis du plaisir qui soutiennent qu'aucun plaisir ne peut être dépourvu de douleur et de mal.

Les ennemis du plaisir

Le *Philèbe*, dans les pages 44a-55c, poursuit son analyse du plaisir en la confrontant aux critiques virulentes qu'adressent à son existence même des auteurs qui ne sont pas nommés. En exposant les arguments de ces derniers, pour les réfuter et préciser sa propre définition du plaisir, Platon prend position dans un

---

1. L'inverse est aussi bien vrai : tous les plaisirs mélangés sont de faux plaisirs, dans la simple mesure où ceux qui les éprouvent ignorent qu'ils souffrent en même temps qu'ils jouissent.

débat sans doute en cours. Les contempteurs du plaisir paraissent en effet être des proches de l'Académie, l'école fondée et dirigée par Platon, et le témoignage d'Aristote, qui y avait lui aussi reçu sa formation philosophique, corrobore et éclaire l'actualité de ce débat[1]. Cette dizaine de pages mêle trois développements : elle poursuit d'abord l'analyse du plaisir et considère à nouveaux frais l'hypothèse d'une vie « neutre » ; elle établit de surcroît l'existence de plaisirs purs ; et elle conduit enfin la réfutation des opinions sur le plaisir en vigueur dans le débat éthique.

Socrate reprend l'hypothèse de la vie « tierce » ou « neutre » qu'il n'avait évoquée qu'allusivement en 32e-33c, en promettant d'y revenir. La chose est possible maintenant qu'il a été établi que tous les plaisirs mélangés sont, à des degrés divers et selon la douleur éprouvée, des plaisirs faux. La vie « neutre » qu'on distingue de la vie de douleur et de la vie de plaisir doit alors vérifier une possibilité : si tous les plaisirs mélangés sont aussi bien des douleurs, peut-on concevoir un plaisir qui ne serait pas mélangé ? Il s'agirait, dans le cas des plaisirs mélangés issus d'impressions corporelles, d'une vie durant laquelle les impressions de dissolution de l'harmonie existeraient certes, mais ne seraient pas perçues, ne seraient pour l'âme l'objet d'aucun trouble et d'aucune anticipation. Platon a alors recours à l'argument qu'on trouve à la fois dans le *Gorgias* et le livre IX de la *République*, selon lequel l'absence de douleur et le plaisir ne sont pas une seule et même chose. Il existe un troisième état, qui n'est ni la douleur ni sa cessation, et qui ne se laisse pas résoudre à la restauration de ce qui a été dissous. On se trouve là au seuil d'une définition positive du plaisir, c'est afin de la défendre que Platon choisit de la mesurer à la thèse des antihédonistes qui, s'arrêtant pour leur part au constat que les plaisirs sont mélangés, refusent d'accorder au plaisir la moindre pureté, la

---

1. Voir l'Annexe 2, en fin de volume, et la note suivante.

moindre vérité et finalement même, la moindre existence. La fin de la démonstration platonicienne est
manifeste : il s'agit de confirmer l'existence de plaisirs
purs, dignes d'entrer dans le mélange qu'est la vie
bonne.

Socrate mentionne deux thèses antihédonistes, soutenues par des auteurs apparemment distincts. Les
premiers nient l'existence des plaisirs au motif que ces
derniers sont toujours mêlés de douleur (44a-53c) ; les
seconds la nient au motif que le plaisir est un perpétuel
devenir dépourvu de réalité (53c-55a).

Les premiers ennemis du plaisir, auxquels le *Philèbe*
accorde le plus d'attention, sont ceux dont Socrate dit
que le plaisir les répugne parce qu'il n'est rien d'autre
à leurs yeux que le contraire de la douleur ou plutôt,
son soulagement. Ces antihédonistes sont désignés
comme des savants, « des gens qui sont réputés très
habiles dans la connaissance de la nature, et qui nient
absolument que les plaisirs existent » (44b9-10).
Socrate impute leur condamnation du plaisir à la
répulsion qu'ils éprouvent pour les états excessifs du
plaisir corporel et la part de douleur qui toujours les
accompagne. L'erreur de ces antihédonistes est toutefois patente : du constat fondé que les formes exces-
sives de plaisirs mélangés sont de faux et de mauvais
plaisirs, ils concluent à tort la nature pathologique de
tous les plaisirs. Avant de leur opposer qu'il existe des
plaisirs « purs », Platon s'appuie toutefois sur la thèse
de ces savants pour affirmer que l'existence des plaisirs excessifs exige une maîtrise et un bon usage des
affections corporelles : c'est là ce qui définit la tempérance (*sōphrosinē*), dont on comprend qu'elle doit,
conformément à la distinction des quatre genres,
introduire de la mesure dans l'illimité qu'est le
mélange de plaisir et de douleur, susceptible d'une
variation quantitative indéfinie. Mais Platon profite
encore de cette réfutation pour corriger la première
typologie des plaisirs, en distinguant désormais trois
espèces de plaisirs mélangés, selon qu'ils sont relatifs
au seul corps, à la seule âme, ou bien au corps et à

l'âme (46b-c [1]), puis en expliquant que les mélanges de plaisirs et de douleurs seront d'autant plus pathologiques et dangereux qu'on poursuivra inlassablement un soulagement corporel superficiel sans chercher à atténuer la cause de la douleur (46c-47b).

La première espèce, celle des plaisirs corporels, embrasse tous les cas de soulagement organique d'une dissolution. Le dialogue en donne pour exemples les couples de douleurs et de plaisirs que forment la soif et le fait de boire, la faim et le fait de se nourrir, le froid et le réchauffement, la chaleur et le refroidissement, puis enfin les cas d'excitation ou de prurit que viennent soulager les « démangeaisons » (qu'il s'agisse de la gale ou des envies sexuelles frénétiques). Ces plaisirs mélangés sont excessifs pour deux raisons. D'une part, parce qu'ils sont illimités, et que la douleur de la dissolution comme le plaisir de la restauration sont susceptibles de s'accroître sans limites. De l'autre, parce que leur répétition affaiblit l'organisme qu'elle excite, et qu'un soulagement par démangeaison ne sera jamais que le remède superficiel d'une douleur organique interne (47a-b).

La deuxième espèce de plaisirs mélangés est celle qui, évoquée déjà en 32b-d, embrasse tous les cas de contrariété entre l'âme et le corps qui résultent de la perception par l'âme d'un état de dissolution corporelle et du désir de sa restauration (il s'agissait donc du désir de manger, de boire et des autres affections semblables).

Reste la troisième espèce, celle des plaisirs mélangés relatifs à l'âme seule. Ces derniers sont définis en 47d-50e ; ce sont « les douleurs de l'âme », parmi lesquelles Socrate compte la colère, la peur, le regret, la lamentation deuil, l'amour, l'envie et la jalousie ; celles-ci sont

---

1. Platon ne revient pas alors sur la définition du plaisir comme plaisir psychique : certains plaisirs sont « relatifs » aux corps, sans être pour autant « corporels » ; cela signifie simplement que leur origine, le lieu de leur manifestation comme celui du soulagement qui les provoque, est le corps.

les principales des « passions » mélangées de l'âme.
Elles sont définies comme des espèces de plaisirs (douloureux) qui possèdent pour caractéristique commune
d'accompagner des jugements faux portés par l'âme
sur sa propre conduite ou sur la valeur de celle
d'autrui, et ils sont la cause d'une conduite déplorable.
Là encore, comme c'était le cas des plaisirs relatifs au
corps, l'excellence, la vertu (*aretê*) consiste à introduire
une mesure dans ces affections pour en atténuer la part
de douleur. Dans la mesure où le genre commun de
ces pathologies psychiques est l'ignorance, l'introduction d'une telle mesure ne peut être que le fait du
savoir (*sophía*) [1]. Du point de vue de leur genèse, ces
affections purement psychiques ne se distinguent pas
de celles qui accompagnent le jugement porté sur l'état
du corps ; le mécanisme en est en effet identique :
l'âme forge une opinion sur ce qu'elle perçoit (en
l'occurrence, une conduite) et prononce à son propos
un jugement qui est accompagné à la fois de douleur et
de plaisir (un jugement qui s'avère ne pas correspondre exactement à la réalité perçue). La catégorie
générique de l'affection (*páthos*) ne nomme ainsi que
l'aptitude de l'âme à être affectée par certaines opinions, tout comme elle peut l'être par des sensations.
Ici, l'opinion erronée que l'âme se fait d'une conduite
peut donc être pour elle la source d'une affection où la
douleur et le plaisir se mélangent. Mais si ces affections
sont de faux plaisirs, il doit en exister de vrais : aux
adversaires du plaisir, on doit objecter qu'il existe des
affections psychiques non mélangées et vraies, des
passions « pures ». Qu'il s'agisse des plaisirs corporels
ou des psychiques, certains d'entre eux sont vrais
(53c-55a).

---

1. Le savoir est la mesure des plaisirs psychiques mélangés, au
même titre que la tempérance était celle des plaisirs mélangés relatifs
au corps. C'est l'occasion de noter que Platon ne prône pas l'entière
suppression des plaisirs mélangés, mais bien la mesure de ceux qui
sont susceptibles de l'être.

Les vrais plaisirs

Le grand tort des premiers ennemis du plaisir est de supposer que tous les plaisirs sont des plaisirs mélangés. Ils sont à cet égard victimes de la même erreur que les hédonistes furieux qui ne poursuivent que les plaisirs excessifs et finalement douloureux : les uns comme les autres ont le tort de croire qu'il n'y a de plaisir que violent[1]. Et c'est ainsi qu'ils manquent les vrais plaisirs, définis en 50e-53c. Ces vrais plaisirs sont donc ceux qui ne procèdent pas d'une opinion fausse mais d'une opinion vraie, et qui ne sont pas mélangés à de la douleur. Encore faut-il en préciser les occasions ou les objets. Il s'agit des plaisirs sensibles de la vue (de certaines figures et couleurs), de l'ouïe (de certains sons), de l'odorat (de certains parfums), auxquels Socrate ajoute ensuite l'espèce plus vaste des plaisirs de la connaissance. Tous ces plaisirs satisfont une même définition, donnée en 51b : les plaisirs vrais accompagnent « tout ce qui donne lieu à des réplétions qui sont sensibles, plaisantes et pures de toute douleur ». Le recours ici remarquable à la catégorie de la réplétion (*plērōsis*) définit enfin ce que le plaisir est en propre selon Platon : il est l'état affectif qui accompagne en l'âme la sensation d'une réplétion sans manque. Afin d'éprouver un véritable plaisir, l'âme doit recevoir quelque chose, un apport perceptible, sans pour autant avoir souffert de l'absence de ce qui désormais la remplit. Cette définition inédite et surprenante du plaisir conserve le motif de la réplétion, et distingue enfin clairement le plaisir de l'état neutre (dans lequel l'âme ne perçoit rien) comme de l'état de douleur (qui est celui du manque). Prendre du plaisir, selon Platon, c'est acquérir quelque chose de réjouissant qui ne nous manquait pas. Le plaisir est défini comme le processus affectif, pourvu d'une certaine

---

1. Ce que retient Aristote dans l'*Éthique à Nicomaque*, VII, 12-13, en reprochant aux contempteurs du plaisir de ne s'appuyer que sur le mauvais exemple qu'offrent les seuls plaisirs corporels excessifs.

durée, qui accompagne en l'âme la saisie d'une réalité mesurée.

La réalité du plaisir

La définition des plaisirs purs (50e-53c) aura ainsi précédé l'examen et la réfutation de la thèse de nouveaux ennemis du plaisir, qui discréditent ce dernier au motif qu'il n'est qu'un pur devenir (*génesis*), dépourvu de la moindre réalité (*ousía*, 53c-55a). L'examen de cette seconde thèse antihédoniste est rendu plus ardu, à la fois parce que Socrate semble pour partie y souscrire, mais aussi et surtout parce que les deux notions alors en jeu ont un usage et une importance qui excèdent la seule discussion éthique. Le devenir et la réalité sont en effet les deux termes que Platon emploie le plus communément, comme il l'a déjà fait dans le *Philèbe*, afin de désigner le mode d'existence d'une réalité, et de distinguer les choses qui changent et deviennent des réalités qui sont toujours identiques à elles-mêmes. La bienveillance que Socrate manifeste pour la thèse de ces esprits « ingénieux », qui ont le mérite de rapporter le plaisir à ce qui le fonde, à savoir la réalité (ou la fausseté) de son objet, n'implique toutefois pas qu'il y adhère entièrement[1]. Le grand intérêt de leur critique est incontestablement de rappeler que le plaisir est un processus, un devenir orienté vers une fin réelle, et de le distinguer alors du bien qui, lui, est la seule véritable fin ; mais ceux qui raillent les choses en devenir ont en revanche le tort de ne pas distinguer entre les plaisirs et surtout, semble-t-il, de ne pas apercevoir que le plaisir puisse précisément accompagner la produc-

---

1. La manière dont ces adversaires sont cités les désigne comme des proches de Platon, dont les présupposés et le vocabulaire doctrinaux sont parents. Cette parenté n'implique pas à mes yeux, comme j'y reviens dans l'Annexe 2, que Platon avance ici sous le masque de ces antihédonistes. Et cela pour une raison très simple : les arguments que Socrate fait valoir contre cette thèse sont rédhibitoires.

tion ou la saisie d'une réalité[1]. Ils ignorent qu'il existe
un bon usage des plaisirs.

La thèse des antihédonistes est la conclusion d'un
syllogisme étiologique, d'une démonstration relative
aux causes. Comme le rappelle Socrate, toute chose
est soit en vue d'une autre (qui est alors sa cause
finale), soit elle est elle-même la fin vers laquelle
d'autres choses tendent. Le processus qui conduit
vers une fin est dit être un « devenir », alors que l'état
final est seul qualifié de « réalité[2] ». La seconde pré-
misse du raisonnement affirme que la fin est le bien,
quand ce qui vise le bien n'est pas le bien. La conclusion qu'en tirent les ennemis du plaisir est que le
plaisir n'est pas le bien. Cette conclusion n'est pas
fausse, et Socrate l'accorde, mais elle ne permet
guère que de répéter que le plaisir n'est pas le bien
quand l'entretien se propose plutôt de savoir comment le premier peut entrer dans la constitution du
second[3]. Autrement dit, cette conclusion en occulte
une autre, également légitime, qui voudrait que le

---

1. Que le plaisir soit un devenir ne suffit pas encore à distinguer
les plaisirs selon ce qu'ils deviennent. C'est une objection que Platon
adresse aussi bien aux hédonistes qu'à leurs adversaires, puisque les
uns comme les autres en donnent cette même définition. Platon leur
accorde que le plaisir est un processus, un certain mouvement, mais
c'est l'issue de ce processus, sa fin, qui lui paraît devoir être examinée, ne serait-ce que afin de montrer que le plaisir peut être bon,
qu'il peut être un moyen d'accéder au bien (comme l'établit notamment, en d'autres termes, Diotime dans le *Banquet*).

2. Le devenir, ou aussi bien la naissance d'une chose quelconque,
est « en vue d'une réalité », comme l'avait noté 26d, en expliquant
que l'orientation d'un devenir vers une réalité était précisément
l'effet de la limitation de ce devenir.

3. C'est une autre raison pour laquelle il faut se garder d'identifier
Platon à ces seconds contempteurs du plaisir, faute de quoi on lui
imputerait une série de propositions contradictoires. Les commentateurs qui l'ont fait (récemment et entre beaucoup autres,
D. Frede, p. 63, n. 3 de sa traduction en langue anglaise) ne parviennent alors plus à rendre compte de la spécificité de l'argument
platonicien, tout comme ils semblent oublier que la typologie des
quatre genres, en 23b-27c, se prononçait déjà sur le compte de la
réalité et du devenir.

plaisir puisse être, d'une certaine manière, la cause du bien [1].

Les exemples qui servent à illustrer la proposition selon laquelle tout devenir (*génesis*) est en vue d'une certaine réalité (*héneka tinos ousías*) sont des exemples de production artisanale ; ils établissent, conformément au schéma de l'entretien qui se propose de fabriquer le mélange qu'est la vie bonne à partir de matériaux distincts, que les ingrédients ou les matériaux doivent être choisis et travaillés en fonction de la production d'une réalité donnée, qui est leur fin et à l'égard de laquelle ils n'ont d'existence que relative et transitoire. Si l'on admet que le plaisir est un processus, il faut juger ses différentes espèces comme on le ferait d'une production artisanale, en se demandant à quoi au juste elle donne lieu, ou ce qu'elle fabrique. L'analyse des plaisirs a fourni, déjà, les réponses adéquates. Les plaisirs qui sont simplement des restaurations d'un état antérieur, ceux qui soulagent d'une douleur, ne contribuent en rien à produire une réalité. Quant aux plaisirs excessifs, que Socrate mentionne ici de nouveau (54d-55a), ils ne visent qu'une fin destructrice, en ne poursuivant rien d'autre que leur propre répétition. Les vrais plaisirs, purs de toute douleur et relatifs à des réalités, se distingueront donc des faux en ceci qu'ils sont stables, c'est-à-dire qu'ils demeurent toujours égaux, identiques à eux-mêmes, semblables en cela aux réalités qui les suscitent. On a là une définition spécifique du plaisir pur, qui permet de mettre fin à l'analyse des plaisirs, puisqu'on discerne désormais, au sein de cette multiplicité qu'est le plaisir, le bon du mauvais, et qu'on a su y isoler l'espèce des plaisirs vrais qui sera retenue comme ingrédient du mélange qu'est la vie bonne.

---

1. La perception des réalités véritables, et du bien qui est la plus éminente d'entre elles, produit de vrais plaisirs. Socrate suggère de nouveau dans le *Philèbe*, comme il l'affirme dans le *Gorgias* ou la *République*, que la philosophie consiste précisément à jouir des plaisirs.

L'analyse des plaisirs s'achève sur une définition du plaisir pur dont l'aspect semble presque tautologique : le plaisir vrai ou pur est la jouissance d'une réalité par elle-même pure et plaisante. Ou bien encore, le plaisir vrai est l'affection qui accompagne la perception d'une réalité vraie. Mais c'est sans doute une ambiguïté qui est ainsi dissipée. Lors de la comparaison du plaisir et de l'opinion, qui devait établir la possibilité pour le plaisir d'accompagner un jugement faux et d'être lui-même faux, le plaisir était désigné à la manière d'un jugement ; ici au contraire il est défini comme un objet, ou plutôt comme la qualité d'un objet. Comme le note Socrate en 51d, les belles choses que sont les réalités véritables et mesurées comportent des plaisirs, elles les possèdent. Il existe des réalités qui sont absolument ou objectivement plaisantes, du fait de leur nature. Le plaisir ne saurait donc être un jugement relatif à qui l'éprouve, mais il sera absolument et simplement vrai ou faux selon que la réalité qui le suscite est elle-même vraie ou fausse, bonne ou mauvaise[1]. Les plaisirs sont des affections de l'âme, produites en elles par certaines réalités mesurées qui entrent en contact avec elle ou avec le corps.

L'analyse des sciences

Une fois définis les plaisirs purs, susceptibles d'entrer dans ce mélange que doit être la vie bonne, le *Philèbe* en vient à l'analyse des sciences. Il ne s'agit là aussi que d'analyser les principales espèces du second ingrédient que le début du dialogue avait désigné de façon très générale comme étant à la fois celui de la réflexion, de l'intellect, des sciences, des techniques ou même de l'opinion. Socrate demande qu'on applique à ce genre qu'on pourrait dire être celui des activités « cognitives », au sens le plus large possible, les mêmes cri-

---

1. C'est là exactement la conclusion de l'argument du livre IX de la *République*, qui fait de la réalité des objets de jouissance le critère de la véracité comme de la bonté des plaisirs (582e-585e).

tères d'analyse que ceux qui ont présidé à la classification des plaisirs : en l'occurrence, il s'agit de savoir quelles en sont les espèces les plus pures. Cette analyse est conduite avec une célérité surprenante, puisque quelques pages semblent y suffire, et elle paraît dépourvue de la rigueur qui présidait aux distinctions longues et autrement plus précises dont les plaisirs viennent de faire l'objet. L'économie du dialogue et ses acquis expliquent pour partie cette brièveté. S'il s'agit bien pour les interlocuteurs d'appliquer aux sciences ce qui vient de l'être aux plaisirs, l'analyse des premières doit en effet tirer bénéfice de celle des seconds, en évitant bon nombre d'errements méthodologiques. Plus précisément, il est désormais acquis que la pureté des sciences sera identique à leur vérité, mais encore que les sciences les plus pures seront celles qui portent sur les objets les plus réels. De la même manière, et compte tenu aussi bien des précisions méthodologiques du début du dialogue que des leçons de l'analyse des plaisirs, les sciences « pures » seront celles qui portent sur des objets limités et mesurés qui possèdent en eux-mêmes le principe de leur pureté et de leur unité.

L'analyse des sciences procède selon la division dichotomique. Comme on l'a souvent remarqué, cette division n'est ni précise ni parfaitement homogène : elle emploie successivement deux critères de distinction. Socrate propose d'abord que l'on distingue toutes les activités cognitives, tous les savoirs possibles, selon la part de « scientificité » qu'ils possèdent, à la fois sous le rapport quantitatif (certains savoirs étant « plus scientifiques » que d'autres) et sous le rapport qualitatif (certains savoirs reposant sur des sciences plus pures que d'autres). Ensuite, une fois établie cette première division qui aura donc distingué les sciences et les techniques selon leur degré de scientificité, c'est-à-dire de mesure, Socrate propose qu'on les distingue selon leur degré de pureté. Au critère de l'exactitude arithmétique succède ainsi celui de la précision qui repose sur la réalité de l'objet scientifique.

La première partie de la division distingue les techniques et les sciences comme autant de mélanges dans lesquels on trouve une part de mesure et une part de conjecture (56a). C'est donc l'usage respectif qu'elles font de l'arithmétique qui distingue les différentes techniques et les différentes sciences[1]. Socrate propose alors qu'on rassemble dans un même genre toutes les techniques qui comportent davantage de conjecture que de mesure arithmétique (il y fait figurer les techniques musicales, la médecine, l'agriculture, la navigation et la stratégie), puis dans un autre toutes celles que caractérise une activité de fabrication ou d'usage dont la part arithmétique est supérieure à celle de la conjecture (parmi ces techniques plus exactes, Socrate mentionne la construction navale, celle des maisons et une partie de la charpenterie). Cette première dichotomie, pour générale qu'elle soit, permet de répéter, à propos des sciences, l'une des leçons de l'analyse des plaisirs : ce qui rend pure une activité quelconque, c'est la présence en elle d'un principe de limitation et de mesure. Le rôle en est donc dévolu, dans les techniques et les sciences, à l'arithmétique. Parmi ces activités mesurées, Socrate demande que l'on poursuive encore la division. C'est, en effet, que le recours à l'arithmétique est bien moindre dans certains usages qu'on dira « appliqués » (celui des techniques de fabrication énumérées, auxquelles Socrate ajoute encore le commerce) que dans d'autres qu'il qualifie de « philosophiques ». Conformément à ce qu'avait établi avec davantage de détail le livre VII de la *République*, il s'agit

---

1. Platon, comme c'est le cas dans tous les dialogues, ne distingue pas ici les techniques des sciences. La raison en est que toute technique suppose une connaissance, une science de son objet (qu'il s'agisse de la manière dont il convient de le produire, ou de la manière dont il convient d'en faire usage). Mais lorsqu'il entreprend de distinguer la science « véritable », celle qui a la réalité intelligible pour objet, des autres formes de savoirs, Platon lui réserve le nom de « dialectique » ou de « philosophie » et lui reconnaît des objets et une méthode spécifiques. C'est à quoi s'emploient ici les pages 57e-58a, qui font écho au long exposé de la *République*, VII, 521b-533d.

là de toutes les sciences mathématiques (le calcul, l'arithmétique et la géométrie), auxquelles s'ajoute enfin la plus pure des sciences, la dialectique [1]. La fin du *Philèbe* renoue ainsi avec son début, pour définir la philosophie, c'est-à-dire la dialectique, comme la science la plus pure dont les objets sont les unités véritables. Le critère qui préside à cette division comme à cette hiérarchie des sciences est celui de la précision. Plus exactement, celui de la précision et de l'exactitude. La philosophie se distingue comme la plus éminente de toutes les sciences dans la mesure où elle « fait porter son examen sur ce qui est précis (*saphès*), ce qui est exact (*akribès*) et ce qui est le plus vrai (*alēthéstaton*) » (58c2-3). Ce double critère de la précision et de l'exactitude n'est toutefois pas seulement un critère de distinction méthodologique ; si des sciences sont plus pures que d'autres, c'est selon Platon que leur objet est plus vrai, c'est-à-dire plus réel. Il s'agit des objets mathématiques, des nombres ou des figures géométriques, mais aussi et surtout des unités éternellement identiques à elles-mêmes que sont les réalités intelligibles [2].

L'analyse des sciences se clôt ainsi, lorsque Socrate soutient que la pensée de telles réalités définit l'espèce la plus pure de science, d'intellect et de réflexion (59b-e). Le *Philèbe* atteint là le terme de son opération artisanale, puisque le matériau de son mélange est désor-

---

1. La faculté (ou puissance de dialoguer), 57e7. Il est frappant de constater combien la distinction du *Philèbe* entre trois genres de sciences (celles des techniques qui conjecturent, puis des techniques qui appliquent la mesure et enfin des sciences proprement dites) suit celle des livres VI-VII de la *République* : la hiérarchie des techniques et des sciences qu'on trouve dans le *Philèbe* obéit en effet très fidèlement à la distinction des modes de connaissance que propose le schéma de la « ligne » à la fin du livre VI de la *République*.

2. Socrate décrit ces réalités en 58a-59d. Il le fait en des termes que les dialogues ont rendu parfaitement canoniques : les réalités véritables sont perpétuellement identiques à elles-mêmes, elles sont dépourvues de tout mélange ou de toute hétérogénéité, elles ne sont pas perceptibles par les sens (elles ne sont pas sensibles) mais seulement par l'intellect (elles sont de ce fait « intelligibles ») et elles sont ainsi ce qui est réellement (*tò òn óntōs*, 59d4).

mais entièrement épuré. Les plaisirs comme les sciences ont été classés selon leur degré de pureté : leurs espèces les plus pures peuvent être fondues ensemble.

Le mélange de la vie bonne

L'analyse des plaisirs et des sciences a distingué leurs espèces respectives selon leur degré de pureté et de vérité, mais elle n'a pas encore répondu à la question initiale du dialogue, elle n'a pas tranché entre les prétentions concurrentes du plaisir et de la réflexion à tenir lieu de vie bonne. La double analyse qui précède a toutefois établi les conditions du mélange comme de cet arbitrage, en définissant les plaisirs les plus purs comme ceux qui accompagnent la saisie ou la genèse des objets les plus réels, puis les sciences pures comme celles qui connaissent ces mêmes réalités véritables. Il va alors de soi que le mélange le meilleur, le plus pur et le plus vrai, consistera à fondre les plaisirs et les réflexions qui ont pour objets les réalités intelligibles. Socrate, après avoir soigneusement résumé les termes de la discussion, affirme ainsi que la vie bonne sera fabriquée, produite à partir du mélange des parties ou « segments » les plus vrais de chacun des deux prétendants (61d-e). Mais cette conclusion n'est pourtant qu'un préalable à la fabrication du mélange, dont le *Philèbe* concède pour finir qu'il ne doit pas seulement accueillir les plaisirs et les réflexions purs.

Les pages 61e-64b soutiennent un argument surprenant, qui justifie *a posteriori* la longueur de l'analyse des plaisirs : loin de ne retenir que les seules sciences et les seuls plaisirs purs, la vie bonne accueillera finalement aussi des sciences autres que « philosophiques » et des plaisirs mélangés. Il n'est question d'écarter ni les unes ni les autres, pour cette simple raison qu'ils font tous partie de la vie et qu'ils sont en ce sens « nécessaires » ; le lecteur comprend alors que l'analyse des plaisirs n'avait pas pour but de privilégier les plaisirs purs pour mieux écarter de la vie bonne ceux qui étaient mélangés, pas plus que l'analyse des sciences ne voulait interdire la pratique des sciences ou techniques autres que « philosophiques » ; tout au contraire, ce sont les conditions de possibilité de leur commune existence que ces deux analyses ont cherché à découvrir. Celle-ci repose sur la saisie des réalités véritables et de leur caractère mesuré, qui servent de critère, précisément selon le degré de mesure qui s'y trouve, à l'évaluation des modes de vie. Le classement des biens, ou plutôt la remise des prix sur laquelle s'achève le dialogue, consacre ainsi la victoire du bien lui-même. Les prix qui suivent sont remis aux manifestations du bien que sont la mesure, la beauté et la vérité. Et la réflexion (au troisième rang) ou le plaisir (au cinquième, s'il est pur) n'occupent alors que des rangs secondaires. La raison en est, comme le dialogue l'a souvent noté, que ni l'un ni l'autre ne sont le bien lui-même. À quoi l'on peut ajouter enfin que ni l'un ni l'autre, lorsqu'ils sont séparés, ne peuvent rendre une vie bonne. Le *Philèbe* aura au contraire établi qu'une vie quelconque ne peut prétendre à la bonté qu'en ordonnant et mesurant l'ensemble, la totalité de ses aspects. C'est ce que vient confirmer le classement final, qui obéit à une gradation fidèle aux distinctions du début du dialogue, puisque les prix sont remis selon l'extension et la précision de la mesure présente dans les prétendants. De ce qui comporte et imprime le plus de mesure à ce qui en comporte le moins et n'en confère aucune, c'est-à-dire de la mesure elle-même aux choses les plus illimitées, on parcourt la distance qui sépare la bonté elle-même de l'indétermination et du mal. Le classement confirme certes la supériorité de la réflexion sur le plaisir, mais il le fait désormais au nom du critère commun de la mesure et de son extension. Si la réflexion est privilégiée, c'est parce qu'elle est plus à même que le plaisir de permettre à un vivant de connaître la mesure et de s'y ordonner davantage. Sa supériorité lui vient donc de son aptitude à étendre ou à approfondir la mesure, et de favoriser notamment son introduction dans les affections. C'est dire que Platon classe pour finir une série de mélanges, depuis l'unité parfaitement mesurée de toutes choses, jusqu'à leur désagrégation, en passant par la vie mélangée et parfaitement ordonnée, qui est celle, divine, du monde, ou encore par la vie mélangée humaine qui est en quête de son équilibre.

Jean-François PRADEAU.

REMARQUES SUR LA TRADUCTION

Le texte traduit est celui établi par Auguste Diès en 1941 (voir la bibliographie). La numérotation des pages et des paragraphes, que j'ai reproduite, est celle de l'édition réalisée par Henri Estienne en 1578. Voici la liste des quelques points sur lesquels je n'ai pas suivi l'édition d'Auguste Diès :

Passage	Diès	mon choix
14b1	ne traduit pas	je traduis τοῦ ἀγαθοῦ.
21b1	ne traduit pas	je traduis τὰ δέοντα.
21b1	corrige μηδὲ ὁρᾶν en μὴ δέοι' ἄν τι	je conserve μηδὲ ὁρᾶν.
26d5	conjecture οὐκ avant εἶχεν	je ne retiens pas cette conjecture.
28a3	corrige τούτων en τοῦτο	je conserve τούτων.
28a4	traduit γεγονός	je traduis γε γένους.
32c9	conjecture εἴδεσι avant λύπης	je ne retiens pas cette conjecture.
34c1	corrige καὶ μνήμας en οὐ μνήμας	je conserve καὶ μνήμας.
36e2-3	attribue πῶς δὴ φής à Socrate	je l'attribue à Protarque.
38a8	corrige ἀνοίας en ἀγνοίας	je conserve ἀνοίας (et adopte le même choix en 48c2, 49c2, d9 et e6).

40e6	corrige καὶ χρηστὰς en κἀχρήστους	je conserve καὶ χρηστὰς.
46e1	traduit τὰ δ'ἐπιπολῆς	je traduis τὸ δ'ἐπιπολῆς.
48c9	conjecture τὸ avant τοὐναντίον	je ne traduis que τοὐναντίον.
48d2	ne traduit pas	je traduis λεγόμενον ὑπὸ τοῦ γράμματος.
50b2	traduit καὶ κωμῳδίαις	je ne traduis pas (texte absent des manuscrits).
51e5	traduit ὧν λέγομεν	je traduis λεγομένων.
52e3	corrige κρίσιν en κρᾶσιν	je conserve κρίσιν.
53e2	corrige ἑτέρω en ἔτ' ἐρῶ et attribue la proposition τὸ τρίτον ἔτ' ἐρῶ à Protarque	je conserve ἑτέρῳ et l'attribution à Socrate.
55c9	corrige κρίσιν en κρᾶσιν	je conserve κρίσιν.
62b1	corrige καὶ τοῖς en ἐκείνοις τοῖς	je conserve καὶ τοῖς.
66a8	conjecture τινὰ ἥδιον	je ne traduis pas (texte corrompu).
66b8	conjecture τεκμαρτά	je traduis τέταρτα.

J.-F. P.

PHILÈBE

[ou *Du plaisir* ; genre éthique [1]]

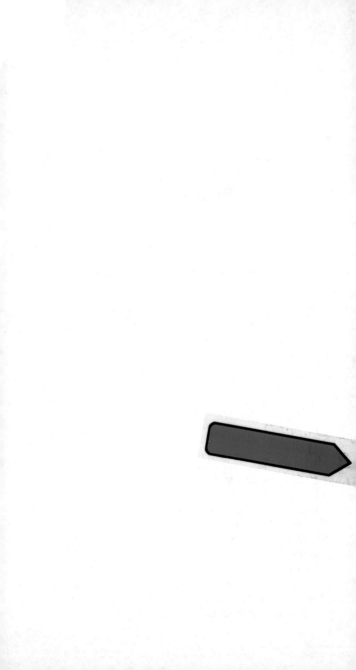

SOCRATE

[**11a**] Vois donc, Protarque, quel argument reçu de Philèbe tu vas maintenant devoir défendre et lequel des nôtres tu devras contester, [**11b**] si du moins tu estimes qu'il n'est pas exposé conformément à la raison. Veux-tu que nous les résumions l'un et l'autre ?

PROTARQUE

Oui, très bien.

SOCRATE

Philèbe affirme donc que ce qui est bon, pour tous les êtres vivants, c'est d'éprouver de la jouissance, du plaisir, de l'agrément et tout ce qui convient à ce genre de choses [2]. Nous objectons, au contraire, que ce n'est pas cela qui est bon, mais la réflexion, la pensée, la mémoire et tout ce qui leur est apparenté, et que les opinions droites comme les raisonnements vrais sont meilleurs et plus profitables à tous ceux [**11c**] qui sont capables d'y prendre part. Ceux qui sont capables d'y participer en obtiennent aujourd'hui et en obtiendront le plus grand de tous les avantages. N'est-ce pas ainsi, Philèbe, que chacun d'entre nous se prononce ?

PHILÈBE

Exactement ainsi, Socrate.

SOCRATE

Eh bien, Protarque, te charges-tu de l'argument qu'on vient de te confier ?

PROTARQUE

J'y suis bien contraint, puisque le beau Philèbe nous fait défaut.

SOCRATE

Il nous faut donc faire tout notre possible, en la matière, pour atteindre d'une façon ou d'une autre la vérité.

PROTARQUE

[11d] Il le faut en effet.

SOCRATE

Bien ; mettons-nous encore d'accord sur cet autre point.

PROTARQUE

Lequel ?

SOCRATE

Que chacun d'entre nous va maintenant tenter de définir la disposition et l'état de l'âme qui sont capables de procurer à tous les hommes la vie heureuse [3]. N'est-ce pas là ce qui s'impose ?

PROTARQUE

Effectivement.

SOCRATE

Vous direz donc qu'il consiste à jouir, et nous qu'il consiste à réfléchir ?

PROTARQUE

C'est cela.

SOCRATE

Mais qu'arrivera-t-il si nous apercevons un autre état qui soit supérieur à ces deux-là ? [**11e**] S'il semblait avoir davantage de parenté avec le plaisir, ne serions-nous pas tous les deux vaincus par la vie qui posséderait fermement cet état ? [**12a**] Et la vie de plaisir ne l'emporterait-elle pas alors sur la vie de réflexion ?

PROTARQUE

Si.

SOCRATE

Si, au contraire, c'est avec la réflexion que cet état avait davantage de parenté, la réflexion l'emporterait sur le plaisir et celui-ci serait alors vaincu ? Sommes nous d'accord à ce propos ou bien en va-t-il autrement ?

PROTARQUE

C'est bien ainsi que je le conçois.

SOCRATE

Et toi, Philèbe, qu'en dis-tu ?

PHILÈBE

Mon avis, à moi, est et restera que le plaisir l'emporte entièrement ; mais il te revient, Protarque, de t'en apercevoir.

PROTARQUE

Puisque tu nous as abandonné cette discussion, Philèbe, il ne t'appartient plus de décider de ce qu'il faut
accorder ou non à Socrate.

PHILÈBE

[12b] Tu dis vrai : je m'en lave effectivement les
mains, et j'en prends dès à présent la déesse elle-même
à témoin [4].

PROTARQUE

Nous aussi témoignerons que tu as bien dit ce que tu
dis maintenant. Quant à ce qui suit, Socrate, que Philèbe l'accorde ou adopte toute autre attitude qu'il
voudra, essayons de conduire la discussion à son
terme.

SOCRATE

Essayons, et commençons par cette déesse qui, selon
Philèbe, s'appelle Aphrodite, mais dont le nom le plus
vrai est « plaisir ».

PROTARQUE

Exactement.

SOCRATE

[12c] À propos des noms des dieux, Protarque,
j'éprouve toujours une peur plus qu'humaine, plus
grande que toute autre. Maintenant, s'agissant d'Aphrodite, je lui donne le nom qui lui plaira [5] ; quant au
plaisir, je sais combien il est bigarré et, comme je viens
de le dire, c'est en commençant par lui qu'il nous faut
conduire nos réflexions, en examinant quelle est sa
nature. Car à simplement entendre son nom, on songe
à quelque chose d'unique, mais il se présente en réalité
sous de multiples aspects qui, d'une certaine façon,

différent les uns des autres [6]. **[12d]** Pense en effet
qu'on dit de l'homme débauché qu'il éprouve du
plaisir, mais qu'on le dit aussi bien de l'homme réfléchi
lorsqu'il réfléchit. Et de même celui qui est privé de
raison, bien qu'il soit plein d'opinions et d'espoirs
déraisonnables [7], éprouve du plaisir, alors que
l'homme réfléchi prend du plaisir à réfléchir [8]. Comment alors affirmer que ces deux sortes de plaisir puissent être semblables l'une à l'autre sans passer à bon
droit pour privé de raison ?

PROTARQUE

C'est, Socrate, que les plaisirs viennent de choses
opposées, mais sans pour autant être eux-mêmes
opposés les uns aux autres : comment, **[12e]** en effet,
un plaisir ne serait-il pas semblable, plus qu'à toute
autre chose, à un plaisir ? Comment ne serait-il pas
semblable à ce qu'il est lui-même ?

SOCRATE

Tout comme une couleur est plus qu'à toute autre
chose semblable à une couleur, divin ami ; du moins
dans la mesure où elle est une couleur, car nous savons
tous que le noir n'est pas seulement différent du blanc,
mais qu'il lui est absolument opposé. Et il en va de
même d'une figure à l'égard d'une autre figure : la figure
est une en tant que genre, **[13a]** mais certaines de ses
parties sont absolument opposées les unes aux autres,
quand d'autres diffèrent entre elles d'une myriade de
façons. Et l'on découvrira quantité d'autres choses pour
lesquelles il en va de même manière. Ne te fie donc pas
à l'argument qui fait une unité de toutes les choses les
plus opposées [9]. Or, j'ai bien peur que nous ne trouvions
que certains plaisirs sont opposés à d'autres.

PROTARQUE

Peut-être, mais en quoi cela peut-il faire du tort à
notre argument ?

SOCRATE

En ceci, dirions-nous que, tout dissemblables qu'ils sont, tu les appelles d'un autre nom que le leur. En effet, tu dis que toutes les choses plaisantes sont bonnes. Or, personne ne conteste que les choses plaisantes soient plaisantes ; [**13b**] mais alors que dans presque tous les cas elles sont mauvaises, et dans d'autres bonnes, comme nous le soutenons, toi, tu les appelles cependant toutes bonnes, alors même que tu reconnaîtrais qu'elles sont dissemblables si l'on t'y contraignait par un raisonnement. Qu'y a-t-il donc d'identique dans les mauvais comme dans les bons plaisirs qui te fait affirmer que tous les plaisirs sont un bien ?

PROTARQUE

Mais que dis-tu, Socrate ? Penses-tu que quelqu'un qui suppose que le plaisir est le bien puisse te laisser dire que certains plaisirs sont bons [**13c**] et que d'autres sont mauvais ?

SOCRATE

Tu admettras toutefois qu'ils sont dissemblables les uns des autres et que certains sont même opposés.

PROTARQUE

Mais ils ne le sont pas en tant que plaisirs.

SOCRATE

Nous sommes alors reconduits à la thèse antérieure : nous dirons qu'aucun plaisir n'est différent d'un autre plaisir, mais qu'ils sont tous semblables, et, sans nous laisser ébranler par les exemples que nous venons de donner, nous penserons et nous parlerons [**13d**] comme les plus nuls et les plus néophytes des raisonneurs.

PROTARQUE

De quoi parles-tu ?

SOCRATE

De ce que si, pour t'imiter, je me risquais à me défendre en affirmant que le plus dissemblable est ce qu'il y a de plus semblable au dissemblable [10], j'aurais de quoi soutenir le même argument que toi ; nous passerions pour plus néophytes qu'il ne convient et notre argument irait se briser et se perdre. Faisons-lui rebrousser chemin et peut-être qu'en nous faisant des concessions l'un à l'autre nous parviendrons à une même position.

PROTARQUE

[13e] Et comment, dis-moi ?

SOCRATE

Laisse-moi désormais être interrogé par toi, Protarque.

PROTARQUE

À quel propos ?

SOCRATE

La réflexion, la science, l'intellect et toutes les autres choses dont j'ai supposé en commençant qu'elles étaient bonnes, lorsque je répondais à ta question de savoir ce qu'était le bien ; est-ce que ma réponse ne subira pas le même sort que ton propre argument ?

PROTARQUE

Comment cela ?

SOCRATE

On jugera que toutes les sciences sont multiples, et que certaines sont dissemblables des autres. Et dans le cas où certaines [**14a**] se montraient encore opposées à d'autres, serais-je encore digne de dialoguer si, par peur de cette opposition, j'affirmais qu'une science n'est jamais dissemblable d'une autre science ? Et notre propos ne se perdrait-il et ne s'évanouirait-il pas comme un mythe, si nous ne nous sauvions qu'à la faveur d'une absurdité ?

PROTARQUE

Non, il ne le faut pas ; mais il faut toutefois nous sauver. Et ce qui me satisfait, c'est que ton argument et le mien se retrouvent sur ce même point : de même que les plaisirs sont multiples et dissemblables, de même les sciences sont multiples et dissemblables.

SOCRATE

[**14b**] Alors ne dissimulons donc pas, Protarque, la diversité de mon bien ni celle du tien [11] ; mettons-les au contraire en évidence, et ayons le courage de les examiner jusqu'à ce que, peut-être, elles nous indiquent si ce que nous devons appeler le bien est le plaisir, la réflexion ou bien un autre tiers. Car nous ne nous battons pas maintenant pour la victoire, pour que l'emporte ce que je soutiens ou bien ce que tu soutiens toi, mais c'est pour ce qu'il y a de plus vrai que nous devons lutter l'un aux côtés de l'autre.

PROTARQUE

C'est effectivement ce qu'il faut faire.

SOCRATE

[**14c**] Voici alors la thèse à laquelle nous devons donner encore davantage de fermeté afin de parvenir à un accord.

PROTARQUE

Laquelle ?

SOCRATE

Une thèse qui est une source de difficultés pour tous les hommes, qu'ils le veuillent ou, parfois, ne le veuillent pas.

PROTARQUE

Explique-toi plus clairement.

SOCRATE   *THèse*

Je parle de la thèse que nous venons de rencontrer et dont la nature est en quelque sorte merveilleuse. Dire qu'un est multiple et que multiple est un, c'est en effet dire quelque chose de merveilleux ; et il est facile d'objecter à celui qui défendrait l'une ou l'autre de ces deux propositions.

PROTARQUE

Fais-tu donc allusion au cas où l'on affirme que moi, Protarque, qui suis un par nature, [**14d**] je suis cependant plusieurs « moi » opposés les uns aux autres, grand et petit, lourd et léger, et mille autres choses de ce genre [12] ?

SOCRATE

Tu n'évoques là, Protarque, que les plus ordinaires des merveilles relatives à l'un et au multiple, celles dont presque tout le monde convient, pour ainsi dire, qu'il ne faut plus y toucher, car elles sont puériles, faciles et font grandement obstacle aux discussions de ceux qui s'en emparent [13]. Et il en va de même lorsque quelqu'un distingue par le discours [**14e**] les différents membres ou parties d'une chose quelconque et, après avoir accordé que toutes ces parties sont la même unité, réfute par le ridicule les monstruosités qu'on est contraint alors de prononcer, à savoir que l'un est multiple et même illimité, et que le multiple n'est autre chose qu'un.

PROTARQUE

Mais à propos de cette même question, Socrate, de quelles autres merveilles dis-tu qu'elles ne seraient pas déjà devenues ordinaires et dont on ne serait pas convenu ?

SOCRATE

[**15a**] Lorsqu'on ne prend pas pour unité, mon garçon, les choses qui deviennent et qui périssent, comme nous venons de le faire à l'instant. Car c'est cette sorte d'un dont nous venons de convenir qu'il est inutile de la réfuter. Mais en revanche, lorsqu'on entreprend de poser l'homme comme unité, le bœuf comme unité ou le beau un et le bien un, voilà alors à propos de quelles unités l'effort considérable mis à les diviser donne lieu à la controverse [14].

PROTARQUE

Laquelle ?

SOCRATE

[**15b**] En premier lieu, quant au fait de savoir si de telles unités existent réellement ; puis, en second lieu, quant à la réalité de chacune d'entre elles : est-elle toujours identique à elle-même, soustraite au devenir comme à la mort [15] ? Peut-elle entièrement conserver cette unité inébranlable une fois qu'elle se trouve dans les choses qui deviennent et sont illimitées, de telle sorte qu'elle soit une et la même et cela dans plusieurs choses à la fois ? Et doit-on admettre que chacune de ces unités s'est dispersée et multipliée [16], ou bien qu'elle est entièrement séparée d'elle-même, ce qui paraîtrait la supposition la plus inadmissible de toutes (car comment une même chose pourrait-elle se trouver à la fois une et multiple ?) ? [**15c**] Voici, Protarque, quelles sortes d'un et de multiple, et non pas celles que tu as dites, sont la cause de toutes sortes

d'embarras si elles ne sont pas convenablement envisagées, et la cause de précieuses ressources si elles le sont.

PROTARQUE

Est-ce donc d'abord à cette tâche, Socrate, qu'il nous faut maintenant consacrer nos efforts ?

SOCRATE

C'est du moins ce que je dirais.

PROTARQUE

Alors considère que tous ici en convenons avec toi. Quant à Philèbe, il vaut peut-être mieux ne pas troubler l'eau qui dort et ne pas lui poser de questions.

SOCRATE

[15d] Eh bien, par où engagerons-nous cette bataille quand les objets du litige sont si nombreux et complexes ? Ne pourrait-on commencer ici ?

PROTARQUE

Où donc ?

SOCRATE

Nous pourrions dire, en quelque sorte, que l'affirmation de l'identité de l'un et du multiple rôde en toutes circonstances aux alentours de tout ce que nous avons pu affirmer dans le passé ou de tout ce que nous disons maintenant [17] ; c'est quelque chose qui ne date pas d'aujourd'hui et qui ne cessera jamais. Au contraire, il s'agit d'une propriété de nos discours qui, me semble-t-il, est éternelle et impérissable. [15e] Sitôt qu'un jeune y goûte pour la première fois, il s'en réjouit comme s'il avait découvert quelque trésor de savoir, il est enthousiasmé par son plaisir [18] et se plaît à secouer toute proposition, tantôt dans une direction, enroulant et confondant tout en une même pâte, tantôt dans le sens contraire, en déroulant et découpant. Il plonge ainsi dans l'embarras, non seulement et surtout lui-même, mais aussi quiconque l'entoure, quel que soit son âge, plus jeune, plus vieux ou du même âge, ne ménageant ni son père, [16a] ni sa mère, ni aucun de ceux qui peuvent l'entendre [19]. Il n'épargne que quelques animaux, mais pas un seul des hommes, car il ne ménagerait même aucun des barbares s'il parvenait seulement à trouver un interprète.

PROTARQUE

Mais Socrate, ne vois-tu pas combien nous sommes nombreux, et tous jeunes ? Ne crains-tu pas que nous te tombions dessus avec Philèbe si tu nous insultes [20] ? Bien sûr, nous comprenons ce que tu dis : s'il existe une manière ou un moyen de préserver avec bienveillance notre entretien de ce désordre, et de lui trouver une issue plus belle, [16b] mets-y toute ton ardeur et nous t'y suivrons autant qu'il est possible, car la question que nous soulevons à présent n'est pas une mince affaire.

SOCRATE

Non, mes enfants, comme vous appelle Philèbe, il n'existe certes pas de plus beau chemin que celui dont je suis depuis toujours amoureux ; mais maintes fois il m'a échappé, me laissant seul et sans ressource.

PROTARQUE

Quel est ce chemin ? Tu n'as qu'à parler.

SOCRATE

[16c] Le montrer n'est en rien difficile, mais l'emprunter l'est grandement. Tout ce qui a jamais été

découvert en matière de techniques l'a été grâce à lui. Observe bien de quoi je parle.

Parle seulement.

Il m'apparaît à moi que c'est un cadeau que les dieux firent aux hommes, lancé en même temps que le feu le plus éclairant par quelque Prométhée depuis la demeure céleste. Et les anciens, qui valaient mieux que nous et qui étaient plus proches des dieux, nous transmirent cette tradition, que tout ce qu'on peut dire exister est fait d'un et de multiple et comporte dans sa nature de la limite et de l'illimité. Puisque c'est ainsi que les choses sont ordonnées, [**16d**] il nous faut donc supposer qu'il y a toujours et pour toute chose une nature unique [21], et la rechercher. On la trouvera, car elle y est [22]. Et si nous devions poursuivre, nous chercherions si, après cette nature unique, il y en a deux, et, sinon deux seulement, trois ou quelque autre nombre. Et nous devons traiter chacune de ces unités de la même façon, jusqu'à ce que soit établi non seulement que l'unité de départ est une et multiple et illimitée, mais encore quelle est sa quantité. Quant à la nature de l'illimité, il ne faut pas l'appliquer à la multiplicité avant d'avoir aperçu le nombre total de cette multiplicité [**16e**] qui se tient dans l'intervalle entre l'illimité et l'un. Alors seulement, on pourra laisser chacune de ces unités se disperser dans l'illimité et l'abandonner [23]. Voilà donc, comme je le disais, ce que les dieux nous offrirent afin que nous puissions observer, connaître et enseigner les uns aux autres. Mais de nos jours, [**17a**] les gens savants font « un » à l'aventure, et le font bien plus vite ou bien plus lentement qu'il ne le faudrait [24] : après l'un, ils passent tout de suite aux choses illimitées, tandis que celles qui sont intermédiaires leur échappent. Ce sont pourtant ces intermédiaires qui font toute la différence, dans les discussions que nous avons les uns avec les autres, entre la manière dialectique et la manière éristique [25].

Il me semble, Socrate, que je comprends à peu près certaines des choses que tu dis, mais qu'il en est d'autres pour lesquelles j'ai besoin d'entendre une explication plus claire.

SOCRATE

Ce que je dis, Protarque, les lettres t'en donneront une claire explication ; [**17b**] tu peux le comprendre en considérant celles qui ont fait ton éducation [26].

PROTARQUE

Comment ?

SOCRATE

La voix qu'émet la bouche est unique, et elle est en même temps, pour tous les hommes comme pour chacun d'entre nous, d'une diversité illimitée.

PROTARQUE

Bien sûr.

SOCRATE

Et pourtant nous ne sommes encore d'aucune façon savants quant à l'un ou l'autre de ces deux points, ni parce que nous connaissons le caractère illimité de la voix, ni non plus parce que nous connaissons son unité. En revanche, savoir quelles sont les quantités et les qualités des sons vocaux, c'est cela qui fait que chacun d'entre nous sait lire [27].

PROTARQUE

C'est on ne peut plus vrai.

SOCRATE

Et c'est nécessairement la même chose qui fait de nous un musicien [28].

PROTARQUE

Comment ?

SOCRATE

[17c] Pour cette technique comme pour la précédente, la voix est en quelque sorte une [29].

PROTARQUE

Il ne peut en être autrement.

SOCRATE

Posons donc deux tons, le grave et l'aigu, puis, comme troisième, le ton égal. Comment vois-tu la chose [30] ?

PROTARQUE

Ainsi.

SOCRATE

Tu ne serais pourtant pas encore savant en musique si tu ne savais que cela ; en revanche, l'ignorer ferait de toi, pour ainsi dire, une nullité dans ce domaine.

PROTARQUE

Effectivement.

Mais mon ami, quand tu auras saisi quel est le nombre de tous les intervalles vocaux relatifs à l'aigu et au grave ; quand tu connaîtras leurs qualités [17d] et les limites de leurs intervalles comme le nombre de leurs combinaisons – celles que les anciens ont étudiées et nous ont transmises à nous leurs héritiers en nous apprenant à les appeler des « harmonies » [31], tout comme les affections du même type qu'on trouve dans les mouvements du corps et dont ils disent qu'il faut les mesurer et les appeler des « rythmes » et des « mètres », en ajoutant que c'est de la même manière qu'il faut examiner tout ce qui est un et multiple – ; quand tu auras saisi tout cela, alors tu seras devenu savant dans ce domaine. [17e] Et tu deviendras réfléchi dans tout autre domaine, dès lors que tu y examineras de la même façon une quelconque unité. En revanche, c'est le caractère illimité de toutes choses, comme la multiplicité illimitée de chacune d'entre elles, qui te prive de cette réflexion et t'empêche de devenir un homme dont on fait grand cas, un homme qui compte, puisque tu n'as jamais saisi un nombre en aucune chose [32].

SOCRATE

PROTARQUE

Philèbe, il me semble que ce qui vient d'être dit par Socrate l'a été de la plus belle façon.

PHILÈBE

À moi de même ; mais, en quoi ce discours nous concerne-t-il maintenant et [18a] quel est son but ?

SOCRATE

Voilà, Protarque, une question que Philèbe a raison de nous poser.

PROTARQUE

Certainement, et c'est à toi de lui répondre.

SOCRATE

Je vais le faire, mais en ajoutant encore une petite
remarque à ce dont il est question. Car de même que,
comme nous le disions, il ne faut pas se saisir de
n'importe quelle unité et porter immédiatement notre
regard sur la nature de l'illimité, mais plutôt sur un certain nombre, de même en va-t-il pour le cas inverse :
quand on est obligé de saisir d'abord l'illimité, [**18b**] on
ne doit pas porter immédiatement son regard vers
l'unité, mais concevoir dans chaque cas le nombre qui
détermine la multiplicité, et n'en arriver finalement à
l'un qu'à partir de l'ensemble de ces nombres [33].
Reprenons de nouveau l'exemple des lettres pour
expliquer ce dont je parle.

PROTARQUE

Comment ?

SOCRATE

Lorsqu'un dieu ou un homme divin découvrit le
caractère illimité de la voix, comme le rapporte une
tradition égyptienne à propos de Theuth [34], qui fut le
premier à concevoir que, dans cet illimité, les voyelles
ne sont pas une mais multiples, [**18c**] puis encore que
d'autres voyelles n'ont aucune voix [35], mais qu'elles
participent pourtant à un certain son et qu'elles ont
aussi un certain nombre. Il distingua une troisième
espèce, celle que nous appelons aujourd'hui les
muettes ; il divisa l'une après l'autre chacune de ces
muettes, puis, de la même manière, les voyelles et les
intermédiaires, jusqu'à ce qu'il saisisse le nombre en
chacune d'elles et leur nombre à toutes, et il leur donna
le nom de « lettre ». Enfin, constatant qu'aucun de
nous ne pourrait connaître une seule de ces lettres, par
elle-même et sans les connaître dans leur totalité, [**18d**]
il considéra que ce lien était unique et qu'il faisait de
cette totalité une certaine unité, qu'il soumit à une

technique unique, à laquelle il donna le nom de technique grammaticale [36].

PHILÈBE

Voici, Protarque, une explication du rapport que ces
choses entretiennent entre elles que je comprends
encore plus clairement que la précédente. Mais ce qui
fait maintenant défaut à cet argument est ce qui manquait déjà au précédent.

SOCRATE

N'est-ce pas, Philèbe, le rapport de tout cela avec le
sujet qui nous occupe ?

PHILÈBE

Oui, avec ce que nous cherchons depuis longtemps,
Protarque et moi.

SOCRATE

Eh bien, ce que tu dis que vous cherchez depuis
longtemps, [18e] ne l'avez-vous pas juste sous le nez ?

PHILÈBE

Comment cela ?

SOCRATE

Notre discussion ne porte-t-elle pas depuis le début
sur la question de savoir ce qu'il faut choisir de la
réflexion ou du plaisir ?

PHILÈBE

Oui, bien sûr.

SOCRATE

Et nous avons dit que chacun d'entre eux est un.

PHILÈBE

Parfaitement.

SOCRATE

Voilà précisément la question que nous adresse le précédent discours : comment chacun de ces deux termes peut être un et multiple, et comment, [**19a**] au lieu d'être immédiatement illimité, chacun d'eux acquiert un nombre déterminé, avant que tout ce qu'ils embrassent devienne illimité ?

PROTARQUE

Philèbe, ce n'est pas une question anodine que celle où Socrate, après tant de détours et sans que je sache comment, vient de nous plonger. Mais choisis celui de nous deux qui devra y répondre ; il serait peut être ridicule que moi, qui ai entièrement pris ta succession pour défendre notre thèse [37], te la remette maintenant que je me retrouve incapable de répondre à ce qui vient d'être demandé. Mais il me semble [**19b**] qu'il serait encore plus ridicule que l'un et l'autre en soyons incapables. Vois donc ce que nous allons faire. Il me semble en effet que Socrate nous interroge maintenant sur les espèces du plaisirs, s'il y en a ou pas, combien il y en a et de quelle sorte, puis qu'il pose les mêmes questions à propos des espèces de la réflexion.

SOCRATE

Ce que tu dis, fils de Callias, est on ne peut plus vrai, car si nous ne sommes pas capables de faire cela pour toute sorte d'unité, de ressemblance, d'identité ou de leur contraire, de la manière dont la précédente discussion l'a indiqué, alors aucun de nous ne sera jamais bon à rien.

PROTARQUE

[**19c**] Il semble bien, Socrate, que ce soit à peu près le cas. Mais s'il est beau, pour un homme sage, de

connaître toutes choses, il semble que le second choix consiste à ne pas s'ignorer soi-même [38]. Pourquoi dis-je cela maintenant ? Je vais te l'expliquer. Socrate, tu nous a accordé à tous cet entretien et tu t'es offert pour trouver quel est le meilleur des biens humains. Alors que, pour Philèbe, il s'agit du plaisir, de l'agrément, de la joie et de toutes choses pareilles [39], tu lui as objecté qu'il s'agissait au contraire de ces autres choses **[19d]** dont nous nous souvenons souvent, volontairement et à juste titre, de telle sorte que, disposant l'un contre l'autre ces deux choix dans notre mémoire, nous puissions les éprouver. Tu affirmes, semble-t-il, que le bien qu'il convient de déclarer meilleur que le plaisir est l'intellect, la science, la compréhension, la technique et tout ce qui leur est apparenté ; tels sont les biens qu'il faut acquérir, et non les autres. Une fois ces deux thèses antagonistes exposées, nous t'avons menacé en plaisantant **[19e]** de ne pas te laisser rentrer chez toi avant que leur examen n'ait atteint une conclusion satisfaisante. Et comme tu en as fait la promesse et que tu t'es livré à nous, nous disons maintenant, comme les enfants, qu'une chose bien donnée ne se reprend plus. Renonce donc à cette manière de t'opposer à nous dans la discussion.

SOCRATE

De quelle manière parles-tu ?

PROTARQUE

[20a] De la façon dont tu nous mets dans l'embarras et nous pose des questions auxquelles nous sommes à présent incapables de répondre convenablement [40]. Mais nous ne devons pas nous résoudre à ce que notre embarras du moment soit le dernier mot de notre entretien ; si nous sommes incapables de répondre, c'est à toi de le faire, car tu l'as promis. C'est donc à toi de décider si, à cet effet, tu as besoin de diviser des espèces du plaisir et de la science [41], ou bien si tu peux t'en passer, au cas où tu souhaiterais et serais capable de trouver un autre moyen de résoudre les controverses qui nous occupent en ce moment.

SOCRATE

[**20b**] Au moins, puisque tu t'exprimes ainsi, je n'ai plus rien à craindre de terrible pour mon compte ; ton expression « au cas où tu souhaiterais » me délivre en effet de toute peur à ce propos. Et de surcroît, j'ai l'impression que l'un des dieux vient de me remettre en mémoire…

PROTARQUE

Comment cela ? Et un souvenir de quoi ?

SOCRATE

De certains discours, que j'ai entendus il y a longtemps et comme en un rêve – ou peut-être éveillé –, et dont je me rappelle maintenant qu'ils affirment, à propos du plaisir et de la réflexion, que le bien n'est ni l'un ni l'autre, mais plutôt un troisième terme, qui est différent d'eux et qui est meilleur que l'un et l'autre. [**20c**] Et si nous pouvions maintenant voir clairement qu'il en est ainsi, alors le plaisir serait écarté de la victoire, puisqu'il ne serait plus identique au bien ; n'est-ce pas ?

PROTARQUE

Exact.

SOCRATE

Et je crois que nous n'aurons plus alors à nous inquiéter davantage de la division des espèces du plaisir. Mais le progrès de la discussion le montrera encore plus clairement.

PROTARQUE

Très bien dit ; poursuis donc.

SOCRATE

Il y a quelques petits points à propos desquels il faut d'abord s'accorder.

PROTARQUE

Lesquels ?

SOCRATE

[20d] Est-il nécessaire que le bien ait pour lot d'être parfait [42] ou non ?

PROTARQUE

Tout ce qu'il y a de plus parfait, Socrate.

SOCRATE

Mais alors, le bien se suffit à lui-même [43] ?

PROTARQUE

Comment peut-il en être autrement ? Et c'est en cela qu'il se distingue de toutes les autres choses qui existent.

SOCRATE

Alors, voici ce que je crois être la chose la plus nécessaire à affirmer du bien : que tout ce qui en a connaissance le poursuit, le désire et souhaite se l'approprier pour le posséder, et ne réfléchit à rien d'autre qu'aux choses qui s'accompagnent de biens [44].

PROTARQUE

Impossible de nier cela.

SOCRATE

[**20e**] Examinons et jugeons donc séparément la vie de plaisir et la vie de réflexion.

PROTARQUE

Que veux-tu dire ?

SOCRATE

Qu'il n'y a pas de réflexion dans la vie de plaisir, ni de plaisir dans la vie de réflexion. En effet, si l'un ou l'autre de ces deux termes est le bien, il faut que celui-ci n'ait besoin de rien d'autre en addition ; [**21a**] et si l'un ou l'autre avait un quelconque besoin de ce type, alors il ne serait pas ce bien véritable que nous recherchons [45].

PROTARQUE

Comment pourrait-il l'être ?

SOCRATE

Eh bien, tenterons-nous sur toi-même de mettre la chose à l'épreuve ?

PROTARQUE

Oui, absolument.

SOCRATE

Alors, réponds.

PROTARQUE

Parle.

SOCRATE

Accepterais-tu, toi, Protarque, de vivre ta vie entière dans la jouissance des plus grands plaisirs ?

PROTARQUE

Et pourquoi pas ?

SOCRATE

Penserais-tu avoir encore besoin de quoi que ce soit d'autre, si tu possédais l'intégralité de cette jouissance ?

PROTARQUE

De rien d'autre.

SOCRATE

Mais regarde, n'aurais-tu pas quelque besoin de la réflexion, de l'intellection, du calcul [**21b**], et est-ce que tu n'aurais même pas besoin de prévoir quoi que ce soit [46] ?

PROTARQUE

Et quoi ? Si j'avais la jouissance, j'aurais tout.

SOCRATE

Et en vivant ainsi, pourrais-tu jouir des plus grands plaisirs toute ta vie durant ?

PROTARQUE

Pourquoi pas ?

SOCRATE

Puisque tu n'aurais ni intellect, ni mémoire, ni science, ni opinion vraie [47], ne serais-tu pas d'emblée incapable de savoir si tu jouis ou non, puisque tu serais dépourvu de toute réflexion ?

PROTARQUE

Nécessairement.

SOCRATE

[**21c**] De plus, étant dépourvu de mémoire, il te serait sans doute même impossible de te souvenir que tu as joui, pas plus que le plaisir qui se produit à l'instant ne pourrait te laisser de souvenir. Ne possédant pas d'opinion vraie, tu croirais ne pas jouir au moment même où tu jouis et, incapable de raisonner, tu serais incapable de prévoir aucune jouissance à venir. Ce n'est pas une vie d'homme que tu vivrais, mais celle d'un mollusque ou d'un animal marin vivant dans une coquille [48]. Est-ce ainsi, [**21d**] ou pouvons-nous concevoir d'autres conséquences que celles-là ?

PROTARQUE

Et comment ?

SOCRATE

Mais est-ce là une vie digne d'être choisie ?

PROTARQUE

Je ne puis plus rien dire, Socrate ; voilà à quoi m'a réduit le présent argument [49].

SOCRATE

Allons, ne nous laissons pas engourdir ; examinons plutôt maintenant la vie d'intellect.

PROTARQUE

De quelle sorte de vie veux-tu parler ?

SOCRATE

Est-ce que l'un de nous accepterait de vivre en possédant la réflexion, [**21e**] l'intellect, la science et la mémoire de toutes choses, sans toutefois avoir part au plaisir, ni peu ni prou, et pas davantage à la douleur, en étant parfaitement insensible à toutes ces choses ?

PROTARQUE

À moi, Socrate, aucune de ces deux vies ne me paraît digne d'être choisie ; pas plus qu'elle ne le paraît à quiconque, me semble-t-il.

SOCRATE

[22a] Mais l'une et l'autre ensemble, Protarque ? La vie qui résulte de leur commun mélange ?

PROTARQUE

Tu veux dire une vie de plaisir, d'intellect et de réflexion ?

SOCRATE

Oui, c'est de cela que je parle.

PROTARQUE

Tout le monde préférera cette vie à l'une quelconque des deux autres, tout le monde sans exception.

SOCRATE

Comprenons-nous alors ce qu'est la leçon des présents arguments ?

PROTARQUE

Parfaitement : que des trois vies proposées, [22b] deux ne sont pas suffisantes et ne sont pas dignes d'être choisies, que ce soit par un homme ou par n'importe quel autre être vivant [50].

SOCRATE

N'est-il pas alors évident, s'agissant de ces deux vies, que le bien n'appartient à aucune d'entre elles ? Car si c'était le cas, elle serait suffisante, parfaite, digne d'être choisie par tous les végétaux et tous les animaux qui auraient la capacité de vivre ainsi l'intégralité de leur vie. Et si l'un de nous faisait un autre choix, il choisirait le contraire de ce qui est véritablement éligible par nature ; il irait contre sa volonté, du fait de son ignorance ou de quelque malheureuse nécessité.

PROTARQUE

C'est du moins ce qu'il semble.

SOCRATE

[22c] Il me semble qu'on en a dit maintenant assez pour comprendre que la déesse de Philèbe n'est pas le bien [51].

PHILÈBE

Pas plus que ton intellect, Socrate, n'est le bien. Il est sans doute sujet aux mêmes reproches.

SOCRATE

Le mien peut-être, Philèbe, mais l'intellect véritable et divin, qui est tout autre, je ne le crois pas [52]. Je n'attribue pourtant pas à l'intellect la victoire sur la vie commune [53] ; c'est pour le second prix qu'il nous faut regarder et prendre une décision. Car l'un de nous pourrait peut-être estimer que la réflexion est [22d] la cause de cette vie commune, et l'autre que c'est le plaisir ; ainsi, même si ni l'un ni l'autre n'était le bien, l'un ou l'autre pourrait être sa cause. Mais sur ce point, je serais disposé à m'opposer encore davantage à Philèbe pour soutenir que, dans cette vie mélangée, quel que soit l'élément qui la rend à la fois éligible et bonne, c'est l'intellect et non pas le plaisir qui en est le plus apparenté et [**22e**] lui est le plus semblable [54]. Et selon cet argument, il ne sera pas vrai de dire qu'au plaisir revient le premier prix, ni même le second ; et s'il faut maintenant en croire mon intellect, le plaisir n'atteindra pas même le troisième prix [55].

PROTARQUE

Ce qui me paraît sûr à moi, Socrate, c'est que le plaisir est comme terrassé sous les coups des arguments que tu viens d'avancer : il a succombé alors même qu'il combattait pour la victoire. Quant à l'intellect, [**23a**] il semble qu'on doive le dire prudent de n'avoir pas concouru pour la victoire, car il aurait souffert le même sort. Mais si le plaisir était complètement privé du second prix, il se trouverait déshonoré auprès de ses amants, aux yeux mêmes desquels il ne semblerait plus aussi beau.

SOCRATE

Mais alors, ne vaut-il pas mieux le laisser de côté, ne pas le peiner en lui infligeant une critique plus sévère et en le réfutant ?

PROTARQUE

Tu dis n'importe quoi, Socrate.

SOCRATE

[**23b**] Pourquoi ? Parce que j'ai dit cette chose impossible que le plaisir éprouve de la douleur ?

PROTARQUE

Pas seulement cela, mais aussi en ignorant qu'aucun de nous ne te laissera partir avant que tu n'aies conduit cette discussion à son terme.

SOCRATE

Oh ! Alors, Protarque, c'est une longue discussion qui s'étend devant nous, et une discussion qui, pour l'instant, n'est vraiment pas aisée. Il semble en effet qu'on ait besoin d'une autre machine de guerre si l'on veut partir à l'assaut du second prix en faveur de l'intellect ; on a besoin, pour ainsi dire, d'autres projectiles que ceux de nos précédents discours, encore que certains puissent être les mêmes. Alors, le faut-il ?

PROTARQUE

Comment ne pas le faire ?

SOCRATE

En posant notre point de départ, [**23c**] tâchons alors d'être extrêmement attentifs.

PROTARQUE

De quel point de départ veux-tu parler ?

SOCRATE

Divisons en deux la totalité des choses qui existent actuellement dans l'univers, ou plutôt, si tu veux, en trois.

PROTARQUE

Il faudrait dire dans quelle intention.

SOCRATE

Empruntons quelque chose à nos présents discours.

PROTARQUE

Quoi donc ?

SOCRATE

Le dieu, disions-nous il me semble, a révélé qu'il y a, dans les choses qui existent, de l'illimité et de la limite ?

PROTARQUE

Parfaitement.

SOCRATE

Posons donc là nos deux premières espèces, et, comme troisième, une autre, faite de leur mélange. [**23d**] Mais je dois sembler quelqu'un de bien ridicule, avec mes divisions en espèces et mes décomptes !

PROTARQUE

Que veux-tu dire, mon bon ?

SOCRATE

Que je semble avoir encore besoin d'un quatrième genre.

PROTARQUE

Dis-nous lequel.

SOCRATE

Considère la cause de ce mélange des deux premiers, et pose-la comme mon quatrième genre en plus de ces trois-là.

PROTARQUE

N'auras-tu pas encore besoin d'un cinquième, qui ait pour capacité de les dissocier [56] ?

SOCRATE

Peut-être, mais pas pour l'instant me semble-t-il. Cependant, si j'en avais besoin, [**23e**] j'imagine que tu me pardonnerais de me mettre en quête d'un cinquième.

PROTARQUE

Bien sûr !

SOCRATE

Alors, prenons donc d'abord trois des quatre Observant ensuite que deux d'entre eux sont chacun divisé et disséminé en une multiplicité, efforçons-nous de les ramener l'un et l'autre à l'unité, de façon à comprendre comment chacun d'eux pouvait être à la fois un et multiple.

PROTARQUE

Si tu pouvais m'expliquer cela plus clairement, peut-être arriverai-je à te suivre.

SOCRATE

[**24a**] Bien. Les deux genres que j'évoque sont ceux dont je viens tout juste de parler : l'illimité et ce qui possède une limite. Que, d'une certaine manière, l'illimité est une multiplicité, voilà ce que je vais essayer d'expliquer ; quant à ce qui possède une limite, cela peut attendre.

PROTARQUE

Qu'il attende [57].

SOCRATE

Alors, soit attentif. La question que je te demande d'examiner est une question difficile et controversée, mais examine-la néanmoins. Vois d'abord, dans le cas du plus chaud et du plus froid, si tu peux en concevoir la limite, ou bien si, au contraire, le plus et le moins résident en eux et, [**24b**] tant qu'ils y résident, ne permettent pas qu'un terme soit atteint. Car si un terme était atteint, tous deux à leur tour seraient terminés.

PROTARQUE

Tu dis très vrai.

SOCRATE

Or, nous l'affirmons, le plus chaud et le plus froid contiennent toujours le plus et le moins.

PROTARQUE

C'est très clair.

SOCRATE

Notre raisonnement nous assure donc qu'ils n'auront jamais de terme et, parce qu'ils sont dépourvus de terme, qu'ils demeurent totalement illimités.

PROTARQUE

Oui, Socrate, et intensément.

SOCRATE

Mon cher Protarque, tu as bien saisi la chose. Et cet « intensément [58] » que tu viens de prononcer [**24c**] me rappelle que lui et son contraire, le « doucement », ont la même capacité que le plus et le moins. En effet, partout où ils se trouvent, ils empêchent toute chose d'atteindre une quantité déterminée [59]. Au contraire, ils introduisent toujours dans toute action l'opposition du plus intense au plus doux, ou bien l'inverse, et ils produisent ainsi le plus et le moins en faisant disparaître la quantité déterminée. En effet, comme nous le disions à l'instant, s'ils ne faisaient pas disparaître la quantité déterminée, mais la laissaient s'installer, elle et la juste mesure [60], là où se trouvent le plus, le moins, l'intensément et le doucement, [**24d**] alors, ce serait à ces derniers d'abandonner leur territoire. Car dès qu'ils reçoivent une quantité déterminée, le plus chaud et le plus froid n'existent plus ; en effet, le plus chaud et le plus froid vont toujours de l'avant sans jamais demeurer, alors que la quantité déterminée est arrêt et cessation de toute progression [61]. Selon ce raisonnement, le plus chaud comme son contraire se révéleraient être illimités ensemble [62].

PROTARQUE

C'est bien ce qu'il semble, Socrate, mais, comme tu viens de le dire, ces choses sont difficiles à suivre. Peut-être que celui qui interroge et celui qui répond [24e] arriveront néanmoins à un accord satisfaisant si elles sont répétées encore et encore.

SOCRATE

Voilà une bonne idée, efforçons-nous de la réaliser. Mais considère toutefois dès maintenant s'il est possible, pour ne pas perdre notre temps à l'examen de tous les cas, de caractériser la nature de l'illimité au moyen du trait distinctif suivant [63].

PROTARQUE

De quel trait parles-tu ?

SOCRATE

Tout ce qui peut nous sembler devenir plus ou moins, ou susceptible d'intensité [64], de douceur, d'excès comme de toutes les qualités semblables ; [25a] tout cela, nous devons le ranger sous le genre de l'illimité comme en son unité, selon le raisonnement que nous tenions précédemment [65], d'après lequel il faut, si tu t'en souviens, rassembler tout ce qui est divisé et disséminé et lui imprimer, autant qu'il est possible, la marque d'une unique nature.

PROTARQUE

Je m'en souviens.

SOCRATE

Mais tout ce qui n'admet pas ces qualités et reçoit plutôt les qualités opposées, d'abord l'égal et l'égalité, puis, après l'égal, le double et tout ce qui est [**25b**] comme un nombre à l'égard d'un autre nombre, ou une mesure par rapport à une mesure, ne semblerions-nous pas bien faire en mettant tout cela au compte de la limite ? Qu'en dis-tu ?

PROTARQUE

C'est on ne peut mieux dit, Socrate.

SOCRATE

Bien ; mais le troisième genre, celui qui est le mélange des deux premiers, quelle nature allons-nous dire qu'il possède [66] ?

PROTARQUE

Je crois que c'est encore toi qui me le diras.

SOCRATE

Un dieu plutôt, si du moins l'un d'eux vient à entendre mes prières.

PROTARQUE

Prie donc et examine.

SOCRATE

J'examine, Protarque, et je crois que l'un d'eux vient à l'instant nous secourir.

PROTARQUE

[**25c**] Que veux-tu dire par là et quelle preuve en as-tu ?

SOCRATE

Je vais bien sûr te l'expliquer ; quant à toi, suis mon argument.

PROTARQUE

Parle donc.

SOCRATE

Nous venons de parler du plus chaud et du plus froid, n'est-ce pas ?

PROTARQUE

Oui.

SOCRATE

Ajoutes-y le plus sec et le plus humide, le plus nombreux et le moins nombreux, le plus rapide et le plus lent, le plus grand et le plus petit, et toutes ces choses que nous avons précédemment regroupées en une unité et qui relèvent de cette nature qui admet le plus et le moins.

PROTARQUE

[**25d**] Tu veux dire la nature de l'illimité ?

SOCRATE

Oui. Mêle ensuite à cette nature la famille de la limite [67].

PROTARQUE

Quelle est-elle ?

SOCRATE

C'est celle de ce qui a la limite pour spécificité et que nous aurions dû ramener tout à l'heure à l'unité, comme nous y avons ramené la race de l'illimité. Nous ne l'avons pas fait, mais peut-être que cela revient encore au même si, en ayant rassemblé ces deux races, la seconde nous apparaît maintenant clairement [68].

PROTARQUE

Mais comment nous apparaît-elle et de laquelle parles-tu ?

SOCRATE

De celle de l'égal et du double et de tout ce qui, [25e] mettant fin à l'opposition des opposés, les rend commensurables et les harmonise en y introduisant le nombre [69].

PROTARQUE

Je comprends. Tu dis, me semble-t-il, que certains devenirs résultent dans chaque cas du mélange de ces deux choses.

SOCRATE

Cela semble exact.

PROTARQUE

Poursuis donc.

SOCRATE

Dans le cas des maladies, n'est-ce pas leur juste combinaison qui a engendré l'état de santé [70] ?

PROTARQUE

[26a] Parfaitement.

SOCRATE

Et dans l'aigu et le grave, le rapide et le lent, qui sont illimités, n'est-ce pas encore la présence des mêmes qui produisit la limite et qui donna de la sorte leur perfection à toutes les espèces de la musique ?

PROTARQUE

Et de la meilleure façon.

SOCRATE

Et leur présence qui élimina dans le chaud et le froid ce qu'ils avaient d'excessif et d'illimité, pour y produire à la fois ce qui est bien mesuré et ce qui est proportionné [71].

PROTARQUE

Bien sûr !

SOCRATE

[**26b**] N'est-ce pas d'eux que nous viennent les saisons et toutes les belles choses de la sorte, lorsque les choses illimitées et celles qui ont une limite ont été mélangées ?

PROTARQUE

Comment pourrait-il en être autrement ?

SOCRATE

Et je laisse de côté des milliers d'autres choses, telles que la beauté et la force qui accompagnent la santé ou encore, dans les âmes, tant d'autres qualités aussi belles que nombreuses. Car c'est la déesse elle-même, mon beau Philèbe, qui voyant la démesure et l'entière bassesse de tous ceux en qui ne se trouve aucune limite ni aux plaisirs ni à la satiété, introduisit la loi et l'ordre porteurs de limite. Toi, tu soutiens qu'elle les détruit, [**26c**] mais moi, je pense qu'elle les sauve. Et toi Protarque, qu'en penses-tu ?

PROTARQUE

C'est absolument l'idée que je m'en fais, Socrate.

SOCRATE

Voilà donc, si tu m'as compris, les trois premiers genres dont je parlais.

PROTARQUE

Je crois en effet comprendre : il me semble que tu
désignes d'abord l'illimité comme un genre, puis
ensuite la limite dans les choses qui sont comme le
second genre. Mais s'agissant du troisième, je ne saisis
pas bien ce que tu veux dire.

SOCRATE

C'est, merveilleux ami, que tu as été surpris par la
multiplicité du devenir de ce troisième genre. [**26d**] Et
pourtant, l'illimité qui comportait lui aussi une pluralité de genres, lorsqu'on lui imprimait la marque du
genre du plus et de son contraire, apparaissait bien être
un genre unique [72].

PROTARQUE

C'est vrai.

SOCRATE

Quant à la limite, nous ne nous étions pas plaints
qu'elle comporte une multiplicité de genres, ni non
plus qu'elle ne soit pas une par nature [73].

PROTARQUE

Comment l'aurions-nous pu ?

SOCRATE

C'était impossible. Eh bien, ce troisième genre dont
je parle, comprends que je le pose comme l'unité de
tout ce qui provient des deux autre genres : la naissance en vue d'une réalité [74], produite par l'effet des
mesures qui accompagnent la limite.

PROTARQUE

J'ai compris.

SOCRATE

[**26e**] Or, en plus des trois genres, nous avons dit qu'il fallait en chercher un quatrième ; menons cette recherche en commun. Ainsi, vois si tu es d'avis que tout ce qui devient, devient par l'effet d'une cause [75].

PROTARQUE

Oui, je le suis ; comment une chose pourrait-elle devenir autrement ?

SOCRATE

Or est-ce que la nature de ce qui produit ne se distingue pas seulement par le nom de celle de la cause ? Et ne serait-il pas juste de dire que ce qui produit et ce qui cause sont une seule et même chose ?

PROTARQUE

C'est juste.

SOCRATE

De même, entre ce qui est produit et ce qui est devenu, [**27a**] nous ne trouverons encore, comme dans le cas précédent, aucune différence, si ce n'est nominale, n'est-ce pas [76] ?

PROTARQUE

Oui.

SOCRATE

Ce qui produit n'est-il pas toujours premier par nature, alors que ce qui est produit par lui vient à sa suite ?

PROTARQUE

Certainement.

SOCRATE

Alors, ce sont deux choses distinctes et non pas identiques que la cause et ce qui est au service de la cause pour devenir [77] ?

PROTARQUE

Absolument.

SOCRATE

Ainsi les choses qui deviennent et celles à partir desquelles elles deviennent toutes [78] nous ont-elles fourni les trois premiers genres ?

PROTARQUE

Très certainement.

SOCRATE

[**27b**] Nous affirmons alors que ce qui est l'artisan de tout cela, leur cause, est le quatrième genre, la preuve étant suffisamment faite qu'il est différent des autres ?

PROTARQUE

Différent en effet.

SOCRATE

Il convient donc, ayant distingué les quatre genres, que nous nous les remémorions un à un en les énumérant successivement.

PROTARQUE

Absolument.

SOCRATE

En premier lieu, je pose donc l'illimité, en deuxième la limite, puis, en troisième, la réalité mélangée et

devenue ; quant à la cause du mélange et du devenir,
[**27c**] la dire quatrième serait-il déplacé ?

PROTARQUE

Comment le serait-ce ?

SOCRATE

Bien. Quel sera notre argument après cela et quel
dessein nous a conduits où nous en sommes ? N'était-
ce pas celui-ci ? Nous cherchions si le second prix
devait revenir au plaisir ou à la réflexion, n'est-ce pas ?

PROTARQUE

C'était cela.

SOCRATE

Maintenant que nous avons fait ces distinctions,
nous nous trouvons peut-être en meilleure position
pour conclure notre jugement quant au premier et au
second prix, car c'est là ce dont nous avions discuté
pour commencer ?

PROTARQUE

Peut-être.

SOCRATE

[**27d**] Poursuivons donc. Nous avons accordé la victoire à la vie mélangée de plaisir et de réflexion, n'est-
ce pas ?

PROTARQUE

Oui.

SOCRATE

Ne devons-nous pas considérer cette vie, ce qu'elle
est et à quel genre elle appartient ?

PROTARQUE

Comment ne pas le faire ?

SOCRATE

Nous dirons alors, je pense, qu'elle fait partie du troisième genre, car ce genre n'est pas seulement un mélange de deux éléments particuliers, mais de tous les illimités qui sont liés par une limite [79]. Il convient donc que cette vie victorieuse fasse partie de ce genre.

PROTARQUE

C'est on ne peut plus juste.

SOCRATE

[27e] Soit, mais qu'en sera-t-il de ta vie à toi, Philèbe, qui est plaisante et sans mélange ? Dans lequel des genres énumérés convient-il de la faire entrer ? Avant de te prononcer, réponds toutefois à ceci.

PHILÈBE

Parle seulement.

SOCRATE

Le plaisir et la douleur ont-ils une limite, ou bien font-ils partie de ces choses qui admettent le plus et le moins ?

PHILÈBE

Oui, Socrate, de celles qui admettent le plus. En effet, comment le plaisir pourrait-il être le bien tout entier [80] s'il n'était pas naturellement illimité en nombre et en degré [81].

SOCRATE

[28a] Et la douleur, Philèbe, ne serait pas non plus le mal tout entier. Il nous faut donc chercher ailleurs que

dans la nature de l'illimité ce qui confère aux plaisirs quelque partie du bien. Qu'il te soit donc accordé que les plaisirs appartiennent au genre des choses illimitées [82]. Mais, Protarque et Philèbe, la réflexion, la science et l'intellect, dans lequel des genres nommés allons-nous maintenant les placer sans commettre d'impiété ? Car je ne tiens pas pour anodin le risque encouru à répondre ou non comme il convient à la présente question.

PHILÈBE

[28b] Tu loues ton propre dieu, Socrate [83].

SOCRATE

Et toi ta déesse, mon ami. Il nous faut toutefois répondre à la question posée.

PROTARQUE

Socrate a raison, Philèbe, il faut lui obéir.

PHILÈBE

N'as-tu pas choisi de parler à ma place, Protarque ?

PROTARQUE

Certainement, mais j'éprouve à l'instant un peu d'embarras [84] ; je te prie donc, Socrate, de te faire toi-même notre interprète [85], afin que nous ne commettions aucune faute à l'égard de ton candidat et n'introduisions pas de fausse note dans la discussion.

SOCRATE

[28c] Je suis ton serviteur, Protarque, car tu ne demandes rien de difficile ; mais t'ai-je réellement troublé lorsque, demandant à quel genre appartiennent l'intellect et la réflexion, j'ai en plaisantant haussé le ton pour faire l'éloge de mon dieu, comme disait Philèbe ?

PROTARQUE

Entièrement, Socrate.

SOCRATE

La chose est pourtant facile, car tous les savants (qui de fait font ainsi leur propre éloge !) s'accordent pour affirmer que l'intellect est le roi de notre ciel et de notre terre [86]. Et sans doute ont-ils raison. Mais si tu le veux bien, examinons plus avant le genre auquel il appartient.

PROTARQUE

[28d] Parle à ta guise, Socrate, et ne t'inquiète pas pour nous de la longueur, car nous ne perdrons pas patience.

SOCRATE

Bien dit. Commençons donc par la question suivante.

PROTARQUE

Laquelle ?

SOCRATE

Celle de savoir si, à nos yeux Protarque, la totalité des choses, ce que nous appelons l'univers [87], est gouvernée par la puissance de l'irrationnel et du hasard, au petit bonheur, ou bien au contraire, comme l'ont dit nos devanciers, que l'intellect et quelque merveilleuse réflexion ordonnent et gouvernent toutes choses [88] ?

PROTARQUE

[28e] Rien de tout cela, étonnant Socrate, et ce que tu dis à l'instant me paraît impie. Dire que l'intellect ordonne [89] toutes choses, voilà qui est à la mesure du spectacle qu'offrent le monde, le soleil, la lune, les

astres et l'ensemble de la révolution céleste ; et pour ma part, je ne pourrais jamais en parler ou en juger autrement.

SOCRATE

Souhaites-tu alors que, nous mettant d'accord avec nos devanciers, nous affirmions qu'il en est ainsi et que, [**29a**] au lieu de répéter simplement et sans risque leurs opinions, nous acceptions d'être nous aussi jugés et de prendre notre part de blâme si un homme habile vient affirmer qu'il n'en est pas ainsi et que l'ordre évoqué n'existe pas [90] ?

PROTARQUE

Comment ne pourrais-je le souhaiter ?

SOCRATE

Eh bien, considère donc les conséquences de notre raisonnement.

PROTARQUE

Parle donc.

SOCRATE

Pour ce qui est de la nature des corps de tous les êtres vivants, nous nous rendons bien compte que le feu, l'eau, l'air « et la terre ! », [**29b**] comme disent les marins dans la tempête [91], entrent aussi dans leur constitution [92].

PROTARQUE

C'est très juste, et nous sommes maintenant au milieu d'une tempête, parmi toutes les difficultés qu'engendre cette discussion.

SOCRATE

Allons ; à propos de chacun de ces éléments en nous, admets ceci.

PROTARQUE

Quoi ?

SOCRATE

Que chacun d'eux n'est en nous qu'en une quantité infime et insignifiante, qui ne possède en aucune façon la pureté ou la puissance qui est digne de sa nature [93]. Prends pour exemple l'un de ces éléments et tu sauras ce qu'il en est pour tous. Ainsi, le feu : il est en nous et il est aussi dans l'univers.

PROTARQUE

Eh bien ?

SOCRATE

[**29c**] Celui qui est en nous est en quantité infime, pauvre et insignifiant, alors que, dans l'univers, sa quantité, sa beauté et sa pleine puissance sont merveilleuses.

PROTARQUE

Ce que tu dis est très vrai.

SOCRATE

Et ceci ? Ce feu qui est dans l'univers, est-il nourri, engendré et dirigé par le feu qui est en nous, ou bien est-ce au contraire de lui que mon feu comme le tien et comme celui de tous les vivants reçoivent tout cela [94] ?

PROTARQUE

La question que tu me poses là ne vaut même pas qu'on y réponde.

SOCRATE

[**29d**] Très bien. Je crois que tu en diras autant à propos de la terre qui est ici-bas dans les vivants par

rapport à celle qui se trouve dans l'univers, et de même à propos de tous les éléments que j'énumérais il y a peu ; est-ce là ta réponse ?

PROTARQUE

Qui pourrait en faire une autre et passer pour sain d'esprit ?

SOCRATE

Presque personne ; mais considère ce qui s'ensuit. Tous les éléments dont nous venons de parler, quand nous les voyions rassemblés en une unité [95], ne les appelions-nous pas un corps ?

PROTARQUE

Eh bien ?

SOCRATE

[29e]Conçois donc la même chose à propos de ce que nous appelons le monde : il sera également un corps, puisqu'il est constitué des mêmes éléments [96].

PROTARQUE

Ce que tu dis est on ne peut plus juste.

SOCRATE

Est-ce de ce corps que notre corps reçoit tout, ou bien est-ce du nôtre que celui du monde a reçu sa nourriture et tout ce que nous avons évoqué à l'instant ?

PROTARQUE

Encore une question, Socrate, qui ne vaut pas la peine qu'on y réponde.

SOCRATE

[30a] Eh bien, celle-ci en vaut-elle la peine ou non ?

Pose-la.

SOCRATE

Notre corps à nous, n'affirmerons-nous pas qu'il a une âme ?

PROTARQUE

Nous l'affirmerons, bien sûr.

SOCRATE

D'où l'aurait-il reçue, mon cher Protarque, s'il n'est pas vrai que le corps du monde est un corps animé, dont les qualités sont les mêmes que notre corps, mais dont la beauté est en tous points supérieure [97] ?

PROTARQUE

Il est clair qu'il ne l'aurait reçue de nulle part.

SOCRATE

En effet Protarque, on ne peut pas croire que, des quatre genres – la limite, l'illimité, le commun [98] [**30b**] et le genre de la cause, présent en toute chose –, ce quatrième, qui donne une âme à nos corps, qui exerce les corps et fournit la médecine qui soigne leurs défaillances, et qui en d'autres choses encore introduit de l'ordre et de la réparation, et en appelle au savoir sous toutes ses formes, ne soit pas celui qui, alors que ces mêmes choses sont en grande quantité dans la totalité du ciel, mais encore plus belles et plus pures [99], produise dans nos corps la plus belle et la plus estimable des natures [100].

PROTARQUE

[**30c**] Non, cela n'aurait aucun sens.

SOCRATE

Si cela n'a aucun sens, nous aurions mieux fait
d'adopter l'autre argument et d'affirmer, comme
nous l'avons souvent répété, qu'il y a dans l'univers
beaucoup d'illimité et de limite, et qu'il existe au-
dessus d'eux une certaine cause qui n'est pas insignifiante mais qui, ordonnant et réglant les années, les
saisons et les mois, est à juste titre nommée savoir et
intellect.

PROTARQUE

Oui, à juste titre.

SOCRATE

Mais il ne pourrait jamais y avoir de savoir ni d'intellect sans âme.

PROTARQUE

Certainement pas.

SOCRATE

[**30d**] Tu affirmeras donc qu'il y a dans la nature de
Zeus, en vertu de cette cause, une âme royale et un
intellect royal, et, chez les autres dieux, d'autres belles
qualités, selon la manière dont chacun d'eux aime à
être appelé [101].

PROTARQUE

Parfaitement.

SOCRATE

Et ne va pas croire, Protarque, que nous ayons
exposé cet argument en vain, car il vient à l'appui de
ceux qui soutenaient dans le passé que l'intellect gouverne éternellement l'univers [102].

PROTARQUE

C'est en effet le cas.

SOCRATE

Et l'argument a donné une réponse à la question que
je posais, à savoir que l'intellect est du genre que l'on a
qualifié de cause de toutes choses (et c'est bien là l'un
de nos quatre genres [103]). Tu tiens donc ainsi la solution
de notre problème [104].

PROTARQUE

Je la tiens et elle me suffit, même si je n'ai pas réalisé
que tu me répondais.

SOCRATE

C'est, Protarque, que l'amusement nous repose parfois du sérieux [105].

PROTARQUE

Tu as raison.

SOCRATE

[31a] Ainsi, mon ami, nous avons donné une explication à peu près satisfaisante de ce qu'est le genre de
l'intellect et la puissance qui est la sienne.

PROTARQUE

Certainement.

SOCRATE

Quant au plaisir, il y a longtemps que nous avons vu
à quel genre il appartient.

PROTARQUE

Parfaitement.

SOCRATE

Rappelons-nous donc encore, à leur propos, que l'intellect est apparenté à la cause et qu'il appartient à peu près au genre de la cause [106], alors que le plaisir est en lui-même illimité et qu'il appartient au genre qui, en lui-même et de lui-même, n'aura jamais ni début ni milieu ni fin [107].

PROTARQUE

[31b] Nous nous le rappellerons ; comment ne pas s'en souvenir ?

SOCRATE

Après cela, il nous faut voir où réside chacun d'eux et par suite de quelle affection ils se produisent lorsqu'ils se produisent. D'abord, le plaisir ; de même que c'est sur le genre auquel il appartient qu'a d'abord porté notre examen, de même faut-il ici commencer par lui. Mais on ne pourrait toutefois pas examiner le plaisir de façon satisfaisante si nous le séparions de la douleur.

PROTARQUE

Eh bien, si c'est là le chemin qu'il faut emprunter, empruntons-le.

SOCRATE

Je me demande si tu partages mon point de vue quant à la manière dont ils naissent.

PROTARQUE

[31c] À savoir ?

SOCRATE

Il me semble que, naturellement, c'est dans le genre commun que le plaisir et la douleur naissent ensemble.

PROTARQUE

Veux-tu bien nous rappeler de nouveau, cher Socrate, lequel des genres déjà énumérés tu appelles commun [108] ?

SOCRATE

Je le ferai du mieux possible, merveilleux ami.

PROTARQUE

Voilà qui est bien.

SOCRATE

Par commun, entendons le troisième des quatre genres que nous avons énumérés.

PROTARQUE

Tu veux dire celui que tu mentionnais à la suite de l'illimité et de la limite, celui qui contient la santé comme l'harmonie, n'est-ce pas ?

SOCRATE

[31d] C'est on ne peut mieux dit. Et maintenant, sois le plus attentif possible à ceci.

PROTARQUE

Parle.

SOCRATE

J'affirme donc que lorsque nous voyons l'harmonie se dissoudre [109], dans les êtres vivants, c'est à ce moment même que se dissout leur nature et que naissent les souffrances [110].

PROTARQUE

C'est parfaitement plausible.

SOCRATE

Et si l'inverse se produit, que l'harmonie est rétablie et que leur nature est ainsi rétablie, alors il faut dire que le plaisir naît, si l'on veut du moins se prononcer en peu de mots et le plus brièvement possible sur une affaire qui compte parmi les plus importantes.

PROTARQUE

[31e] Je crois que tu dis juste, Socrate, mais essayons d'être encore plus précis sur ce point.

SOCRATE

Le plus simple n'est-il pas de réfléchir sur les exemples les plus communs et les plus clairs ?

PROTARQUE

Lesquels ?

SOCRATE

La faim, semble-t-il, est dissolution et douleur ?

PROTARQUE

Oui.

SOCRATE

Et le fait de manger, qui est la réplétion inverse, est bien un plaisir [111] ?

PROTARQUE

Oui.

SOCRATE

La soif, à son tour, est destruction et douleur [112], alors que, à l'inverse, [32a] l'aptitude de l'humide à remplir ce qui s'est desséché est un plaisir. Et la disso-

ciation comme la dissolution contre-nature que sont
les affections produites par la canicule sont une douleur, alors que le retour inverse et conforme à la nature
qu'est le rafraîchissement est un plaisir.

PROTARQUE

Parfaitement.

SOCRATE

Et le gel qui, contre-nature, condense l'humidité
dans un être vivant est une douleur [113], alors que le
chemin inverse et conforme à la nature, lorsque
l'humide retrouve son état antérieur et se dissocie, est
un plaisir. En un mot, examine si la thèse suivante
pourrait te paraître juste : lorsque la forme d'un être
animé, [32b] qui résulte, comme je l'ai expliqué auparavant, de l'union conforme à la nature de l'illimité et
de la limite [114], est détruite, cette destruction est une
douleur, alors que la retraite inverse qu'est le chemin
vers leur propre réalité est un plaisir pour tous les êtres
animés [115].

PROTARQUE

Soit. Il me semble bien avoir là l'esquisse d'une
explication.

SOCRATE

Les affections qui ont lieu dans l'un ou l'autre de ces
deux cas, poserons-nous qu'elles constituent une première espèce de la douleur et du plaisir ?

PROTARQUE

C'est acquis.

SOCRATE

Et maintenant, pose dans l'âme elle-même l'opinion
par anticipation de ces impressions [116], [32c] d'une part

l'attente plaisante et confiante qui précède les choses
plaisantes, et d'autre part, l'attente craintive et pénible
qui précède les choses douloureuses.

PROTARQUE

Voilà en effet une seconde espèce de plaisir et de
douleur, qui naît en l'âme elle-même et indépendamment du corps, du fait d'une opinion par anticipation.

SOCRATE

Tu as bien saisi. Car je crois que c'est dans ces deux
cas, qui dans mon opinion sont purs et ne semblent
pas mélangés de douleur et de plaisir [117], **[32d]** qu'on
verra clairement, s'agissant du plaisir, si son genre tout
entier est aimable, ou bien s'il ne faut accorder ce privilège qu'à l'un des autres genres que nous avons déjà
évoqués, et s'il faut alors plutôt attribuer au plaisir et à
la douleur ce qu'on a attribué à la chaleur, au froid
comme à toutes les choses qui tantôt sont aimables par
elles-mêmes, tantôt ne le sont pas, puisqu'elles ne sont
pas des biens mais qu'il arrive seulement parfois que
certaines d'entre elles reçoivent la nature propre aux
choses qui sont des biens [118].

PROTARQUE

Tu as on ne peut plus raison de dire qu'il nous faut
poursuivre dans cette direction afin de trouver une
issue à notre présente recherche.

SOCRATE

Considérons donc d'abord la chose suivante : s'il est
vrai, comme on l'a dit, **[32e]** que leur destruction est
une douleur, tandis que leur restauration est un plaisir,
quelle disposition doit-on reconnaître aux êtres vivants
lorsqu'ils se trouvent dans une situation qui n'est ni
celle de leur destruction, ni celle de leur restauration ?
Sois extrêmement attentif et dis-moi : n'est-il pas alors

parfaitement nécessaire que tout vivant, quand il se trouve dans une telle situation, n'éprouve ni peu ni prou de douleur ni de plaisir ?

PROTARQUE

C'est bien nécessaire.

SOCRATE

N'avons-nous pas là un troisième état, [**33a**] diffé-rent de celui où l'on jouit comme de celui où l'on souffre [119] ?

PROTARQUE

Et comment !

SOCRATE

Alors, efforce-toi de t'en souvenir, car au moment de porter un jugement sur le plaisir, il ne sera pas négligeable de nous rappeler si cet état existe ou non. Encore nous faut-il, si tu veux bien, lui consacrer une brève remarque.

PROTARQUE

Dis-moi laquelle ?

SOCRATE

Que rien n'empêche celui qui a choisi la vie de réflexion de vivre de cette manière [120].

PROTARQUE

[**33b**] Tu veux dire sans jouir ni souffrir ?

SOCRATE

Nous avons en effet affirmé à un moment, en com-parant les vies, que celui qui a choisi la vie d'intellection et de réflexion ne devait éprouver aucune jouissance, grande ou petite [121].

PROTARQUE

Nous l'avons bien affirmé, en effet.

SOCRATE

Il appartiendrait alors à celui qui a fait ce choix de vivre ainsi, et peut-être ne serait-il pas absurde que cette vie soit la plus divine de toutes [122].

PROTARQUE

Il n'est certes pas vraisemblable que les dieux éprouvent de la jouissance ou le contraire de la jouissance.

SOCRATE

Ça n'est assurément pas vraisemblable, car l'une ou l'autre affection serait indécente chez eux. Mais c'est là une question à l'examen de laquelle nous reviendrons plus tard, si elle paraît avoir un rapport avec notre discussion [123], [**33c**] et nous porterons cela en outre au crédit de l'intellect pour l'attribution du second prix si nous ne parvenons pas à lui décerner le premier [124].

PROTARQUE

Tu as on ne peut plus raison de le dire.

SOCRATE

Quant à la second espèce de plaisirs, celle dont nous disions qu'elle appartient à l'âme seule, elle doit toute son existence à la mémoire.

PROTARQUE

Comment cela ?

SOCRATE

Il semble qu'il nous faille d'abord saisir ce qu'est la mémoire, et je crains même qu'avant la mémoire, nous devions saisir ce qu'est la sensation, si nous voulons, d'une manière ou d'une autre, atteindre sur cette question la clarté requise.

PROTARQUE

[**33d**] Que veux-tu dire ?

SOCRATE

Tu dois admettre que, parmi les nombreuses impressions qui affectent notre corps, certaines s'estompent avant d'avoir atteint l'âme qu'elles laissent alors insensible [125]. D'autres pénètrent en revanche à la fois à travers le corps et à travers l'âme, et provoquent une sorte de secousse qui est propre à chacun d'eux et commun à tous deux [126].

PROTARQUE

Je l'admets.

SOCRATE

Et celles qui ne pénètrent pas à la fois à travers le corps et l'âme, avons-nous raison de dire que l'âme les ignore alors qu'elle n'ignore pas celles qui les pénètrent tous deux [127] ?

PROTARQUE

[**33e**] Comment pourrait-il en être autrement ?

SOCRATE

Mais ne te méprends pas en croyant que cette ignorance dont je parle soit en aucune façon la cause de l'oubli. Car l'oubli est la disparition de la mémoire, alors que dans l'état dont je parle, la mémoire n'est pas encore née. Et ce qui n'est pas et n'est pas encore né, il serait absurde de dire qu'on le perd, n'est-ce pas ?

PROTARQUE

Et comment !

SOCRATE

Alors il te suffit de changer les noms.

PROTARQUE

Comment ?

SOCRATE

Au lieu de dire que l'âme est ignorante lorsqu'elle n'est pas affectée par les secousses du corps, ce que tu appelles « oubli », [**34a**] nomme-le désormais « insensibilité [128] ».

PROTARQUE

Je comprends.

SOCRATE

Mais au contraire, quand l'âme et le corps sont affectés et mus par une même et seule affection, si l'on nomme « sensation » ce mouvement, on ne dirait rien d'inconvenant [129].

PROTARQUE

Tu dis on ne peut plus vrai.

SOCRATE

Alors ne comprenons-nous pas désormais ce que signifie « sensation » ?

PROTARQUE

Assurément.

SOCRATE

Mon opinion est alors qu'on s'exprimerait droitement en nommant la mémoire « sauvegarde de la
sensation ».

PROTARQUE

[**34b**] Droitement, en effet.

SOCRATE

Mais ne disons-nous pas que la mémoire diffère de
la réminiscence ?

PROTARQUE

Peut-être.

SOCRATE

N'est-ce pas en ceci ?

PROTARQUE

En quoi ?

SOCRATE

Lorsque l'âme, au mieux qu'elle le peut, parvient à
saisir, indépendamment du corps et par elle-même, ce
dont elle a jadis pâti conjointement avec le corps, ne
dit-on pas, n'est-ce pas, qu'elle a une réminiscence [130] ?

PROTARQUE

Si, parfaitement.

SOCRATE

Et en outre, lorsqu'elle a perdu la mémoire d'une
sensation ou bien d'un savoir et qu'elle en reprend de
nouveau possession par elle-même, [**34c**] ce ne sont là

que des cas de ce que nous appelons des réminiscences et des souvenirs [131].

PROTARQUE

Tu dis juste.

SOCRATE

L'exigence que toutes ces affirmations tentent de satisfaire est la suivante.

PROTARQUE

Laquelle ?

SOCRATE

De saisir au mieux et le plus clairement possible ce qu'est le plaisir, et aussi bien le désir, que l'âme éprouve indépendamment du corps. Car c'est l'examen des cas évoqués qui montrera sans doute ce que sont ce plaisir et ce désir.

PROTARQUE

Alors, Socrate, c'est le point auquel nous devons maintenant nous consacrer.

SOCRATE

Évoquer la naissance du plaisir aussi bien que la totalité des formes qu'il revêt nous impose, [34d] semble-t-il, de nombreuses recherches. Car nous devons manifestement, au préalable, comprendre ce qu'est le désir et dans quelle circonstance il naît.

PROTARQUE

Conduisons à l'instant ces recherches, puisque nous n'avons rien à y perdre.

SOCRATE

Mais si nous y perdrons, Protarque, car en découvrant ce que nous cherchons maintenant, nous perdrons l'embarras dans lequel nous sommes à son propos.

PROTARQUE

Tu fais bien de le rappeler ; essayons donc d'en revenir au point qui suit.

SOCRATE

N'avions-nous pas dit que la faim, la soif et [**34e**] beaucoup d'autres choses du même genre sont des désirs [132] ?

PROTARQUE

Parfaitement.

SOCRATE

Lorsque nous appelons tous ces différents désirs d'un seul et même nom, c'est parce que nous y observons quel élément identique [133] ?

PROTARQUE

Par Zeus, Socrate, voilà qui n'est sans doute pas facile à dire ; mais essayons toutefois.

SOCRATE

Repartons donc des cas que nous venons d'évoquer.

PROTARQUE

D'où donc ?

SOCRATE

Dire de quelqu'un qu'il a soif, cela veut bien dire quelque chose ?

PROTARQUE

Comment non ?

SOCRATE

Et cela veut dire être vide ?

PROTARQUE

Oui, bien sûr.

SOCRATE

Et la soif n'est-elle pas un désir ?

PROTARQUE

Oui, le désir de la boisson.

SOCRATE

[**35a**] De la boisson, ou bien de se remplir de boisson ?

PROTARQUE

De se remplir, je pense.

SOCRATE

Celui de nous qui est vide semble donc désirer le contraire de ce qui l'affecte, puisqu'il est vide et qu'il désire se remplir [134].

PROTARQUE

C'est on ne peut plus manifeste.

SOCRATE

Mais alors ? Si quelqu'un était vide pour la première fois, pourrait-il avoir, au moyen de la sensation ou bien de la mémoire, le moindre contact avec la réplétion,

c'est-à-dire avec ce qui ne l'affecte pas à l'instant présent et qui ne l'a jamais affecté auparavant [135] ?

PROTARQUE

Comment le pourrait-il ?

SOCRATE

[**35b**] Mais celui qui désire, nous disons bien qu'il
désire quelque chose [136] ?

PROTARQUE

Comment pourrait-il en être autrement ?

SOCRATE

Et ce n'est pas ce qui l'affecte qu'il désire, car il a soif
et la soif est un vide : ce qu'il désire, c'est la réplétion.

PROTARQUE

Oui.

SOCRATE

Il faut donc que quelque chose en lui qui a soif
touche à la réplétion.

PROTARQUE

Nécessairement.

SOCRATE

Or il est impossible que ce soit son corps, puisque
son corps est en quelque sorte vide.

PROTARQUE

Oui.

SOCRATE

Il ne reste alors plus que son âme qui puisse être en contact avec la réplétion, [**35c**] et cela manifestement par la mémoire. Car au moyen de quoi d'autre pourrait-elle encore la toucher ?

PROTARQUE

Certainement de rien d'autre.

SOCRATE

Comprenons-nous alors les conséquences qui résultent de nos propos ?

PROTARQUE

Lesquelles ?

SOCRATE

Notre raisonnement nous conduit à conclure qu'il n'y a pas de désir du corps [137].

PROTARQUE

Pourquoi cela ?

SOCRATE

Parce qu'il nous montre que l'effort de tout être vivant le porte toujours à l'opposé des impressions que son corps éprouve.

PROTARQUE

Et combien !

SOCRATE

Et cet élan, qui le conduit vers des impressions opposées, montre bien qu'il existe une certaine mémoire des impressions opposées.

PROTARQUE

Parfaitement.

SOCRATE

[35d] En démontrant donc que c'est la mémoire qui conduit l'être vivant vers les objets désirés, notre raisonnement a encore rendu manifeste que l'élan, le désir et ce qui gouverne l'ensemble du vivant sont le fait de l'âme [138].

PROTARQUE

C'est on ne peut plus exact.

SOCRATE

Que ce soit notre corps qui ait soif, faim ou qui éprouve n'importe quelle affection de cette sorte, c'est ce que notre raisonnement n'admettra donc jamais.

PROTARQUE

C'est on ne peut plus vrai.

SOCRATE

Ces affections doivent encore faire l'objet d'une nouvelle réflexion. Il me semble en effet que notre raisonnement tend à suggérer qu'une forme particulière de vie consiste en ces affections.

PROTARQUE

[35e] En quoi consiste-t-elle et de quelle sorte de vie parles-tu ?

SOCRATE

Dans le fait de se remplir, de se vider et dans toutes les activités qui sont relatives à la conservation comme à la destruction des êtres vivants, et dans le fait que n'importe lequel d'entre nous, selon qu'il atteint l'un ou l'autre état et à la faveur des changements, souffre ou jouit.

PROTARQUE

C'est cela.

SOCRATE

Mais que se passe-t-il lorsque quelqu'un se trouve au milieu ?

PROTARQUE

Comment cela « au milieu » ?

SOCRATE

Lorsque, souffrant d'une affection, il se souvient des choses plaisantes qui sauraient mettre fin à sa souffrance, sans pour autant en être rempli. Que dire alors ? Faut-il ou non affirmer qu'il est [**36a**] au milieu des deux impressions ?

PROTARQUE

Il faut l'affirmer.

SOCRATE

Et doit-on dire qu'il souffre entièrement ou bien qu'il jouit entièrement ?

PROTARQUE

Par Zeus, c'est comme une double douleur qu'il endure : d'abord du fait des impressions corporelles, ensuite d'un certain regret qu'engendre en l'âme l'opinion par anticipation.

SOCRATE

Comment entends-tu cette double douleur, Protarque ? N'arrive-t-il pas quelquefois que l'un de nous soit vide mais conserve l'espoir d'être rempli, alors qu'à d'autres occasions, [**36b**] il n'aura au contraire aucun espoir de l'être ?

PROTARQUE

Absolument.

SOCRATE

Ne crois-tu pas qu'il jouit de cet espoir de se remplir, en s'en souvenant, alors même qu'il souffre d'être vide dans le même temps ?

PROTARQUE

Nécessairement.

SOCRATE

Voilà donc un moment où un homme, ou n'importe quel autre être vivant, éprouve de la douleur et jouit en même temps.

PROTARQUE

Il semble bien.

SOCRATE

Mais que se passe-t-il s'il est vide sans aucun espoir de réplétion ? N'est-ce pas alors que naît cette dualité de l'affection douloureuse dont tu as estimé en l'apercevant à l'instant [**36c**] qu'elle était simplement double [139] ?

PROTARQUE

On ne peut plus vrai, Socrate.

SOCRATE

Appliquons les leçons de l'examen de ces impressions à la question suivante.

PROTARQUE

Laquelle ?

SOCRATE

Dirons-nous que ces douleurs et ces plaisirs sont vrais ou qu'ils sont faux, ou bien que certains sont vrais et que d'autres sont faux ?

PROTARQUE

Mais comment pourrait-il y avoir de faux plaisirs ou de fausses douleurs, Socrate ?

SOCRATE

Comment pourrait-il y avoir des peurs vraies et des peurs fausses, Protarque, des opinions par anticipation vraies ou non, ou encore des opinions vraies ou fausses ?

PROTARQUE

[36d] Pour ma part, je pourrais sans doute le concéder des opinions, mais pas du reste.

SOCRATE

Qu'elle est ta position ? Je crains que la discussion que nous ravivons ici ne soit pas des moindres.

PROTARQUE

Tu dis vrai.

SOCRATE

Mais si elle convient à ce qui précède, toi le fils d'un tel homme, alors il faut l'examiner.

PROTARQUE

Sans doute.

SOCRATE

Il nous faut alors abandonner tous les autres développements comme toutes les discussions qui s'éloi-
gneraient de ce qui nous occupe.

PROTARQUE

C'est juste.

SOCRATE

[**36e**] Alors dis-moi, car je n'ai jamais cessé de
m'étonner des difficultés que nous venons de mettre en
avant [140].

PROTARQUE

De quoi parles-tu ?

SOCRATE

N'y a-t-il pas des plaisirs vrais et des plaisirs faux ?

PROTARQUE

Comment cela pourrait-il être possible ?

SOCRATE

Selon ce que tu dis, personne, que ce soit en rêve ou
éveillé, dans les occasions de folie ou de déraison, n'a
jamais l'opinion qu'il jouit alors qu'il ne jouit
nullement [141], ni ne croit éprouver de la douleur alors
qu'il n'en éprouve aucune [142].

PROTARQUE

Nous avons tous supposé, Socrate, qu'il en était
ainsi dans toutes les occasions.

SOCRATE

Mais est-ce à juste titre ? Ne faut-il pas examiner s'il est juste ou non de le dire ?

PROTARQUE

Pour ma part, il me semble qu'il faut l'examiner.

SOCRATE

[**37a**] Reprenons donc avec plus de clarté ce que nous disions du plaisir et de l'opinion. Car il y a bien quelque chose que nous appelons avoir une opinion ?

PROTARQUE

Oui.

SOCRATE

Et de même, prendre du plaisir ?

PROTARQUE

Oui.

SOCRATE

Or ce sur quoi on a une opinion est bien quelque chose ?

PROTARQUE

Comment pourrait-il autrement ?

SOCRATE

Et éprouver du plaisir suppose bien quelque chose de plaisant ?

PROTARQUE

Parfaitement.

SOCRATE

Mais celui qui a une opinion, que ce soit droitement ou pas, on ne peut évidemment jamais le priver de la réalité de son opinion [143].

PROTARQUE

[**37b**] Comment serait-ce possible ?

SOCRATE

Et celui qui prend du plaisir, que son plaisir soit droit ou non, il n'est évidemment jamais privé de la réalité de son plaisir.

PROTARQUE

Là encore, oui, il la possède.

SOCRATE

Ce qu'il nous faut alors examiner, c'est comment il peut bien se faire qu'en nous l'opinion soit d'ordinaire susceptible d'être fausse ou vraie, mais que le plaisir, lui, n'est susceptible que d'être vrai, alors même qu'avoir une opinion et jouir sont tous deux également réels [144].

PROTARQUE

Examinons.

SOCRATE

Ce que tu dis que nous devons examiner, est-ce bien qu'à l'opinion s'ajoute la fausseté ou la véracité, et qu'elle ne soit plus alors seulement une opinion, [**37c**] mais une opinion dotée de l'une ou l'autre de ces deux qualités ?

PROTARQUE

Oui.

SOCRATE

Et en plus de cela, alors que les choses reçoivent en général de nous des qualités, si le plaisir et la douleur, eux, ne seraient rien d'autre que ce qu'ils sont sans admettre aucune qualité. C'est un point sur lequel il faut s'entendre.

PROTARQUE

Oui, il le faut.

SOCRATE

Mais là, en tout cas, il n'est pas difficile de voir qu'ils sont eux aussi qualifiés. Car il y a bien longtemps que nous avons dit que les uns et les autres, les plaisirs comme les douleurs, peuvent être grands ou petits ou encore intenses.

PROTARQUE

[**37d**] Parfaitement.

SOCRATE

Mais alors, Protarque, si le mal venait à s'ajouter à l'un ou l'autre, ne dirions-nous pas que l'opinion deviendrait mauvaise ou que le plaisir deviendrait mauvais ?

PROTARQUE

Et comment dire autre chose, Socrate ?

SOCRATE

Mais si c'était la rectitude ou son contraire qui venait s'ajouter à l'un ou l'autre, ne dirions-nous pas de l'opinion qu'elle serait droite si elle suivait la rectitude, et droit aussi le plaisir [145] ?

PROTARQUE

Nécessairement.

SOCRATE

[**37e**] Mais si l'on se trompe à propos de l'objet sur lequel on a une opinion, ne devrait-on pas reconnaître que cette opinion erronée n'est pas droite et qu'elle n'a pas droitement une opinion [146] ?

PROTARQUE

Comment le pourrait-elle en effet ?

SOCRATE

Mais alors, si l'on se rend compte qu'une douleur ou un plaisir se trompe sur le compte de l'objet de la douleur ou du plaisir, devrions-nous la qualifier de droite, d'utile ou de tout autre nom élogieux ?

PROTARQUE

Non, ce serait impossible, s'il est vrai toutefois que le plaisir puisse se tromper.

SOCRATE

Mais le plaisir semble souvent naître en nous à la suite non pas d'une opinion droite, mais d'une opinion fausse.

PROTARQUE

Sans doute, mais la chose que nous appelions alors fausse, Socrate, [**38a**] c'était l'opinion et non pas le plaisir lui-même, que personne ne s'aventurerait à dire « faux ».

SOCRATE

Mais Protarque, quelle ardeur tu mets maintenant à défendre la cause du plaisir [147] !

PROTARQUE

Pas du tout, je répète seulement ce que j'entends dire [148].

SOCRATE

N'y a-t-il pour nous aucune différence, mon ami, entre le plaisir qui accompagne l'opinion droite et la science, et celui qui accompagne souvent en nous l'opinion fausse et la déraison [149] ?

PROTARQUE

[**38b**] Il semble bien que la différence ne soit pas négligeable.

SOCRATE

Attachons-nous donc à l'observer.

PROTARQUE

Conduis-nous où bon te semble.

SOCRATE

C'est par ici que je te conduis.

PROTARQUE

Par où ?

SOCRATE

Notre opinion, disons-nous, est parfois fausse et parfois vraie ?

PROTARQUE

Elle l'est.

SOCRATE

Et comme nous le disions à l'instant, elles sont souvent suivies (je parle de l'opinion vraie comme de l'opinion fausse) du plaisir et de la douleur.

PROTARQUE

Exactement.

SOCRATE

Mais en chaque occasion, n'est-ce pas de la mémoire et de la sensation que naissent en nous l'opinion comme la décision de se faire une opinion ?

PROTARQUE

[**38c**] Tout juste.

SOCRATE

Et ne pensons-nous pas que la chose doit nécessairement se produire de la manière suivante ?

PROTARQUE

De quelle manière ?

SOCRATE

Ne dirais-tu pas qu'il arrive souvent que quelqu'un qui voit les choses de loin sans les voir clairement cherche à distinguer ce qu'il voit ?

PROTARQUE

Je le dirais.

SOCRATE

Et ne se posera-t-il pas alors à lui-même cette question ?

PROTARQUE

Quelle question ?

SOCRATE

« Que peut donc bien être cette chose qui semble se tenir à côté du rocher qui est sous l'arbre ? » [**38d**]

N'est-ce pas là à ton avis ce qu'il se demandera à lui-même alors qu'il porte son regard sur de telles apparences [150] ?

PROTARQUE

Exactement.

SOCRATE

Et ensuite, alors qu'il se répondrait à lui-même en disant : « C'est un homme », ne tomberait-il pas juste ?

PROTARQUE

Si, parfaitement.

SOCRATE

Mais il pourrait encore se tromper en disant que ce qu'il voit est une statue fabriquée par des bergers.

PROTARQUE

C'est très probable.

SOCRATE

[38e] Et s'il a quelqu'un à ses côtés auquel il dit à voix haute ce qu'il se disait à lui-même, ce que nous appelions tout à l'heure une opinion serait-elle devenue un discours [151] ?

PROTARQUE

Absolument.

SOCRATE

Alors que s'il est seul, c'est à lui-même qu'il adresse ses pensées et les garde parfois longtemps à l'esprit en poursuivant sa route.

PROTARQUE

Bien sûr.

SOCRATE

Mais alors, est-ce que tu partages mon sentiment en
la matière ?

PROTARQUE

Lequel ?

SOCRATE

Je crois que notre âme ressemble alors à un livre.

PROTARQUE

Comment cela ?

SOCRATE

[**39a**] La mémoire, qui à propos d'un même objet
coïncide avec les sensations, et les impressions que
provoque cette coïncidence [152], je me les figure, moi, à
peu près comme un discours qui s'écrirait dans nos
âmes. Et quand ce qui est écrit par l'impression est
vrai, le résultat est en nous une opinion vraie accompagnée de discours vrais. Mais, quand cet écrivain qui est
en nous écrit des choses fausses, il en résulte le
contraire de la vérité.

PROTARQUE

[**39b**] Cela me semble évident, et j'admets ce qui
vient d'être dit.

SOCRATE

Admets alors encore qu'un autre artisan se trouve en
même temps dans nos âmes.

PROTARQUE

Lequel ?

SOCRATE

Un peintre, qui succède à l'écrivain et dessine dans
l'âme des images de ce que ce dernier y a écrit.

PROTARQUE

Quand et comment disons-nous qu'il le fait ?

SOCRATE

Lorsque, après avoir séparé les opinions et les discours de ce qui a été perçu par la vue ou par tout autre
sens, on voit d'une certaine manière en nous-mêmes
les images de ces opinions ou de ces propos. [**39c**]
N'est-ce pas là quelque chose qui nous arrive [153] ?

PROTARQUE

Et comment !

SOCRATE

Les images des opinions et des discours vrais seront-
elles alors des images vraies, quand celles des opinions
et des discours faux seront des images fausses ?

PROTARQUE

Parfaitement.

SOCRATE

Si ce que nous venons de dire est juste, voici encore,
sur le même sujet, une autre question à examiner.

PROTARQUE

Laquelle ?

SOCRATE

Celle de savoir si nous ne serions nécessairement affectés de la sorte que par les seules choses actuelles ou passées, quand il n'en irait pas de même pour les choses à venir [154].

PROTARQUE

Il en va de même pour toutes et pour tous les temps.

SOCRATE

[**39d**] N'avions-nous pas dit auparavant des plaisirs et des douleurs qui appartiennent à l'âme seule qu'ils peuvent précéder les plaisirs et les douleurs qui adviennent à travers le corps, de telle sorte qu'il puisse nous arriver d'avoir, à propos de choses à venir, des jouissances ou des douleurs anticipées [155] ?

PROTARQUE

C'est on ne peut plus vrai.

SOCRATE

Ces lettres et ces peintures [156] dont nous disions à l'instant qu'elles naissent en nous, [**39e**] n'existent-elles donc que pour le passé et le présent, mais non pour l'avenir ?

PROTARQUE

Pour l'avenir, et intensément [157].

SOCRATE

Si tu dis « intensément », est-ce parce qu'il s'agit là d'espoirs pour le temps à venir et que, tout au long de notre vie, nous sommes toujours plein d'espoir ?

PROTARQUE

Parfaitement.

SOCRATE

Bien. Après ce qui vient d'être dit, réponds encore à cette question.

PROTARQUE

Laquelle ?

SOCRATE

Un homme juste, pieux et bon n'est-il pas aimé des dieux ?

PROTARQUE

Et combien !

SOCRATE

Mais alors, celui qui est injuste et parfaitement méchant [**40a**] n'est-il pas son contraire ?

PROTARQUE

Comment pourrait-il en être autrement ?

SOCRATE

Et tout homme, comme nous venons de le dire, n'est-il pas plein d'une multitude d'espoirs ?

PROTARQUE

Oui.

SOCRATE

Et ce que nous appelons des espoirs, ce sont des discours qui se trouvent en chacun de nous ?

PROTARQUE

Oui.

SOCRATE

Et il en va de même des images qui en sont peintes ;
ainsi tel homme se voit-il souvent en possession d'une
immense quantité d'or, accompagnée d'une multitude
de plaisirs, et mieux encore, il se voit aussi lui-même
représenté, dans cette peinture intérieure, en train de
jouir intensément.

PROTARQUE

[**40b**] C'est bien cela.

SOCRATE

Dirons-nous alors que, dans le cas des hommes
bons, ces peintures et ces lettres sont la plupart du
temps vraies parce que ces hommes sont aimés des
dieux, alors qu'elles sont la plupart du temps tout le
contraire dans le cas des hommes mauvais ? Ou bien
ne le dirons-nous pas ?

PROTARQUE

C'est ce que nous devons dire.

SOCRATE

Ainsi les méchants n'en ont pas moins en eux des
plaisirs peints [158], mais ce sont des faux plaisirs.

PROTARQUE

Et combien !

SOCRATE

[**40c**] Et les méchants jouissent donc de faux plaisirs
la plupart du temps, quand les hommes bons jouissent,
eux, de vrais plaisirs [159].

PROTARQUE

Ce que tu dis est parfaitement nécessaire.

SOCRATE

Il y a donc dans les âmes des hommes, selon nos raisonnements actuels, de faux plaisirs qui ne simulent [160]
les vrais qu'en les ridiculisant [161] et, de la même manière,
de fausses douleurs.

PROTARQUE

C'est cela.

SOCRATE

Or, on a admis que quiconque a une opinion quelconque a réellement une opinion, quand bien même
celle-ci porterait sur quelque chose qui n'a d'existence
ni présente, ni passée, ni à venir [162].

PROTARQUE

Parfaitement.

SOCRATE

[40d] Et c'était cela, je crois, qui produisait alors
aussi bien l'opinion fausse que le fait d'avoir une opinion faussement, n'est-ce pas [163] ?

PROTARQUE

Oui.

SOCRATE

Bien ; et ne faut-il pas alors, à cet égard, concéder
aux douleurs et aux plaisirs d'être à leur tour dans une
même disposition ?

PROTARQUE

Une disposition de quelle sorte ?

SOCRATE

Telle que le fait de jouir soit toujours absolument réel, quelle que soit la manière dont on jouit, fût-ce fortuitement, alors même qu'on jouit parfois de choses qui n'ont jamais existé, et souvent, peut-être même le plus souvent, de choses qui n'existeront jamais.

PROTARQUE

[40e] Voilà encore, Socrate, une conséquence nécessaire.

SOCRATE

Et ne devrait-on pas dire la même chose des peurs, des ardeurs comme de tout ce qui leur est semblable, à savoir que toutes sont parfois fausses ?

PROTARQUE

Certainement.

SOCRATE

Eh bien ! Avons-nous un autre moyen de distinguer les opinions mauvaises des bonnes que leur fausseté [164] ?

PROTARQUE

Aucun autre.

SOCRATE

Il me semble que nous comprenons qu'il en va de même pour les plaisirs, et qu'il n'y a pas d'autre manière pour eux d'être mauvais que d'être faux.

PROTARQUE

[41a] Socrate, c'est tout le contraire de que tu as dit qui est vrai. Car ce n'est pas du tout du fait de leur fausseté qu'on dit des plaisirs et des douleurs qu'ils

sont faux, mais ce serait bien plutôt parce qu'on trouve
en eux un autre mal, plus grand et plus profond [165].

SOCRATE

Ces plaisirs mauvais comme le mal qui les rend
tels, nous en reparlerons un peu plus tard, si la chose
nous semble encore utile. Mais ce sont les plaisirs faux
que nous devons maintenant examiner d'une autre
manière, pour montrer combien ils sont et naissent
nombreux et fréquemment en nous. [**41b**] Car cet
examen sera peut-être utile à notre jugement.

PROTARQUE

Comment pourrait-il en être autrement ? Si toutefois ils existent.

SOCRATE

Mais, Protarque, je crois pour ma part qu'ils existent. Mais tant qu'il ne se s'agit pas pour nous d'une
doctrine admise, nous ne pouvons la soustraire à la discussion.

PROTARQUE

C'est bien.

SOCRATE

Alors préparons-nous comme des athlètes à
affronter cette discussion.

PROTARQUE

Allons-y.

SOCRATE

Nous disions donc il y a peu de temps, si nous nous
en souvenons bien, [**41c**] que lorsque ce que nous

appelons des désirs sont en nous, alors le corps est,
avec ses impressions, séparé et éloigné de l'âme.

PROTARQUE

Nous nous en souvenons : c'est bien ce qui a été
dit [166].

SOCRATE

Et n'était-ce pas l'âme qui désirait alors, et qui désirait des états contraires à ceux du corps, alors que
c'était ce dernier qui éprouvait la souffrance ou le
plaisir relatifs à telle ou telle affection [167] ?

PROTARQUE

C'était cela, en effet.

SOCRATE

Tires-en une conclusion quant à ce qui doit alors se
produire.

PROTARQUE

Parle.

SOCRATE

[41d] Voilà ce qui se produit : dans de telles circonstances, les douleurs et les plaisirs existent simultané-
ment, et les sensations qu'on en a sont simultanées et
opposées, comme on vient de l'expliquer.

PROTARQUE

C'est bien ce qu'il semble.

SOCRATE

Et nous avons reconnu que nous sommes d'accord
sur ce point ?

PROTARQUE

Lequel ?

SOCRATE

Que tous deux, la douleur et le plaisir, admettent le plus et le moins, et qu'ils comptent parmi les illimités [168].

PROTARQUE

Nous l'avons dit ; et alors ?

SOCRATE

Existe-t-il un biais qui nous permette d'en juger convenablement ?

PROTARQUE

[41e] Dans quel cas et comment ?

SOCRATE

Dans ces occasions où nous cherchons à former un jugement et que nous cherchons à discerner lequel, d'une douleur par rapport à un plaisir, d'une douleur par rapport à une autre douleur ou d'un plaisir par rapport à un autre plaisir, est plus grand ou plus petit, plus fort ou plus intense [169].

PROTARQUE

De telles occasions existent en effet, et c'est bien ainsi que nous cherchons à en juger.

SOCRATE

Mais alors, est-ce seulement dans le cas de la vue que de voir de près ou de loin [42a] nous prive de la vérité et produit des opinions fausses ? N'en va-t-il pas de même dans le cas des douleurs ou des plaisirs ?

PROTARQUE

Au contraire, Socrate, et même bien davantage dans leur cas.

SOCRATE

Mais c'est là le contraire de ce que nous avons dit il n'y a qu'un instant.

PROTARQUE

De quoi parles-tu ?

SOCRATE

Du fait qu'alors, c'était des opinions qui, étant en elles-mêmes vraies ou fausses, imprégnaient de leur propre caractère les douleurs et les plaisirs [170].

PROTARQUE

[42b] C'est on ne peut plus vrai.

SOCRATE

Mais maintenant, selon qu'ils sont vus alternativement de près et de loin, ou bien qu'ils sont vus les uns à côté des autres, ce sont les plaisirs qui apparaissent plus grands et plus intenses comparés à une douleur, quand c'est le contraire qui se produit pour la douleur lorsqu'on la compare aux plaisirs.

PROTARQUE

Dans de tels cas de figure, il est nécessaire qu'il en aille ainsi.

SOCRATE

Alors, si tu considères ce qui en eux fait qu'ils apparaissent plus grands ou plus petits, si tu isoles ce qui apparaît mais qui n'est pas [171], [42c] tu ne pourras pas dire que l'apparence est droite, pas plus que tu n'ose-

ras soutenir que la part de plaisir ou de douleur qui lui
correspond est droite ou vraie.

PROTARQUE

Non, en effet.

SOCRATE

Nous allons maintenant voir s'il existe chez les êtres
vivants des plaisirs et des douleurs encore plus faux
que ceux-là, que ce soit sous le rapport de leur apparence ou de leur réalité.

PROTARQUE

Lesquels et comment l'entends-tu ?

SOCRATE

Il semble que nous ayons dit, à de multiples reprises,
que c'est une destruction de la nature d'une chose, à la
faveur de compositions ou de dissolutions, [**42d**] de
réplétions ou de vides, de certaines augmentations ou
de dépérissements, qui engendre les douleurs, les
peines, les chagrins et tout ce que nous désignons avec
de pareils de noms [172].

PROTARQUE

Oui, nous l'avons dit à de multiples reprises.

SOCRATE

Et, lorsque le retour à la nature propre a lieu, nous
avons tous deux établi que ce retour était un plaisir.

PROTARQUE

C'est exact.

SOCRATE

Mais si rien de tel ne se produit dans notre corps,
que se passe-t-il ?

PROTARQUE

Et quand pourrait-ce être le cas, Socrate ?

SOCRATE

[42e] Protarque, la question que tu viens de poser est sans rapport avec notre propos.

PROTARQUE

Et pourquoi ?

SOCRATE

Parce qu'elle ne m'empêche pas de te poser à nouveau ma propre question.

PROTARQUE

Laquelle ?

SOCRATE

S'il ne se produit rien de tel, te demanderai-je, Protarque, quelle en sera pour nous la conséquence nécessaire ?

PROTARQUE

Tu veux dire si le corps n'est mû d'aucune des deux façons ?

SOCRATE

C'est cela.

PROTARQUE

Eh bien, il est évident, Socrate, que dans un tel cas ni plaisir ni douleur ne pourraient naître.

SOCRATE

[43a] On ne peut mieux répondu ! Mais tu soutiens, j'imagine, que nous éprouvons toujours nécessaire-

ment l'un ou l'autre, dans la mesure où, comme disent les savants, toutes choses s'écoulent perpétuellement vers le haut et vers le bas [173].

PROTARQUE

Ils le disent en effet, et cela ne me paraît pas insigni-fiant.

SOCRATE

Et comment pourrait-ce être insignifiant, quand eux-mêmes ne le sont pas ? Mais je veux me dérober à l'argument qui s'approche. Je pense fuir dans cette direction ; et toi, accompagne-moi dans ma fuite [174].

PROTARQUE

Par où, dis-moi ?

SOCRATE

Qu'il en soit comme vous dites, répondrons-nous à ces savants. **[43b]** Et pour ta part, réponds : est-ce que tous les être animés sentent toujours tout ce qui les affecte, est-ce que nous ne cessons jamais de sentir notre propre croissance ou des affections du même genre, ou bien n'est-ce pas du tout le cas ?

PROTARQUE

Ça n'est certainement pas du tout le cas, puisque toutes ces affections nous échappent.

SOCRATE

Mais alors, il n'est pas juste de dire, comme nous venons de le faire, que ce sont les changements vers le haut ou vers le bas qui produisent les douleurs [175].

PROTARQUE

Et comment !

SOCRATE

[**43c**] Mais formulé ainsi, notre propos sera plus juste et moins exposé aux attaques.

PROTARQUE

De quelle façon ?

SOCRATE

Que ce sont les grands changements qui produisent en nous les douleurs et les plaisirs, et que les changements modérés ou infimes ne les produisent absolument pas.

PROTARQUE

Voilà, Socrate, une formule plus juste que la précédente.

SOCRATE

Mais, s'il en est ainsi, alors nous voilà maintenant revenus à la vie dont nous parlions plus tôt.

PROTARQUE

Laquelle ?

SOCRATE

À celle dont nous disions qu'elle est sans douleur ni jouissance.

PROTARQUE

Tu dis on ne peut plus vrai.

SOCRATE

Posons donc qu'il y a pour nous trois sortes de vie : l'une de plaisir, l'autre de douleur et une troisième qui n'est ni de l'un ni de l'autre. [**43d**] Mais toi, que dirais-tu à ce propos ?

PROTARQUE

Rien d'autre que ce que tu viens de dire : il y a bien trois sortes de vie.

SOCRATE

De la sorte, ne pas éprouver de douleur ne serait donc pas la même chose que de jouir ?

PROTARQUE

Comment le serait-ce ?

SOCRATE

Et si tu entends quelqu'un dire que la chose la plus plaisante de toutes est de passer sa vie sans douleur, comment comprends-tu un tel propos ?

PROTARQUE

Comme le fait de dire, me semble-t-il, que de ne pas éprouver de douleur est plaisant.

SOCRATE

[**43e**] Pose alors trois sortes de choses, celles que tu voudras, et pour le dire en des termes choisis, pose que la première est de l'or, la deuxième de l'argent et la troisième ni l'un ni l'autre.

PROTARQUE

D'accord.

SOCRATE

Celle qui n'est ni l'un ni l'autre pourrait-elle en aucune façon devenir d'or ou d'argent [176] ?

PROTARQUE

Et comment le pourrait-elle ?

SOCRATE

Que cette vie médiane [177] soit la vie plaisante ou la vie douloureuse n'est donc pas une opinion droite, à supposer que quelqu'un puisse l'avoir, et n'est pas davantage une affirmation droite, à supposer que quelqu'un la prononce, si du moins l'on se conforme à la droite raison.

PROTARQUE

Comment pourrait-ce être le cas ?

SOCRATE

[**44a**] Et pourtant, mon ami, nous trouvons des gens qui l'affirment et qui ont cette opinion.

PROTARQUE

Absolument.

SOCRATE

Et croient-ils qu'ils jouissent lorsqu'ils n'éprouvent pas de douleur ?

PROTARQUE

C'est du moins ce qu'ils disent.

SOCRATE

C'est donc qu'ils croient jouir ; sinon, ils ne le diraient pas.

PROTARQUE

C'est ce qu'il semble.

SOCRATE

Ils se font alors une fausse opinion de la jouissance, si tant est que l'absence de douleur et la jouissance aient l'une et l'autre des natures différentes.

PROTARQUE

Et elles ont bien des natures différentes.

SOCRATE

Que déciderons-nous ? Qu'il y a en nous, comme nous venons de le dire, trois états, [**44b**] ou bien deux seulement, la douleur qui est un mal pour les hommes, et la disparition des douleurs, qui est le bien même et qu'on appelle plaisir ?

PROTARQUE

Mais Socrate, pourquoi nous posons-nous cette question maintenant ? Je ne comprends pas.

SOCRATE

C'est parce que tu ne comprends pas, Protarque, qui sont les véritables ennemis de Philèbe.

PROTARQUE

De quels ennemis veux-tu parler ?

SOCRATE

Des gens qui sont réputés très habiles dans la connaissance de la nature, et qui nient absolument que les plaisirs existent [178].

PROTARQUE

Et comment ?

SOCRATE

[**44c**] Ils soutiennent que les choses auxquelles les partisans de Philèbe donnent aujourd'hui le nom de « plaisirs » ne sont rien d'autre que des disparitions de douleurs.

PROTARQUE

Veux-tu que nous les croyions, Socrate, ou bien quoi [179] ?

SOCRATE

Non, mais que nous nous en servions comme de devins qui devineraient non pas au moyen d'une quelconque technique, mais d'une sorte de répulsion inhérente à leur nature qui n'est pas dépourvue de noblesse [180]. Ils haïssent l'excessive puissance du plaisir et ne trouvent en lui rien de sain, au point même que, dans la séduction qu'il exerce, ils voient un sortilège et non pas un plaisir [181]. [**44d**] C'est ainsi que tu pourrais t'en servir pour ce qui nous occupe, en examinant les autres aspects de leur répulsion. Après cela, tu entendras ce que, pour ma part, j'estime être de vrais plaisirs, de telle sorte qu'en observant les deux points de vue opposés nous puissions soumettre au jugement la puissance du plaisir.

PROTARQUE

Ce que tu dis est juste.

SOCRATE

Attachons-nous donc à eux comme à des alliés et suivons à la trace le chemin qu'indique leur répulsion. J'imagine en effet qu'ils argumentent à peu près ainsi : reprenant la question en son début, comme si, voulant observer la nature d'une forme quelconque, celle de la dureté par exemple [182], [**44e**] on se demandait si on la saisirait mieux en observant les choses les plus dures, ou bien celles qui le sont à un moindre degré [183]. C'est à toi, Protarque, qu'il revient de répondre à ces gens rebutés, comme si tu me répondais à moi.

PROTARQUE

Parfaitement, et je leur dis qu'il faut observer les choses qui le sont au plus haut degré.

SOCRATE

Et si nous voulions voir ce qu'est le genre du plaisir, quelle sorte de nature est la sienne, ce ne sont pas les plaisirs de moindre degré qu'il faudrait observer, [**45a**] mais bien ceux dont on dit qu'ils sont les plus puissants et les plus intenses.

PROTARQUE

Voilà quelque chose que tout le monde t'accorderait sur-le-champ.

SOCRATE

Et comme on l'a souvent dit, les plaisirs les plus manifestes et les plus grands ne sont-ils pas ceux qui sont relatifs au corps [184] ?

PROTARQUE

Comment pourrait-il en être autrement ?

SOCRATE

Ces plaisirs sont-ils et deviennent-ils plus grands chez les gens qui souffrent de maladies ou bien chez ceux qui sont en bonne santé ? Prenons garde à ne pas trébucher en répondant précipitamment. [**45b**] Vraisemblablement, nous répondrions : « sans doute chez ceux qui sont en bonne santé ».

PROTARQUE

C'est vraisemblable.

SOCRATE

Mais enfin ! Les plaisirs les plus excessifs ne sont-ils pas ceux que précèdent les désirs les plus grands ?

PROTARQUE

C'est vrai.

SOCRATE

Et n'est-ce pas ceux qui souffrent de la fièvre ou de semblables maladies qui éprouvent davantage la soif, le froid et toutes les affections qui viennent ainsi habituellement du corps ? N'est-ce pas eux qui éprouvent le plus le vide et qui, lorsque ce dernier est rempli, en éprouvent les plus grands plaisirs ? Ou bien devons-nous dire que cela n'est pas vrai ?

PROTARQUE

Tel que tu le dis là, cela semble parfaitement vrai.

SOCRATE

[45c] Bien. Semblerions-nous alors avoir raison d'affirmer que quiconque veut apercevoir quels sont les plus grands plaisirs doit se tourner vers la maladie et non vers la santé ? Mais attention, ne vas pas croire que je te demande si les gens qui sont gravement malades jouissent davantage que ceux qui sont en bonne santé ; mon intérêt porte plutôt sur la grandeur du plaisir et sur les circonstances dans lesquelles il atteint son intensité la plus grande [185]. Car notre tâche, nous l'avons dit, est de comprendre à la fois ce qu'est sa nature et comment la conçoivent ceux qui vont jusqu'à nier entièrement son existence.

PROTARQUE

[45d] Mais je suis à peu près bien ton raisonnement.

SOCRATE

Alors, Protarque, tu pourras aussi bien le conduire.
Et réponds : est-ce dans la démesure que tu vois des
plaisirs plus grands – je ne dis pas plus nombreux,
mais plus intenses et plus excessifs –, ou bien est-ce
dans la vie tempérante ? Réfléchis-y bien avant de
répondre.

PROTARQUE

Mais je comprends ce que tu dis, et la différence que
j'y vois est considérable : car les tempérants sont en
quelque sorte freinés par ce que dit la maxime tradi-
tionnelle qui ordonne « Rien de trop » et à laquelle ils
obéissent [186]. **[45e]** Quant aux insensés et aux débauchés, l'intensité du plaisir qui les possède les conduit
jusqu'à la folie et les discrédite [187].

SOCRATE

Bien dit. Mais s'il en est ainsi, alors il est manifeste
que les plaisirs et les douleurs les plus grands naissent
dans une sorte de mauvaise condition de l'âme et du
corps, et non pas dans leur condition d'excellence [188].

PROTARQUE

Évidemment.

SOCRATE

Il nous faut donc en choisir quelques-uns et examiner quelle est cette caractéristique qu'ils possèdent
et qui nous les fait appeler les plus grands.

PROTARQUE

[46a] Nécessairement.

SOCRATE

Examine donc la caractéristique des plaisirs de certaines maladies.

PROTARQUE

Les plaisirs de quelles maladies ?

SOCRATE

Ceux des maladies répugnantes, que les rebutés dont nous parlions haïssent plus que tout.

PROTARQUE

Quels plaisirs ?

SOCRATE

Par exemple, le soulagement de la démangeaison galeuse par le grattement, et tous les soulagements semblables qui ne nécessitent aucune autre sorte de remède [189]. Alors, l'affection qu'ils produisent en nous, par les dieux, l'appellerons-nous plaisir ou bien douleur ?

PROTARQUE

Il semble qu'il s'agisse plutôt d'un mélange, Socrate, et que ce soit quelque chose de mauvais [190].

SOCRATE

[46b] Je n'ai pas fait cette remarque pour heurter Philèbe ; toutefois, Protarque, si nous ne prenions pas en considération ces plaisirs et ceux qui les accompagnent, nous resterions sans doute dans l'incapacité d'atteindre le moindre résultat dans la recherche qui nous occupe.

PROTARQUE

Alors portons-nous vers les plaisirs de cette famille.

SOCRATE

Tu parles de ceux qui ont en le mélange en commun ?

PROTARQUE

Exactement.

SOCRATE

Il y a des mélanges qui sont relatifs au corps et ont lieu dans les corps ; [**46c**] d'autres qui sont relatifs à l'âme et ont lieu dans l'âme ; et nous en trouverons d'autres enfin qui sont relatifs à l'âme comme au corps, des mélanges de douleurs et de plaisirs que l'on rassemble tantôt sous le nom de plaisirs, tantôt sous celui de douleurs.

PROTARQUE

Comment cela ?

SOCRATE

Lorsque, au cours de la restauration, ou bien au contraire de la destruction, quelqu'un éprouve des affections contraires : lorsqu'il a froid et se réchauffe, ou parfois qu'il a chaud et se rafraîchit, et qu'il cherche, me semble-t-il, à conserver l'un des deux états et à se débarrasser de l'autre. Alors, cette douceur qu'on dit mêlée d'aigreur, [**46d**] et la difficulté qu'on a à s'en débarrasser, produit une irritation qui se transforme bientôt en sauvagerie [191].

PROTARQUE

Le propos que voilà est bien vrai.

SOCRATE

Ces mélanges ne contiennent-ils pas, pour certains, des plaisirs et des douleurs en parts égales, et pour d'autres, une plus grande part de plaisirs ou une plus grande part de douleurs ?

Comment pourrait-il en être autrement ?

Aborde maintenant les mélanges dans lesquels les douleurs l'emportent sur les plaisirs, c'est-à-dire ceux de la gale dont nous parlions à l'instant, ou encore ceux des chatouillements. Quand le bouillonnement et l'inflammation sont internes, que quelqu'un ne peut les atteindre ni en se frottant ni en se grattant, [**46e**] qu'il ne parvient qu'à dissoudre ce qui est à la surface [192], soit en le portant au feu, soit à son contraire, en passant ainsi d'un échec à un autre, il atteint parfois des plaisirs inimaginables. Mais cela produit aussi parfois le contraire, et ce sont alors les parties internes, et non les parties externes, qui reçoivent un mélange de douleurs et de plaisirs, [**47a**] en dissociant de force ce qui était assemblé, ou en assemblant ce qui était dissocié, et en installant ainsi les douleurs aux côtés des plaisirs [193].

PROTARQUE

C'est on ne peut plus vrai.

SOCRATE

Lorsque au contraire c'est le plaisir qui l'emporte dans tous ces mélanges, la petite part de douleur produit en lui un chatouillement et une irritation modérée, quand la part bien plus grande de plaisir qui se trouve dans le mélange le crispe et le fait parfois bondir, produit des changements de couleurs, de figures et de respiration de toutes sortes, et engendre une excitation totale pour le conduire à pousser des hurlements d'insensé.

PROTARQUE

[**47b**] Parfaitement.

SOCRATE

Et il en vient, mon ami, à dire de lui-même (et d'autres le disent de lui) qu'il jouit de plaisirs tels qu'il en meurt [194]. Et plus il est débauché et insensé [195], plus il poursuit sans relâche et par tous les moyens ces plaisirs, en disant qu'ils sont les plus grands et en estimant que celui qui, autant qu'il est possible, vit sans cesse dans ces plaisirs, est le plus heureux des hommes.

PROTARQUE

Ce que tu as décrit, Socrate, s'accorde parfaitement à l'opinion que partagent la plupart des hommes [196].

SOCRATE

[**47c**] Pour autant, Protarque, qu'il s'agit des plaisirs communs qui se trouvent dans les impressions mélangées, externes ou internes, du corps. En ce qui concerne les plaisirs dans lesquels ce que l'âme apporte est contraire à ce qu'apporte le corps, soit de la douleur contre du plaisir, soit du plaisir contre de la douleur, de telle sorte que tous se retrouvent dans un unique mélange, nous en avons déjà parlé, en disant qu'étant vide on désire être rempli, et qu'on jouit de cet espoir tout en souffrant d'être vide [197]. [**47d**] Mais nous n'avions pas constaté alors, et nous l'ajoutons maintenant, que, dans tous les cas, nombreux, où l'âme et le corps diffèrent, il en résulte un unique mélange où se fondent le plaisir et la douleur.

PROTARQUE

Tes explications semblent on ne peut plus justes.

SOCRATE

Il ne nous reste alors plus qu'à examiner une sorte de mélanges de douleur et de plaisir.

PROTARQUE

Laquelle, dis-moi ?

SOCRATE

Ce mélange dont nous avons dit auparavant que l'âme l'éprouvait souvent en elle-même [198].

PROTARQUE

Et de quoi parlons-nous au juste ainsi ?

SOCRATE

[**47e**] La colère, la peur, le regret, le chant de deuil, l'amour, l'envie, la jalousie et tout ce qui leur est semblable, ne sont-ce pas là à tes yeux comme les douleurs de l'âme elle-même [199] ?

PROTARQUE

C'est ce que je pense.

SOCRATE

Et ne découvrirons-nous pas qu'elles sont pleines de plaisirs merveilleux ? Ou bien avons-nous besoin, pour nous le rappeler, de ces lignes :

«... *ce qui poussera un sage même à s'irriter,*
et qui est bien plus doux que le miel distillé [200] »,

[**48a**] ou bien encore du fait qu'on trouve, dans les chants de deuil et les regrets, des plaisirs mélangés à des douleurs ?

PROTARQUE

Non, c'est inutile, car ces choses ne se passent pas autrement.

SOCRATE

Tu te rappelles qu'il en va aussi de même pour ceux qui assistent à une tragédie, lorsqu'ils se réjouissent et pleurent à la fois ?

PROTARQUE

Comment ne pas m'en souvenir ?

SOCRATE

Et l'état de notre âme lors des comédies, ne vois-tu pas qu'il est lui aussi un mélange de douleur et de plaisir ?

PROTARQUE

Je ne comprends pas très bien.

SOCRATE

[48b] C'est qu'il n'est pas du tout facile, Protarque, de comprendre quelle sorte d'affection se produit dans ces circonstances.

PROTARQUE

Du moins, ça ne semble pas l'être pour moi.

SOCRATE

Considérons donc la chose avec d'autant plus d'attention qu'elle est très obscure, de façon à pouvoir dans d'autres cas, reconnaître plus aisément un mélange de douleur et de plaisir.

PROTARQUE

Tu vas m'expliquer.

SOCRATE

Ce terme de « jalousie » dont nous parlions à l'instant, diras-tu qu'il désigne une douleur de l'âme, ou quoi d'autre ?

PROTARQUE

Je le dirai.

SOCRATE

Mais le jaloux ne prend-il pas manifestement du plaisir aux malheurs de son entourage ?

PROTARQUE

Et comment !

SOCRATE

[**48c**] Or la déraison, comme cette disposition qu'on appelle sottise, est bien un mal [201] ?

PROTARQUE

Et comment !

SOCRATE

Tout cela te fait-il voir ce qu'est la nature du ridicule ?

PROTARQUE

Parle seulement.

SOCRATE

C'est, en somme, une sorte de vice, qui tient son nom d'une disposition particulière : dans l'ensemble du vice, il s'agit de celui dont l'affection est opposée à ce que prescrit l'inscription de Delphes [202].

PROTARQUE

Tu veux dire le « Connais-toi toi-même », Socrate [203] ?

SOCRATE

[48d] Oui, c'est ce dont je parle. Et le précepte opposé à l'inscription de Delphes serait évidemment de ne pas du tout nous connaître nous-mêmes [204].

PROTARQUE

C'est cela.

SOCRATE

Essaie alors, Protarque, de diviser en trois cette affection [205].

PROTARQUE

Que dis-tu ? Je n'en suis pas capable.

SOCRATE

Tu dis donc que c'est à moi qu'il revient de faire maintenant cette division ?

PROTARQUE

Je le dis, mais je t'en prie plus encore que je te le dis.

SOCRATE

N'y a-t-il pas nécessairement trois manières [206] pour ceux qui se méconnaissent eux-mêmes de pâtir de cette affection [207] ?

PROTARQUE

Lesquelles ?

SOCRATE

[48e] D'abord quant aux richesses, lorsque quelqu'un se croit plus riche que ne l'est sa fortune [208].

Voilà une affection qu'éprouvent en effet bon nombre de gens.

Et il y en a encore plus qui se croient plus grands et plus beaux qu'ils ne le sont, et qui croient encore se distinguer par toutes sortes de qualités corporelles qu'ils ne possèdent véritablement pas.

Parfaitement.

Mais les plus nombreux, j'imagine, sont ceux qui se trompent de la troisième manière, quant aux qualités de l'âme, en croyant qu'ils l'emportent en vertu alors que ça n'est pas le cas.

Et comment !

[**49a**] Mais, parmi les vertus, n'est-ce pas au savoir que le plus grand nombre s'attache obstinément, se remplissant ainsi de disputes et d'une fausse opinion de savoir [209] ?

Comment pourrait-il en être autrement ?

Il serait donc juste de dire de cette affection qu'elle est tout entière un mal.

PROTARQUE

Et comment !

SOCRATE

Nous devons encore la diviser en deux, Protarque, si nous voulons découvrir en quel étrange mélange de plaisir et de douleur consiste cette jalousie du jeu [210].

PROTARQUE

Et comment dis-tu que nous la partageons en deux ?

SOCRATE

[**49b**] Tous ceux qui, déraisonnablement, se font d'eux-mêmes cette opinion fausse ont absolument nécessairement, comme le reste des hommes, pour les uns de la force et de la puissance, pour les autres, j'imagine, le contraire.

PROTARQUE

Nécessairement.

SOCRATE

Divise donc ainsi ; puis tous ceux chez qui cette opinion fausse s'accompagne encore de la faiblesse et de l'incapacité à se venger lorsqu'on se moque d'eux, tu diras la vérité en les qualifiant de ridicules. Quant à ceux qui sont capables de se venger et qui sont vigoureux, tu en donneras la définition la plus exacte en les déclarant redoutables et détestables. [**49c**] La déraison [211] est en effet laide et détestable chez les forts, car elle fait du tort à leur entourage, que ce soit par elle-même ou par le moyen de ses images [212]. En revanche, nous devons ranger l'ignorance du faible parmi les choses dont le rang et la nature sont ridicules.

PROTARQUE

Ce que tu dis est on ne peut plus juste. Mais je ne vois pas encore en quoi il y a là mélange de plaisirs et de douleurs.

SOCRATE

Comprends d'abord ce qu'est la puissance de la jalousie.

PROTARQUE

Parle.

SOCRATE

[49d] Il existe bien une douleur et un plaisir qui sont en quelque sorte injustes ?

PROTARQUE

C'est nécessaire.

SOCRATE

Et se réjouir des maux de ses ennemis, ce n'est ni de l'injustice ni de la jalousie ?

PROTARQUE

Bien sûr que non.

SOCRATE

Mais apercevoir les maux de ses amis et s'en réjouir plutôt que d'en souffrir, n'est-ce pas alors de l'injustice ?

PROTARQUE

Comment pourrait-il en être autrement ?

SOCRATE

N'avons-nous pas dit que la déraison est pour tout le monde un mal ?

PROTARQUE

C'est exact.

SOCRATE

Or cette déraison chez nos amis, n'avons-nous pas dit qu'elle prenait trois formes, opinion de savoir, opinion de beauté, [49e] puis de toutes les autres qualités que nous venons de mentionner, et que chacune est ridicule lorsqu'elle est faible, haïssable lorsqu'elle est forte ? Maintenant, dirons-nous oui ou non ce que je disais tout à l'heure, à savoir que cette disposition de nos amis, lorsqu'elle n'entraîne de tort pour personne, est ridicule ?

PROTARQUE

Parfaitement.

SOCRATE

Mais ne convenons-nous pas qu'elle est un mal, dans la mesure où elle est déraison ?

PROTARQUE

Et comment !

SOCRATE

Est-ce que nous nous réjouissons ou est-ce que nous éprouvons de la douleur au moment où nous en rions ?

PROTARQUE

[50a] Nous nous réjouissons, évidemment.

SOCRATE

Mais le plaisir pris aux maux de nos amis, n'avons-nous pas dit qu'il est l'œuvre de la jalousie ?

PROTARQUE

Nécessairement.

SOCRATE

Alors, le raisonnement nous enseigne que, lorsque nous nous moquons de ce qui est ridicule chez nos amis, nous mélangeons de la jalousie au plaisir, et mélangeons ainsi de la douleur à du plaisir. Car cela fait longtemps que nous sommes convenus que la jalousie est une douleur de l'âme quand le rire en est un plaisir, et tous deux naissent ici en même temps.

PROTARQUE

C'est vrai.

SOCRATE

[50b] Le raisonnement nous révèle donc que, dans les chants de deuil et les tragédies [213], non seulement dans les pièces de théâtre mais dans l'ensemble de la tragédie et de la comédie de la vie, comme en une multitude d'autres circonstances, les douleurs et les plaisirs sont mélangés.

PROTARQUE

Il est impossible de ne pas en convenir, Socrate, si ardent que l'on soit à défendre le contraire.

SOCRATE

Nous avions aussi énuméré la colère, le regret, le chant de deuil, la peur, [50c] l'amour, l'envie, la jalousie et toutes ces affections où nous affirmons trouver le mélange dont nous ne cessons de parler, n'est-ce pas ?

PROTARQUE

Oui.

SOCRATE

Et nous comprenons que toutes les remarques que nous venons de faire s'appliquent au chant de deuil, à la jalousie, comme à la colère ?

PROTARQUE

Comment ne pas le comprendre ?

SOCRATE

En reste-t-il encore beaucoup ?

PROTARQUE

Bien d'autres.

SOCRATE

Pourquoi crois-tu que je t'ai montré ce mélange plutôt dans la comédie ? N'était-ce pas pour te persuader qu'il est facile de démontrer qu'il existe un tel mélange dans les peurs, [50d] les amours et les autres affections, et pour que tu me libères de l'obligation de prolonger cette démonstration une fois que tu aurais simplement admis que le corps sans l'âme, l'âme sans le corps et tous deux réunis par de communes impressions, sont pleins de ce plaisir mélangé de douleurs ? À présent, dis-moi : me laisses-tu partir où bien me tiendras-tu ici jusqu'au milieu de la nuit ? Une petite chose encore et j'espère que tu me libéreras. Je suis disposé à t'exposer l'ensemble demain, [50e] mais ne souhaite pour l'instant qu'une chose : en venir aux derniers points relatifs au jugement que Philèbe nous demande de rendre.

PROTARQUE

Bien dit, Socrate ; expose-nous donc comme tu le souhaites le reste de l'exposé.

SOCRATE

Eh bien, il est naturel que, d'une certaine manière, après avoir traité des plaisirs mélangés, il nous faille maintenant aborder ceux qui sont sans mélange [214].

PROTARQUE

[51a] Bien dit.

SOCRATE

Je vais donc essayer maintenant, en considérant à leur tour ces plaisirs, de nous les faire comprendre. Je n'accorde pour ainsi dire aucune croyance à ceux qui affirment que tous les plaisirs ne sont que des cessations de douleurs ; mais, comme je te l'ai dit [215], je les utilise comme les témoins de ce que certains plaisirs semblent tels, alors qu'ils ne le sont pas en réalité [216], et que certains autres, qui nous apparaissent grands et nombreux, sont intimement mélangés de douleurs ou de cessations de douleurs liées aux plus graves embarras du corps ou de l'âme.

PROTARQUE

[51b] Mais alors, Socrate, quels sont les plaisirs qu'on pourrait à bon droit regarder comme vrais ?

SOCRATE

Ceux qui sont liés aux couleurs qu'on dit belles, aux figures, à la plupart des parfums, ceux des sons et, en général, à tout ce dont l'absence n'est ni sensible ni douloureuse, mais qui donne lieu au contraire à des réplétions qui sont sensibles, plaisantes et pures de toute douleur [217].

PROTARQUE

Mais encore, Socrate ? De quoi parle-t-on ainsi ?

SOCRATE

Ce que je suis en train de dire n'est certes pas com-
préhensible d'emblée ; je vais tenter de le clarifier.
[51c] Par la beauté des figures, je ne cherche pas à
désigner ce que la foule des hommes comprendrait,
par exemple la beauté de certains êtres vivants ou de
leurs représentations sur des tableaux. Non, ce dont je
parle moi, ce dont parle cette démonstration, c'est de
droites ou de cercles, puis de tout ce qui en provient,
surfaces ou volumes, au moyen des compas, des règles
ou des équerres, si tu me comprends bien [218]. Je dis de
ces figures-ci que, à la différence des autres, elles ne
sont pas belles relativement les unes aux autres, mais
qu'elles le sont naturellement, par elles-mêmes et pour
toujours [219], et qu'elles comportent des plaisirs qui leur
sont apparentés, [51d] des plaisirs qu'on ne peut aucunement rapporter à ceux de la démangeaison. Et les
couleurs du même type sont belles à leur tour, comme
le sont les plaisirs qu'elles comportent [220]. Alors, comprenons-nous mieux de la sorte ?

PROTARQUE

Je m'y efforce, Socrate, mais peux-tu t'efforcer toi-
même d'être encore plus clair ?

SOCRATE

Je dis donc que, parmi les sons, ceux qui sont doux
et limpides, qui rendent une note unique et pure, ceux-
là ne sont pas beaux relativement à un autre, mais ils le
sont eux-mêmes et par eux-mêmes, et ils sont accompagnés de plaisirs qui leur sont propres par nature [221].

PROTARQUE

Il en va en effet ainsi.

SOCRATE

[51e] Quant aux odeurs, les plaisirs qu'elles comportent sont d'un genre moins divin. Mais dans la mesure où à ces plaisirs ne sont pas nécessairement mélangées des douleurs, je tiens ce genre, quels que soient l'endroit ou la manière dont nous pouvons le rencontrer, pour entièrement opposé aux autres. Il est donc question, si tu me comprends, de deux espèces de plaisirs [222].

PROTARQUE

Je comprends.

SOCRATE

[52a] Ajoutons alors à ces plaisirs ceux qui sont relatifs aux savoirs, si du moins nous jugeons qu'ils ne comportent aucun défaut de savoir et qu'il n'existe pas non plus de souffrance qui ait son origine dans un tel manque de savoir [223].

PROTARQUE

Là encore, je partage ton avis.

SOCRATE

Mais alors, si après cette réplétion de savoirs adviennent les pertes qu'entraîne l'oubli, ne découvriras-tu pas avec elles certaines souffrances ?

PROTARQUE

Aucune qui leur appartienne par nature [224] ; mais plutôt dans certains des raisonnements relatifs à une impression, [52b] lorsque nous souffrons de ne pas avoir ce dont nous avons besoin [225].

SOCRATE

Mais mon cher, nous ne nous intéressons pour l'instant qu'aux seules impressions naturelles, en mettant de côté le raisonnement.

PROTARQUE

Alors tu dis vrai en affirmant que nous n'éprouvons aucune douleur lorsque nos savoirs sont frappés d'oubli.

SOCRATE

Alors on peut dire que ces plaisirs des savoirs ne sont pas mélangés à des douleurs, et qu'ils ne sont pas le lot de la plupart des hommes mais seulement d'un petit nombre d'entre eux [226].

PROTARQUE

Comment ne pas le dire ?

SOCRATE

[52c] Mais maintenant que nous avons convenablement séparé les plaisirs purs de ceux qu'on pourrait à juste titre appeler impurs, poursuivons notre propos en attribuant la démesure aux plaisirs les plus intenses, et à ceux qui ne le sont pas, attribuons le contraire, à savoir la bonne mesure [227], en mettant dans le genre de l'illimité, du plus et du moins qu'on trouve dans le corps comme dans l'âme, les plaisirs qui sont susceptibles de grandeur et d'intensité, que ce soit fréquemment ou rarement, [52d] alors que ceux qui ne le sont pas se retrouveront dans le genre des choses bien mesurées [228].

PROTARQUE

Ce que tu dis, Socrate, est on ne peut plus juste.

SOCRATE

Mais il nous faut maintenant observer la chose suivante à leur propos.

PROTARQUE

Laquelle ?

SOCRATE

Qu'est-ce qui doit nous paraître le plus proche de la vérité ? Ce qui est pur, dépourvu de mélange [229] et suffisant, [52e] ou bien ce qui est intense, nombreux et grand ?

PROTARQUE

Où veux-tu en venir avec ta question, Socrate ?

SOCRATE

À ne rien laisser de côté dans la mise en examen du plaisir et de la science [230], pour savoir si quelque chose en eux est pur quand quelque chose serait impur, et afin que tous deux se présentent purs au jugement, et qu'il soit plus aisé pour moi, pour toi et pour tous ceux qui sont ici de rendre notre jugement.

PROTARQUE

Très juste.

SOCRATE

Alors, de tous les genres que nous disons purs, concevons la chose suivante. Mais d'abord, choisissons-en un pour l'observer.

PROTARQUE

[53a] Lequel choisirons-nous ?

SOCRATE

Nous observerons d'abord, si tu le veux bien, le genre de la blancheur.

PROTARQUE

Très bien.

SOCRATE

Comment trouverions-nous de la pureté dans la blancheur et en quoi consiste-t-elle ? Dans la taille ou l'abondance les plus grandes [231], ou bien plutôt dans la parfaite absence de mélange, lorsqu'il n'y a pas la moindre part d'une autre couleur qui s'ajoute à elle ?

PROTARQUE

Dans la plus grande pureté, à l'évidence [232].

SOCRATE

C'est juste. Mais alors, Protarque, [**53b**] ne faut-il pas aussi soutenir que c'est là la plus vraie et la plus belle de toutes les sortes de blancheurs, bien davantage que celles qui sont le plus abondantes ou les plus grandes ?

PROTARQUE

Très juste.

SOCRATE

Alors nous dirons absolument vrai en affirmant que la plus petite touche de blanc pur est à la fois plus blanche, mais aussi plus belle et plus vraie que ne l'est une grande part de blanc mélangé.

PROTARQUE

On ne peut plus juste.

SOCRATE

Bien. Il n'est plus indispensable à notre propos sur le plaisir d'en passer par davantage d'exemples ; celui-ci suffit à nous faire comprendre que n'importe quel plaisir, fût-il petit ou rare, s'il est pur de douleur, sera plus plaisant, plus vrai et plus beau qu'un plaisir qui ne le serait pas, [**53c**] quelles que puissent être sa grandeur ou sa fréquence [233].

PROTARQUE

Très certainement, et cet exemple suffit.

SOCRATE

Et que dis-tu de cela ? N'avons-nous pas entendu dire que le plaisir n'est qu'un perpétuel devenir et qu'il n'a absolument aucune réalité ? Car c'est bien cette doctrine que certains ingénieux cherchent à nous enseigner [234].

PROTARQUE

Quoi ?

SOCRATE

Je vais te l'expliquer, [**53d**] mon cher Protarque, en te posant des questions.

PROTARQUE

Pose donc tes questions.

SOCRATE

Il existe deux choses : la première est en elle-même et par elle-même, la seconde tend perpétuellement vers autre chose qu'elle-même [235].

PROTARQUE

Mais comment et de quoi parles-tu ?

SOCRATE

L'une est naturellement majestueuse, l'autre lui est inférieure.

PROTARQUE

Parle plus clairement.

SOCRATE

Nous avons sans doute vu ensemble de beaux et bons jeunes gens accompagnés de leurs valeureux amants [236].

PROTARQUE

Et comment !

SOCRATE

Eh bien, cherche à ces deux termes deux autres qui leur ressemblent et qui embrassent tout [**53e**] ce dont nous parlons comme d'un troisième terme pour une autre chose [237].

PROTARQUE

Exprime plus clairement ce que tu veux dire, Socrate.

SOCRATE

Ce n'est rien de compliqué, Protarque, mais c'est le discours qui se joue de nous, pour nous dire que les choses qui existent sont toujours ou bien en vue de quelque chose, ou bien sont elles-mêmes ce en vue de quoi deviennent toujours chacune des choses qui naissent [238].

PROTARQUE

J'ai compris à grand-peine, grâce à tes répétitions.

SOCRATE

[**54a**] Mon jeune ami, nous comprendrons peut-être encore mieux en poursuivant la discussion.

PROTARQUE

Pourquoi pas ?

SOCRATE

Prenons donc ces deux autres termes.

PROTARQUE

Lesquels ?

SOCRATE

L'un est le devenir de toutes choses, l'autre la réalité de toutes choses.

PROTARQUE

J'admets tes deux termes, la réalité et le devenir.

SOCRATE

Parfait. De quel terme dirons-nous alors qu'il est en vue de l'autre ? Est-ce le devenir qui est en vue de la réalité, ou bien la réalité qui est en vue du devenir [239] ?

PROTARQUE

Ce que tu me demandes maintenant, c'est si ce qu'on appelle réalité est ce qu'elle est parce qu'elle est en vue du devenir ?

SOCRATE

Apparemment.

PROTARQUE

[54b] Par les dieux ! Est-ce une question de ce genre que tu me poses ? : « Dis-moi, Protarque, est-ce que la construction des navires est en vue des navires, ou bien sont-ce les navires qui sont en vue de la construction

des navires, et en va-t-il de même pour tous les cas de ce genre ? »

SOCRATE

C'est exactement ce que je demande, Protarque [240].

PROTARQUE

Alors pourquoi ne pas te répondre à toi-même, Socrate ?

SOCRATE

Rien ne l'empêche, mais assume avec moi cette réponse.

PROTARQUE

Certainement.

SOCRATE

[54c] J'affirme donc que tous les ingrédients, tous les instruments et tous les matériaux sont toujours employés en vue d'un devenir [241], que chaque devenir particulier est en vue de telle ou telle réalité particulière, et enfin, que le devenir dans son ensemble est en vue de la réalité dans son ensemble.

PROTARQUE

C'est on ne peut plus manifeste.

SOCRATE

Alors, s'il est vrai que le plaisir est un devenir, il ne saurait nécessairement devenir qu'en vue d'une certaine réalité.

PROTARQUE

Et alors ?

SOCRATE

Eh bien, ce en vue de quoi devient ce qui devient
toujours en vue de quelque chose, cela fait partie du
genre du bien [242]. Quant à ce qui devient en vue de
quelque chose, excellent ami, il faut le ranger dans un
autre genre.

PROTARQUE

C'est absolument nécessaire.

SOCRATE

[**54d**] Alors, s'il est vrai que le plaisir est un devenir,
c'est à juste titre que nous le rangerions dans un autre
genre que celui du bien.

PROTARQUE

Ce serait absolument exact.

SOCRATE

Ainsi, comme je le disais au commencement de ce
raisonnement, nous devons être reconnaissants à celui
qui nous a révélé que le plaisir était un devenir et non
pas une réalité, car il est clair que celui-là se moque de
ceux qui déclarent que le plaisir est le bien [243].

PROTARQUE

Et grandement !

SOCRATE

[**54e**] Et le même homme ne se moquera pas moins,
en toute occasion, de ceux qui se contentent des devenirs.

PROTARQUE

Comment cela ? De qui veux-tu parler ?

SOCRATE

De tous ceux qui, soulageant leur faim, leur soif ou
tout autre besoin que le devenir soulage, qui jouissent
de ce devenir comme s'il était lui-même un plaisir, et
qui déclarent qu'ils n'accepteraient pas de vivre sans
avoir soif ou faim et sans éprouver toutes les impressions qui accompagnent tous les besoins de cette
sorte [244].

PROTARQUE

[55a] Ils en ont bien l'air.

SOCRATE

Ne pourrions-nous pas tous affirmer que le
contraire du devenir est la destruction ?

PROTARQUE

Nécessairement.

SOCRATE

Ainsi, c'est en faveur de la destruction et du devenir
que se déciderait celui qui ferait ce choix, et non en
faveur de cette troisième sorte de vie dont nous avons
parlé, celle dans laquelle il n'y avait place ni pour la
jouissance ni pour la douleur, mais pour la réflexion,
sous sa forme la plus pure possible [245].

PROTARQUE

Mais alors, Socrate, il semble qu'il serait grandement absurde de venir nous dire du plaisir qu'il est
comme le bien.

SOCRATE

Grandement ; et on peut encore le montrer de la
manière suivante.

Laquelle ?

[**55b**] Comment ne serait-il pas absurde qu'il n'y eût rien de bon ni de beau dans les corps et dans beaucoup d'autres choses à l'exception de l'âme, et que, dans l'âme, seul le plaisir soit bon et beau ? Que ni le courage, ni la tempérance, ni l'intellect, ni aucun des autres biens qui sont le lot de l'âme ne puissent être tels ? Et de surcroît, qu'on soit contraint de dire de celui qui ne jouit pas mais qui souffre qu'il est mauvais parce qu'il souffre, fût-il le meilleur des hommes, et de celui qui jouit que, plus il jouit et tout le temps qu'il jouit, [**55c**] plus il l'emporte sous le rapport de l'excellence [246] ?

Tout cela, Socrate, est aussi absurde que possible.

N'entreprenons pas, toutefois, de mettre à l'épreuve, de toutes les manières possibles, l'ensemble du plaisir, en donnant l'impression de ménager excessivement l'intellect et la science. Au contraire, frappons-les hardiment partout pour voir s'ils n'ont rien de fêlé, de façon que, lorsque nous aurons trouvé ce qu'il y a naturellement en eux de plus pur, nous puissions nous servir des parties les plus vraies, qu'il s'agisse des parties de l'intellect et de la science ou des parties du plaisir, pour rendre le jugement qu'elles doivent subir en commun [247].

Bien.

SOCRATE

Dans la science qui est relative aux savoirs [248], nous trouvons, je suppose, deux parties ; l'une concerne la fabrication, l'autre l'éducation et la formation, n'est-ce pas [249] ?

PROTARQUE

C'est exact.

SOCRATE

[55d] Considérons d'abord [250] si les techniques manuelles n'ont pas une partie qui soit davantage en rapport avec la science et l'autre moins, et s'il faut estimer que la première est la plus pure quand la seconde est plus impure [251].

PROTARQUE

Il le faut.

SOCRATE

On doit alors distinguer et séparer, pour chacune d'elles, les sciences qui les commandent [252].

PROTARQUE

Mais quelles sciences et comment ?

SOCRATE

[55e] Si, par exemple, on séparait de toutes les techniques ce qu'elles comportent de science du nombre [253], de la mesure [254] et de la pesée, ce qui resterait en chacune d'elle serait, pour ainsi dire, insignifiant [255].

PROTARQUE

Insignifiant, en effet.

SOCRATE

De sorte qu'après cette séparation il ne nous resterait plus qu'à faire des hypothèses [256], ou à exercer nos sensations à l'occasion de l'expérience et d'une sorte de routine [257], en nous servant de surcroît de ces conjectures que la plupart appellent des techniques [56a] lorsqu'elles ont gagné leur efficacité à force d'application et de peine [258].

PROTARQUE

C'est parfaitement nécessaire.

SOCRATE

Ainsi, en premier lieu, la musique en est pleine, elle qui n'ajuste pas ses harmonies au moyen de la mesure, mais au moyen de conjectures, comme c'est le cas de l'ensemble de l'art de la flûte [259], et chacune cherche à découvrir par conjecture la bonne mesure de la corde qui vibre, de sorte qu'elle mêle une part considérable de confusion à bien peu de certitude [260].

PROTARQUE

C'est on ne peut plus vrai.

SOCRATE

[56b] Et ne verrons-nous pas que la médecine, l'agriculture, la navigation et la stratégie sont dans le même cas ?

PROTARQUE

Bien sûr.

SOCRATE

Quant à la construction, le fait qu'elle emploie davantage de mesures et d'outils lui confère, grâce à sa plus grande exactitude, une technicité supérieure à la plupart des autres sciences [261].

PROTARQUE

À quelle occasion ?

SOCRATE

Dans la construction des navires, comme dans celle des maisons ou de plusieurs autres branches de la charpenterie. Car il me semble qu'on y emploie [**56c**] la règle et le tour, mais aussi le compas, le cordeau et cet ingénieux instrument qu'est l'équerre [262].

PROTARQUE

Parfaitement, Socrate, tu as raison.

SOCRATE

Divisons donc en deux ce qu'on appelle les techniques : les unes, comme c'est le cas de la musique, font preuve dans leurs opérations d'une exactitude moindre, alors que les autres, comme c'est le cas de la construction, en montrent davantage.

PROTARQUE

Entendu.

SOCRATE

Et parmi toutes ces techniques, les plus exactes sont celles dont nous venons de dire qu'elles étaient les premières [263].

PROTARQUE

Apparemment, tu veux parler de l'arithmétique comme des autres techniques que tu lui associais tout à l'heure.

SOCRATE

[**56d**] Parfaitement. Mais, Protarque, ne devrons-nous pas dire qu'elles aussi sont de deux sortes ? Ou quoi ?

PROTARQUE

De quelles sortes parles-tu ?

SOCRATE

L'arithmétique, d'abord, ne doit-on pas dire qu'il y en a une pour le grand nombre et une pour ceux qui sont philosophes [264] ?

PROTARQUE

Par où doit donc passer la limite qui sépare l'une et l'autre de ces arithmétiques ?

SOCRATE

Cette limite, Protarque, n'est pas négligeable. Car parmi ceux qui manient les nombres, certains comptent des unités plutôt inégales, [**56e**] par exemple deux armées en campagne et deux bœufs ou deux objets quelconques, qu'ils soient les plus petits ou les plus grands de tous. D'autres au contraire ne les suivront pas tant qu'on n'aura pas posé que, dans les milliers d'unités, aucune ne diffère de chacune des autres [265].

PROTARQUE

Tu as bien raison de dire que la différence n'est pas négligeable entre ceux qui s'appliquent au nombre, et qu'il convient alors de distinguer deux arithmétiques.

SOCRATE

Mais alors, le calcul [266] et la mesure, tels que les emploient la construction et le commerce, par rapport à la géométrie ou aux calculs dont la philosophie fait usage [267], [57a] devons-nous admettre qu'elles sont une seule et même technique, ou bien que chacune d'elles est double ?

PROTARQUE

Pour ma part, afin de m'accorder avec ce qui vient d'être dit, j'accorde mon suffrage à l'hypothèse selon laquelle chacune d'elles serait double.

SOCRATE

Bien, mais comprends-tu pourquoi nous avons soulevé cette question ?

PROTARQUE

Peut-être, mais j'aimerais toutefois que tu répondes toi-même à la question que tu me poses.

SOCRATE

Il me semble que notre discussion, aussi bien maintenant que lorsque nous l'avons entamée, se propose de trouver un pendant à la recherche sur les plaisirs, [57b] et de voir s'il existe une certaine science plus pure qu'une autre science, de même qu'il y a un plaisir plus pur qu'un autre plaisir [268].

PROTARQUE

Voilà qui est très clair, car c'est bien le but que s'est proposé notre discussion.

SOCRATE

Mais quoi, n'avait-elle pas déjà découvert que les techniques ne se distinguent pas seulement les unes des autres du fait de leurs objets, mais aussi bien de leur clarté ou de leur absence de clarté ?

PROTARQUE

Si, exactement.

SOCRATE

Mais cette technique qu'elle nommait auparavant du même nom et dont elle nous donnait l'opinion qu'elle était unique [269], est-ce qu'elle ne nous demande pas maintenant si elle est double et si, [57c] sous le rapport de la clarté et de la pureté, c'est la technique de ceux qui sont philosophes ou bien celle de ceux qui ne le sont pas qui, dans un même domaine, est la plus exacte ?

PROTARQUE

Il me semble bien que c'est ce qu'elle nous demande.

SOCRATE

Eh bien, Protarque, quelle réponse lui ferons-nous ?

PROTARQUE

Ô Socrate, nous venons d'atteindre là une différence d'importance extraordinaire en l'espèce de celle qui distingue les sciences selon leur clarté.

SOCRATE

Mais ne pourrons-nous pas répondre plus aisément ?

PROTARQUE

Bien sûr. Disons au moins que ces sciences diffèrent grandement des autres techniques et que, parmi elles, [57d] celles qui sont emportées par l'élan de ceux qui philosophent réellement se distinguent prodigieusement en exactitude et en vérité dans leur rapport aux mesures et aux nombres [270].

SOCRATE

Qu'il en aille comme tu dis et fions-nous à toi pour répondre sans peur à ceux qui sont habiles à faire traîner la discussion [271].

PROTARQUE

Leur répondre quoi ?

SOCRATE

Qu'il y a deux arithmétiques, deux mesures et à leur suite de nombreuses autres techniques qui possèdent cette même dualité sous un unique nom commun.

PROTARQUE

[57e] À la bonne heure, Socrate, faisons donc cette réponse à ces hommes que tu dis habiles.

SOCRATE

Ces sciences, nous disons donc qu'elles sont les plus exactes ?

PROTARQUE

Parfaitement.

SOCRATE

Et pourtant, Protarque, la faculté dialectique nous renierait si nous en mettions une autre au-dessus d'elle [272].

PROTARQUE

Mais quelle est cette faculté dont on doit encore parler ?

SOCRATE

[58a] Il est clair que n'importe qui comprendrait à quoi je fais allusion [273]. La connaissance de ce qui est,

de ce qui est réellement et par nature toujours parfaitement identique à soi [274], voilà la connaissance que tous ceux qui possèdent ne serait-ce qu'un peu de raison estiment être la plus vraie [275]. Et toi, Protarque, qu'en penses-tu ? Comment en jugerais-tu ?

PROTARQUE

Pour ma part, Socrate, j'ai entendu Gorgias dire à de nombreuses reprises que la persuasion l'emporte de beaucoup sur toutes les autres techniques, [**58b**] car elle les asservit toutes, volontairement et non par la force, ce qui fait d'elle, de loin, la plus éminente des techniques. Mais je ne veux maintenant m'opposer ni à lui ni à toi [276].

SOCRATE

J'ai l'impression que tu voulais dire « prendre les armes », mais que, saisi de honte, tu les as laissées tomber.

PROTARQUE

Qu'il en aille comme bon te semble.

SOCRATE

Peut-être est-ce par ma faute que tu n'as pas bien saisi ?

PROTARQUE

Saisi quoi ?

SOCRATE

Ce que je voulais découvrir ici, mon cher Protarque, [**58c**] ce n'était pas quelle technique ou quelle science l'emporte sur toutes les autres par sa grandeur, son excellence ou le nombre des avantages qu'elle nous procure ; mais laquelle, si infime soit-elle et si maigre en soit le bénéfice, fait porter son examen sur ce qui est précis, ce qui est exact et ce qui est le plus vrai, voilà en l'occurrence ce que nous cherchons à présent. Regarde donc : tu peux éviter les foudres de Gorgias, en concédant à sa technique de l'emporter sous le rapport de l'utilité qu'elle a pour les hommes [277]. Mais, tout comme le blanc dont nous parlions tout à l'heure, disant que, si infime soit-il et pourvu qu'il soit pur, il l'emportait sur une grande quantité de blanc impur pour cette seule raison qu'il était le blanc le plus vrai [278], [58d] de même, l'activité que je viens d'évoquer, après y avoir considérablement réfléchi et lui avoir consacré une discussion suffisante, sans tenir compte des éventuels avantages que peuvent comporter les sciences ni de l'éventuelle renommée qu'elles procurent, mais en ne nous intéressant qu'à la question de savoir si notre âme possède naturellement la faculté d'aimer le vrai et de tout faire en vue de lui [279], demandons-nous si nous pouvons affirmer de cette faculté qu'elle est vraisemblablement celle qui possède au plus haut point la pureté de l'intellect comme de la réflexion, ou bien si nous devons en rechercher une autre qui l'emporte sur l'elle.

PROTARQUE

[58e] Mais j'examine et il me paraît difficile d'accorder que quelque autre science ou technique puisse être davantage attachée à la vérité qu'elle.

SOCRATE

En faisant cette réponse à l'instant, avais-tu en tête le fait que la plupart des techniques et la plupart de ceux qui s'y consacrent [59a] ne sont d'abord soucieux que d'opinions et consacrent leurs recherches à des opinions ? Et même celui qui prétend faire porter ses recherches sur la nature, tu sais bien que toute sa vie durant, c'est à propos de ce monde-ci qu'il se demande comment il est né, de quoi il pâtit et ce sur quoi il agit [280]. Dirions-nous cela ? Ou quoi ?

PROTARQUE

Nous le dirions.

SOCRATE

De la sorte, la peine que cet homme consacre pour nous ne porte pas sur les choses qui existent toujours, mais sur celles qui deviennent, qui deviendront ou qui sont devenues [281].

PROTARQUE

C'est on ne peut plus vrai.

SOCRATE

Et pourrions-nous dire de ces choses quoi que ce soit de précis, avec la plus exacte vérité, [**59b**] alors même qu'elles n'ont jamais été identiques à elles-mêmes, qu'elles ne le seront jamais et que rien de leur état actuel ne le leur permet [282] ?

PROTARQUE

Comment le pourrions-nous ?

SOCRATE

Eh bien, sur des choses qui n'ont aucune sorte de consistance, comment pourrait-il naître en nous quoi que ce soit de ferme ?

PROTARQUE

D'aucune façon, à mon avis.

SOCRATE

C'est pourquoi aucun intellect ni aucune science ne peut atteindre à leur propos la plus haute vérité.

PROTARQUE

C'est bien ce qu'il semble.

SOCRATE

Alors, à toi comme à moi, et aussi bien à Gorgias et à Philèbe, il nous faut dire au revoir, et suivre le témoignage du raisonnement en affirmant ceci.

PROTARQUE

[**59c**] Quoi ?

SOCRATE

Que nous trouverons la certitude, la pureté, la vérité et ce que nous disons être dépourvu de mélange [283] dans ces réalités qui sont toujours dans le même état et qui ne sont absolument pas mélangées [284], ou bien dans celles qui leur sont le plus possible apparentées. Quant à toutes les autres choses, il faut les dire de second rang et inférieures.

PROTARQUE

Ce que tu dis est on ne peut plus vrai.

SOCRATE

Quant aux noms qu'il faut donner à ces réalités, le plus juste ne serait-il pas de réserver les plus beaux aux plus belles ?

PROTARQUE

Il semble bien.

SOCRATE

[**59d**] Les noms les plus estimables ne sont-ils pas ceux d'intellect et de réflexion ?

PROTARQUE

Oui.

SOCRATE

Ainsi, c'est lorsqu'ils sont appliqués aux pensées qui portent sur ce qui est réellement [285] que ces noms sont employés à bon escient et de la façon la plus exacte qui soit [286] ?

PROTARQUE

Exactement.

SOCRATE

Et les noms que j'avais soumis auparavant au jugement ne sont pas d'autres noms que ceux-là.

PROTARQUE

Parfaitement, Socrate.

SOCRATE

Bien ; quant à la réflexion et au plaisir, [59e] si quelqu'un disait de nous que nous sommes maintenant devant le mélange que nous devons en réaliser comme des artisans devant les matériaux à partir desquels ils doivent produire quelque chose, serait-ce une juste comparaison ?

PROTARQUE

Oui, parfaitement.

SOCRATE

Et ne nous faut-il pas maintenant réaliser ce mélange ?

PROTARQUE

Parfaitement.

SOCRATE

Mais ne serait-il pas mieux, pour commencer, que nous disions, ou plutôt que nous nous rappelions d'abord certaines choses [287] ?

PROTARQUE

Lesquelles ?

SOCRATE

Celles que nous nous sommes rappelées auparavant ; mais il semble à propos le proverbe [**60a**] qui dit que « c'est deux et même trois fois qu'il faut répéter en paroles ce qui est bien [288] ».

PROTARQUE

Et comment !

SOCRATE

Alors en avant, par Zeus ! Il me semble que ce qui avait été dit l'était ainsi.

PROTARQUE

Comment ?

SOCRATE

Philèbe affirme que le plaisir est le but convenable de tous les êtres vivants, celui qu'ils doivent tous viser, qu'il est pour cette raison le bien pour tous et enfin, que les deux noms de « bon » et de « plaisant » ne désignent proprement qu'une seule chose et une seule nature. [**60b**] Au contraire, Socrate nie qu'il y ait là une seule et même chose, et il affirme que, tout comme ils ont deux noms, le bien et le plaisir ont deux natures différentes, et que la réflexion a davantage part à la nature du bien que le plaisir. N'en va-t-il pas ainsi et n'est-ce pas ce qui avait été dit alors, Protarque ?

PROTARQUE

C'est exactement cela.

SOCRATE

Et maintenant, ne conviendrions-nous pas comme alors de ceci ?

PROTARQUE

De quoi ?

SOCRATE

Que la nature du bien se distingue de toutes les autres de ce fait.

PROTARQUE

[**60c**] De quel fait ?

SOCRATE

Du fait que tout être vivant en qui le bien serait toujours, en qui il serait entièrement présent, jusqu'à la fin et sous tous ses aspects, n'aurait jamais plus besoin de rien d'autre et serait parfaitement suffisant. N'est-ce pas cela ?

PROTARQUE

C'est bien cela.

SOCRATE

N'avions-nous pas cherché, au moyen du discours, à les séparer l'un de l'autre, en accordant à chacun d'eux une vie propre, celle de plaisir sans mélange de réflexion, et celle de réflexion sans la moindre part de plaisir ?

PROTARQUE

Nous le fîmes.

SOCRATE

[**60d**] Et notre opinion fut-elle alors que l'une ou l'autre vie pût se suffire à elle-même ?

PROTARQUE

Comment le pourraient-elles ?

SOCRATE

Au cas où nous aurions alors commis une erreur, que quelqu'un reprenne l'argument et le corrige. Qu'il rassemble sous une même nature la mémoire, la réflexion, la science et l'opinion vraie, et qu'il demande si quiconque accepterait d'y renoncer pour posséder ou pour acquérir quoi que ce soit d'autre. Et pas même le plaisir le plus grand et le plus intense, car il n'aurait ni opinion vraie de sa jouissance [289], [**60e**] ni la moindre connaissance de l'affection qu'il éprouve, pas plus qu'il n'en conserverait un instant le souvenir. Et qu'il en fasse de même avec la réflexion, en demandant si quiconque accepterait de la posséder sans le moindre plaisir, si bref fût-il, plutôt qu'accompagnée de certains plaisirs, ou bien préférerait posséder tous les plaisirs sans réflexion, plutôt qu'avec un peu de réflexion.

PROTARQUE

Ce ne peut être le cas, Socrate, et l'on doit arrêter de poser toujours la même question.

SOCRATE

[**61a**] Aucun de ces deux termes ne serait donc la fin éligible par tous, le bien tout entier ?

PROTARQUE

Comment le seraient-ils ?

SOCRATE

Alors, il nous faut dans ce cas saisir précisément ce qu'est le bien, ou à tout le moins ce qui porte sa marque, afin de répondre à la question de savoir, comme nous le demandions, à qui donner le second prix.

PROTARQUE

Tu as on ne peut plus raison.

SOCRATE

Mais n'avons-nous pas découvert un chemin qui mène au bien ?

PROTARQUE

Lequel ?

SOCRATE

C'est comme si, partant à la recherche d'un homme, on se demandait d'abord où il vit exactement ; [**61b**] ce serait là un bon moyen afin de pouvoir trouver celui qu'on cherche.

PROTARQUE

Sans aucun doute.

SOCRATE

Et de même le raisonnement nous a-t-il indiqué à l'instant, tout comme il l'avait fait au début, que le bien ne doit pas être recherché dans la vie qui n'est pas mélangée, mais dans celle qui est mélangée.

PROTARQUE

Exactement.

SOCRATE

Et l'espoir est plus grand de voir apparaître plus clairement ce que nous cherchons dans une vie bien mélangée plutôt que dans une vie qui ne le serait pas.

PROTARQUE

Beaucoup plus grand.

SOCRATE

Alors, Protarque, prions les dieux afin de réaliser
notre mélange, [**61c**] que ce soit Dionysos, Héphaïstos
ou tel autre à qui revient le privilège de présider au
mélange [290].

PROTARQUE

Très bien.

SOCRATE

Nous sommes donc comme des échansons devant
des sources – celle du plaisir, que l'on pourrait comparer à une source de miel, et celle de la réflexion,
sobre et sans vin, à une source d'eau austère et saine –,
et nous devons tenter d'en faire le plus beau mélange
possible.

PROTARQUE

Comment, en effet, ne pas le tenter ?

SOCRATE

[**61d**] Considérons d'abord ceci : est-ce en mélangeant n'importe quelle sorte de plaisir à n'importe
quelle sorte de réflexion que nous aurons le plus de
chance de bien faire ?

PROTARQUE

Peut-être.

SOCRATE

Ce ne serait pourtant pas le moyen le plus sûr. Afin
que nous puissions réaliser ce mélange avec moins de
risques, je crois pouvoir vous faire cette suggestion.

Dis-nous laquelle.

SOCRATE

Nous tenons, c'est bien ce que nous croyons, qu'il y a un plaisir qui est plus véritablement un plaisir qu'un autre, et qu'il y a une technique qui est plus exacte qu'une autre ?

PROTARQUE

Comment peut-il en être autrement ?

SOCRATE

Et qu'une science diffère d'une autre science, puisque l'une porte sur les choses qui naissent et périssent, [**61e**] et l'autre sur des choses qui ni ne naissent ni ne meurent, mais restent toujours identiques à elles-mêmes et sont toujours dans le même état [291]. Et c'est celle-ci, en examinant les sciences du point de vue de la vérité, dont nous avons conclu qu'elle était la plus vraie.

PROTARQUE

Très exactement.

SOCRATE

Si nous prenions en chacun d'eux les parties les plus vraies et que nous les mélangions, est-ce que ce mélange nous procurerait la vie la plus agréable qui soit, ou bien faudrait-il y ajouter encore quelques unes de leurs autres parties ?

PROTARQUE

[**62a**] Non, il me semble que c'est ainsi qu'il faut le faire.

SOCRATE

Bien ; prenons un homme qui comprend ce qu'est la justice elle-même, qui possède la parole qui s'accorde avec cette pensée, et qui peut concevoir toutes les autres réalités qui toujours sont dans le même état [292].

PROTARQUE

Soit.

SOCRATE

Celui-ci aura-t-il assez de science s'il peut rendre compte du cercle ou de la sphère divine en elle-même sans savoir ce qu'est la sphère des hommes, ce que sont nos cercles à nous ? [62b] Et dans la construction d'une maison, pourra-t-il ne se servir également que des autres règles ou des autres cercles [293] ?

PROTARQUE

Nous en tenir aux seules sciences qu'on appelle divines serait une disposition ridicule.

SOCRATE

Que dis-tu ? Il faudrait donc encore leur ajouter et y mélanger cette technique dépourvue de certitude et de pureté qui porte sur la règle fausse et le cercle faux ?

PROTARQUE

C'est en effet indispensable, si du moins chacun de nous veut retrouver à toute occasion le chemin de chez lui [294].

SOCRATE

[62c] Et devons-nous aussi y ajouter la musique, alors que nous venons de dire qu'elle est pleine de conjecture et de simulation [295], et qu'elle manque de pureté ?

PROTARQUE

À mes yeux, cela semble indispensable, si nous voulons que notre vie soit en quelque façon une vie [296].

SOCRATE

Tu souhaites donc que, comme un portier bousculé et forcé par la foule, je cède et ouvre les portes pour laisser entrer toutes les sciences et qu'une plus défectueuse se mélange à une pure ?

PROTARQUE

[62d] Mais, Socrate, je ne vois pas pour ma part de quoi aurait à souffrir quelqu'un qui accepterait ainsi toutes les autres sciences, pourvu qu'il possède les premières [297].

SOCRATE

Dois-je donc toutes les laisser s'écouler dans ce réceptacle qu'Homère appelle si poétiquement « le confluent des vallées [298] » ?

PROTARQUE

Parfaitement.

SOCRATE

Elles y sont. Revenons-en maintenant à la source des plaisirs. Car nous n'avons pu réaliser notre intention, qui était de ne mélanger d'abord que celles de leurs parties qui sont vraies [299], mais, attirés par toutes les sortes de science, nous les avons toutes laisser entrer, [62e] avant même les plaisirs.

PROTARQUE

Ce que tu dis est on ne peut plus vrai.

SOCRATE

Le moment est donc venu pour nous de délibérer sur les plaisirs à leur tour, afin de savoir s'il faut tous les laisser entrer, ou bien s'il nous faut d'abord n'accueillir que les vrais.

PROTARQUE

Il est autrement plus important de ne laisser entrer d'abord que les vrais.

SOCRATE

Les y voici. Mais ensuite ? Si certains sont nécessaires, ne devrons-nous pas les ajouter au mélange comme nous l'avions fait dans le cas précédent [300] ?

PROTARQUE

Pourquoi pas ? Ajoutons sans aucun doute les plaisirs nécessaires [301].

SOCRATE

[63a] Mais, ayant estimé qu'il était sans danger et même avantageux de passer sa vie à rechercher toutes les techniques, si nous en venons maintenant à la même conclusion à propos des plaisirs, s'il nous est utile et s'il est sans danger de jouir notre vie durant de tous les plaisirs, alors il faudra tous les ajouter au mélange [302].

PROTARQUE

Mais que devons-nous dire alors à leur propos ? Que devons-nous faire ?

SOCRATE

Ce n'est pas à nous, Protarque, qu'il faut poser cette question, mais c'est aux plaisirs eux-mêmes et aux dif-

férentes réflexions que nous devons demander récipro-
quement la chose suivante.

[**63b**] Laquelle ?

« Amis, que l'on doive vous appeler "plaisirs" ou d'un
autre nom [303], accepteriez-vous de cohabiter avec toute
sorte de réflexion, ou bien séparés de la réflexion ? » À
cela, voici, je crois, ce qu'ils répondraient nécessairement.

Quoi ?

Ce que nous avons déjà dit : « il n'est ni possible ni
avantageux pour un genre de rester seul, isolé et sans
mélange [304]. De tous les genres, examinés un par un,
celui avec lequel [**63c**] il serait le mieux de cohabiter est
celui qui, connaissant toutes choses, connaît aussi ce
qu'est chacun de nous en lui-même, aussi parfaitement
que possible » [305].

« Vous avez bien répondu », leur dirons-nous.

Et nous aurons raison. Mais après cela, il faut inter-
roger à leur tour la réflexion et l'intellect : « Avez-
vous quelque besoin d'être mélangés à des plaisirs ? »,
voilà ce que nous demanderions à l'intellect et à
la réflexion. Et ils répondraient peut-être : « quels
plaisirs ? ».

C'est probable.

[**63d**] Voici alors le discours que nous leur tien-
drions : « Avez-vous besoin, en plus de ces plaisirs
vrais, qu'on vous associe aux plaisirs les plus grands et
les plus intenses ? » – « Et pourquoi donc, Socrate ? »,
répondraient-ils peut-être ; « ils sont pour nous d'in-
nombrables obstacles [306], ils troublent les âmes où ils
séjournent de tourments fous, et ils nous empêchent
d'emblée de naître. [**63e**] Et quand à ceux d'entre nous
qui sont nés, le plus souvent ils font qu'on les oublie
par insouciance, de sorte qu'ils finissent par être complètement détruits. Quant aux plaisirs que tu as dit
vrais et purs, regarde-les presque comme nos parents,
et ajoute dans le mélange ceux qui accompagnent la
santé et la tempérance, comme tous ceux qui, comme
au cortège d'une divinité, accompagnent partout toute
l'excellence [307]. Mais les plaisirs qui accompagnent
toujours la déraison et les autres vices, il serait absurde
de les mélanger à l'intellect si l'on veut voir le mélange,
la fusion la plus belle [308] [**64a**], dépourvue de dissen-
sion, et si l'on veut tenter d'y découvrir ce qu'est naturellement le bien en l'homme comme dans l'univers, et
de deviner quelle est sa nature [309] ». Ne dirons-nous pas
de l'intellect, quand il répond ainsi, pour lui-même
mais aussi pour la mémoire et pour l'opinion droite,
qu'il répond de façon réfléchie et intelligente ?

Absolument.

Mais il y a encore quelque chose qu'il faut nécessairement ajouter, quelque chose sans quoi rien ne pourrait jamais naître.

PROTARQUE

[**64b**] Quoi donc ?

SOCRATE

Ce à quoi on ne mélangerait pas la vérité ne pourrait jamais naître véritablement ni exister une fois né [310].

PROTARQUE

Comment le pourrait-il ?

SOCRATE

Il ne le pourrait en aucune façon. Mais si quelque chose manque encore à notre mélange, c'est à toi et à Philèbe de le dire. Car, pour ma part, je crois que notre raisonnement est achevé, comme une sorte d'ordre incorporel appelé à gouverner comme il convient un corps animé [311].

PROTARQUE

Tu peux me ranger, Socrate, parmi ceux qui partagent cette opinion.

SOCRATE

[**64c**] N'aurions-nous alors pas raison d'affirmer que nous nous trouvons désormais comme aux portes du bien et de la demeure où séjourne tout ce qui lui est apparenté ?

PROTARQUE

C'est bien mon opinion.

SOCRATE

De quel élément de ce mélange devrions-nous penser qu'il est le plus estimable et qu'il est encore la véritable cause de l'attachement que tous portent à cet état [312] ? Nous devons le trouver avant d'examiner si, dans son ensemble, il a davantage d'affinité naturelle avec le plaisir ou bien avec l'intellect.

PROTARQUE

[**64d**] Tu as raison, et cela nous est en effet très utile afin de rendre notre jugement.

SOCRATE

Et il n'est pas difficile d'apercevoir, dans n'importe quel mélange, ce qui fait sa valeur ou bien au contraire sa parfaite absence de valeur.

PROTARQUE

Que veux-tu dire ?

SOCRATE

Aucun homme ne l'ignore.

PROTARQUE

N'ignore quoi ?

SOCRATE

Qu'un mélange quelconque, s'il ne possède d'une manière ou d'une autre ni la mesure, ni la nature de ce qui est proportionné, corrompra nécessairement ses composants et se corrompra plus encore lui-même [313]. [**64e**] Car faute de cela, il n'y aurait pas même de mélange, mais seulement un assemblage véritablement dépourvu de mélange, qui ferait la ruine de tous les êtres qui le posséderaient.

PROTARQUE

C'est on ne peut plus vrai.

SOCRATE

Nous voyons désormais que la puissance du bien s'est réfugiée auprès de la nature du beau, car je suppose que la mesure et la proportion accompagnent partout la beauté et l'excellence [314].

PROTARQUE

Oui, parfaitement.

SOCRATE

Et nous avons dit que, dans le mélange, c'est aussi la vérité qui leur est ajoutée.

PROTARQUE

Parfaitement.

SOCRATE

[65a] Ainsi, si nous ne pouvons nous servir d'une unique nature afin de capturer le bien, employons-en trois à la fois : la beauté, la proportion et la vérité [315]. Et disons qu'il est on ne peut plus juste de reconnaître à cette sorte d'unité d'être la cause de ce qui se trouve dans le mélange, puisque c'est sa bonté qui est la cause de celle du mélange [316].

PROTARQUE

C'est on ne peut plus juste.

SOCRATE

Alors, Protarque, n'importe qui serait désormais à même de juger lequel, du plaisir et de la réflexion, [65b] est le plus apparenté au bien le meilleur, et lequel est le plus estimé parmi les hommes comme parmi les dieux [317].

PROTARQUE

C'est évident, mais il serait toutefois préférable de le démontrer entièrement.

SOCRATE

Examinons alors chacune des trois idées selon le rapport qu'elle entretient avec le plaisir et avec l'intellect, puisqu'il nous faut voir auquel des deux il faut davantage apparenter chacune d'entre elles.

PROTARQUE

Tu veux parler de la beauté, de la vérité et de la mesure ?

SOCRATE

Oui. Prends donc d'abord la vérité, Protarque, et, [**65c**] l'ayant saisie, observe ces trois termes : l'intellect, la vérité et le plaisir. Prends longtemps pour y réfléchir et réponds-toi à toi-même : lequel du plaisir ou de l'intellect est le plus apparenté à la vérité ?

PROTARQUE

Pourquoi y faudrait-il longtemps ? Il me semble en effet que la différence est considérable, car le plaisir est le plus grand des imposteurs. Et l'on dit bien qu'en matière de plaisirs amoureux, qui semblent être les plus grands, même les dieux pardonnent le parjure, ce qui prouve que les plaisirs sont comme des enfants dépourvus de la moindre part d'intellect. [**65d**] Au contraire, l'intellect est soit identique à la vérité, soit ce qui lui ressemble le plus et qui est le plus vrai.

SOCRATE

Soumets alors maintenant la mesure au même examen, et vois si le plaisir en possède davantage que la réflexion, ou bien la réflexion davantage que le plaisir.

PROTARQUE

Cet examen que tu me demandes est facile à conduire. Il me semble en effet impossible qu'on puisse jamais trouver quelque chose qui soit naturellement moins pourvu de mesure que le plaisir et la joie excessive [318], ni quelque chose qui soit davantage mesuré que l'intellect et la science.

SOCRATE

[65e] Bien répondu. Viens-en toutefois au troisième terme : jugeons-nous que l'intellect reçoit une plus grande part de beauté que le genre du plaisir, de sorte que l'intellect est plus beau que le plaisir, ou bien est-ce le contraire ?

PROTARQUE

Mais jamais personne, Socrate, que ce soit en rêve ou éveillé, n'a pu voir ni concevoir que la réflexion et l'intellect aient pu être laids, ni qu'ils le soient ou le deviennent jamais.

SOCRATE

C'est juste.

PROTARQUE

Alors que les plaisirs, à mon avis, et en particulier les plus grands d'entre eux, lorsqu'on voit quelqu'un les éprouver, [66a] se révèlent avoir des effets ridicules et d'une telle laideur que nous en éprouvons nous-mêmes de la honte et tentons de les dissimuler autant que faire se peut, en les confiant à la nuit, comme si la lumière du jour ne devait pas les voir [319].

SOCRATE

Alors, Protarque, tu proclameras en tout lieu, au loin à travers tes messagers et ici de vive voix, que le plaisir n'est ni le premier ni même le second bien, mais qu'il faut tenir que le premier revient d'une certaine manière à la mesure, à ce qui est mesuré, à ce qui est opportun et à tout ce qui leur ressemble [...] [320].

PROTARQUE

C'est apparemment la conséquence de ce qu'on vient de dire.

SOCRATE

[66b] Le second rang revient à ce qui est proportionné, à ce qui est beau, à ce qui est achevé, à ce qui est suffisant comme à tout ce qui appartient à cette même famille [321].

PROTARQUE

Il semble bien.

SOCRATE

Et si, comme je le devine, tu accordes le troisième rang à l'intellect et à la réflexion, tu ne pourras pas t'éloigner bien loin de la vérité.

PROTARQUE

Peut-être.

SOCRATE

Pas plus que si, après ces trois-là, tu accordes d'être quatrièmes à ces choses dont nous avons dit qu'elles étaient propres à l'âme, les sciences, les techniques et les opinions qu'on appelle droites, [66c] puisqu'elles sont davantage apparentées au bien que ne l'est le plaisir [322].

PROTARQUE

Sans doute.

SOCRATE

En cinquième, on trouvera alors les plaisirs que nous avions mis à part en les disant dépourvus de douleur ; nous les avons désignés comme les plaisirs purs propres à l'âme, qu'ils accompagnent les sciences ou bien les sensations [323].

PROTARQUE

Peut-être.

SOCRATE

« Avec la sixième génération, dit Orphée, mettez un terme au chant bien composé [324]. » Il semble que notre discours aussi ait trouvé son terme avec ce sixième rang [325]. [66d] Après cela, il ne nous reste donc plus, pour ainsi dire, qu'à donner une tête à tout ce qui a été dit [326].

PROTARQUE

Il le faut.

SOCRATE

Allons ! « Pour la troisième fois, en l'honneur du Zeus sauveur », reprenons donc notre argument [327].

PROTARQUE

Lequel ?

SOCRATE

Philèbe posait que le plaisir, tout entier et sous toutes ses formes, était le bien pour nous.

PROTARQUE

Socrate, il semble que, par la « troisième fois », tu veuilles dire, comme tu le demandais tout à l'heure [328], qu'il faut reprendre notre entretien depuis le début.

SOCRATE

[66e] Oui, mais écoutons encore ce qui suit. Pour ma part, compte tenu de ce qui vient d'être dit, et parce que la thèse que non seulement Philèbe mais beaucoup d'autres soutiennent souvent me répugne, j'affirmais que l'intellect est bien préférable et meilleur pour la vie humaine que ne l'est le plaisir [329].

PROTARQUE

C'est bien cela.

SOCRATE

Et soupçonnant qu'il y avait encore beaucoup d'autres biens, j'ai soutenu que, si l'un d'eux paraissait préférable à ces deux-là, alors je me battrais aux côtés de l'intellect et contre le plaisir pour le second prix, dont le plaisir se verrait alors privé.

PROTARQUE

[67a] C'est en effet ce que tu as soutenu.

SOCRATE

Et après cela, il est apparu suffisamment clairement qu'aucun des deux n'était suffisant.

PROTARQUE

On ne peut plus vrai.

SOCRATE

Et l'argument n'a-t-il pas alors établi que ni l'intellect ni le plaisir ne pouvaient aucunement se prévaloir d'être le bien lui-même, puisqu'ils sont privés d'autarcie, c'est-à-dire de suffisance et de perfection [330] ?

PROTARQUE

On ne peut plus juste.

SOCRATE

Un troisième candidat était alors apparu, qui l'emportait sur l'un comme sur l'autre, et il devint manifeste que l'intellect lui était infiniment plus familier et qu'il avait davantage d'affinité naturelle que le plaisir avec la nature de ce vainqueur [331].

PROTARQUE

Comment pourrait-il en être autrement ?

SOCRATE

Ainsi, selon le jugement que vient de rendre notre argument, la puissance du plaisir ne serait qu'au cinquième rang [332].

PROTARQUE

C'est ce qu'il semble.

SOCRATE

[67b] Et non pas au premier, même si tous les bœufs, tous les chevaux et toutes les bêtes témoignent du contraire en poursuivant la jouissance. La foule les croit, comme les devins croient les oiseaux [333], et elle juge ainsi que les plaisirs sont les plus à même de nous assurer une vie bonne, en tenant que les amours des bêtes sauvages sont des témoins bien plus autorisés [334] que ne le sont les amours suscitées par les discours que prononce toujours l'oracle de la muse philosophique [335].

PROTARQUE

Ce que tu as dis, Socrate, est on ne peut plus vrai ; voilà désormais ce que nous disons tous.

SOCRATE

Alors, me laissez-vous partir ?

PROTARQUE

Il reste encore un détail, Socrate. Tu ne renonceras certes pas avant nous, et je vais donc te rappeler ce qui manque [336].

NOTES

1. Le titre du *Philèbe* et ses deux sous-titres (le premier qualifiant l'objet du dialogue, le second son genre philosophique) furent adoptés par les éditeurs qui, comme Thrasylle au Ier siècle de notre ère, choisirent de regrouper les dialogues platoniciens par groupe de quatre. Selon Diogène Laërce, le *Philèbe* fut rangé dans la troisième des neuf tétralogies, aux côtés du *Parménide*, du *Banquet*, et du *Phèdre* (Diogène Laërce, *Vies et opinions des philosophes illustres*, traductions sous la direction de M.-O. Goulet-Cazé, Paris, Le Livre de Poche, 1999, L. Brisson pour la traduction et les notes du livre III, sur Platon ; le même auteur a consacré à ce livre de Diogène une minutieuse étude, dans *Aufstieg und Niedergang der Römischen Welt*, Berlin, De Gruyter, 1992, volume 36.5, p. 3709-3713).

2. « Agrément » rend *térpsis* (le terme n'apparaît par ailleurs qu'en 19c7). « Éprouver de la jouissance » rend *khaírein*. Ce verbe, qui est toujours rendu par « jouir », a une signification étendue. Il désigne le fait de se réjouir, d'éprouver de la joie (*khará*, qui désigne aussi le plaisir et la jouissance, et qu'on ne trouve qu'ici, en 19c7) ou de la gaieté, mais aussi le fait de se plaire à une activité donnée, et ainsi de s'y adonner, ou encore de souhaiter de la réjouissance à quelqu'un (les Grecs, en guise de salut, commencent leurs lettres par la formule « *khaírein* »). Platon ne paraît pas distinguer entre le fait d'éprouver du plaisir et celui de jouir, de sorte que les verbes se trouvent employés l'un pour l'autre (comme c'est notamment le cas dans le *Gorgias*, 496d-497a). Si le verbe « jouir » a aujourd'hui en français une connotation sans doute plus strictement sexuelle, il m'a toutefois semblé être le meilleur des équivalents qu'on puisse donner à la presque totalité des occurrences dans ce dialogue (en 49e *sq.*, lorsque Socrate évoque la jalousie et la manière dont on « se réjouit » des malheurs d'autrui, j'ai dérogé à cette règle).

3. Ce vocabulaire de l'état et de la disposition (*diáthesis* et *héxis*) sera bientôt employé avec davantage de précision ; voir, *infra*, la note 119.

4. La formule solennelle de Philèbe est celle du serment que l'on prête devant le dieu. En l'occurrence, il s'agit d'Aphrodite, déesse du plaisir. Le *Banquet* a consacré plusieurs remarques à cette déesse, et en a surtout fait un double portrait, selon qu'elle est l'Aphrodite céleste ou l'Aphrodite vulgaire (180d-181a, et voir les éclaircissements de L. Brisson, dans la même collection, p. 41-43).

5. La précaution rituelle que prend Socrate au moment d'invoquer la déesse lui permet de distinguer ce que l'hédoniste Philèbe a cherché à confondre : la déesse et le plaisir. Leurs noms ne se recoupent pas, pas plus surtout que la dévotion qui leur est due. Socrate délie ainsi d'emblée la divinité du plaisir et préserve la première des critiques qui vont être adressées au second. Le premier pas de cette réfutation est une enquête lexicale qui doit établir d'emblée la multiplicité du plaisir : ce dernier a plusieurs noms, il doit donc nécessairement compter différentes espèces (là où la déesse, une, doit choisir le nom qui lui convient le mieux).

6. La question que rencontrent ici les interlocuteurs va les occuper, de façon plus ou moins explicite, dans l'ensemble du dialogue. Elle est d'ordre à la fois méthodologique et épistémologique, et elle prend la forme suivante : comment rendre compte, méthodologiquement, d'une multiplicité de choses qui appartiennent à un même genre ou possèdent toutes une même nature ? Et comment expliquer, épistémologiquement, la nature de l'unité que nous connaissons ou percevons dans une multiplicité de choses lorsque nous leur reconnaissons une commune et unique nature ? En quoi consiste l'unité d'une multiplicité ? La question, appliquée aux plaisirs vrais, sera notamment reprise à partir de 51d.

7. « Privé de raison » et « déraisonnable » rendent respectivement le participe *anoētaínonta* et l'adjectif *anoĕtōn*, qui désignent littéralement la privation de l'exercice de l'intellect (*noûs*) et le contraire de l'intellection.

8. Socrate soutient un double argument : d'une part les plaisirs sont relatifs, distincts selon les sujets et les activités qu'ils accomplissent, et d'autre part ils sont susceptibles d'être opposés (la réflexion est le plaisir de l'un quand son absence est le plaisir de l'autre). Socrate introduit l'argument, à ses yeux décisifs, selon lequel le plaisir s'expose toujours à l'autocontradiction. Il n'est donc pas simplement question de dire que les plaisirs changent selon la disposition de qui les éprouve, et de soutenir alors une thèse relativiste que le dialogue cherchera au contraire à dénoncer, mais de faire porter la réfutation sur la nature contradictoire et défaillante du plaisir lui-même. La « débauche » dont il est question est l'*akolastía* (on retrouve le même adjectif *akólastos* en 47b5), qui désigne littéralement l'absence de répression ou de châtiment : le débauché est celui qui jouit sans entraves, pour son propre malheur.

9. Il est probable que Socrate vise ainsi les opinions savantes qui défendent l'unité des choses opposées, et plus particulièrement la doctrine d'Héraclite, qu soutient précisément que l'unité du monde est le résultat d'une série d'oppositions et que son ordre résulte de la

succession d'états contraires (voir, dans la même collection, les *Fragments. Citations et témoignages* d'Héraclite, présentation et traduction par J.-F. Pradeau, 2002, p. 57-61). À quoi Platon objecte que l'unité ne peut être regardée comme un produit ou un effet fortuit, mais bien comme une nature et une cause.

10. Ce paradoxe fait l'objet d'une discussion dans le *Parménide*, 147e-148d, qui le compte lui aussi parmi les difficultés relatives à l'un et au multiple que Socrate va bientôt évoquer. Dans le *Parménide*, qui l'examine avec plus de précision, le couple du semblable et du dissemblable est comparé à celui de l'identique et du différent. G. Striker consacre le début de son étude à la comparaison des deux dialogues : *Peras und apeiron. Das Problem der Formen in Platons* Philebos, *Hypomnemata,* Heft 50, Göttingen, Vanderhoeck & Ruprecht, 1970, p. 11-23 ; G. Striker insiste à juste titre sur le fait qu'il s'agit bien, pour les deux dialogues, d'exposer et de traiter les difficultés relatives à la participation (l'interprétation qu'elle en donne ne correspond toutefois en rien à celle que je propose ici).

11. Comme Diès, je ne retiens pas la proposition de Burnet (qui suit Bury) et je traduis *toû agathoû* en 14b1 ; Gosling défend cette leçon dans son commentaire, p. 80. Mais je traduis le début de cette phrase autrement, en suivant une suggestion de M. Crubellier.

12. L'argument et la difficulté qu'il indique sont couramment mentionnés dans les dialogues (nous sommes composés de plusieurs choses, et de choses qui changent, mais nous sommes aussi bien un individu : comment expliquer cette unité qui est à la fois une multiplicité ?). La réponse platonicienne est celle de la permanence, en nous, d'un même principe directeur, à la fois cause de notre vie et de notre identité (c'est ce sur quoi porte l'entretien de l'*Alcibiade*, ou notamment les remarques du *Phédon*, 79b-80d ; voir la note suivante).

13. Les difficultés relatives à l'un et au multiple (et notamment au fait que le premier puisse se dire du second, et inversement) sont elles aussi (voir la note précédente) couramment évoquées dans les dialogues, et notamment dans le *Phédon*, 100c-101b, où l'hypothèse des causes intelligibles permet de les résoudre, puis encore dans la *République*, VII, 523b-525e, qui rapporte ces difficultés à celles qu'engendre la perception de la multiplicité et de l'unité, ou enfin dans le *Parménide*, qui dénonce comme le *Philèbe* la manière dont on conclut à tort de ce que des choses peuvent être considérées aussi bien comme des unités que comme des multiplicités à l'identité de l'un et du multiple (128e-130a, où Socrate dénonce comme ici le goût des faux prodiges et les étonnement malvenus que suscite la fascination pour ces difficultés).

14. La controverse porte sur la question de savoir si l'on doit ou non admettre l'existence d'unités intelligibles. La présence du bœuf, dont le registre peut surprendre, n'est par fortuite : Socrate le mentionne pour souligner qu'à tous les vivants comme à toutes les choses sensibles, y compris les plus communes, correspondent de telles

unités. Ces dernières ne sont pas simplement des objets « théo-
riques » ou des valeurs.

15. La fin de l'entretien, en 58a, répondra à cette question.

16. On pourrait traduire plus explicitement cette première partie
de l'alternative : « doit-on admettre que chacune de ces unités
s'est dispersée et multipliée <dans les choses qui deviennent> ? ».
La question posée est en effet de savoir si les unités véritables,
lorsqu'elles sont mélangées d'une manière ou d'une autre aux choses
qui deviennent (les choses sensibles), perdent leur unité caractéristique, en se multipliant. Ce dilemme est celui, proprement platonicien, de la « participation » : si les choses sensibles, multiples et
changeantes, participent aux réalités qui sont véritablement unes,
cette participation n'implique-t-elle pas nécessairement que les
secondes soient affectées de multiplicité et de changement ? Platon
consacre à cette difficulté bon nombre des discussions de son
Parménide ; voir l'Introduction de L. Brisson à ce dialogue, dans la
même collection.

17. La confusion de l'un et du multiple est en quelque sorte inhérente à tout discours. Elle n'est pas la conséquence d'une thèse philosophique ou savante particulière, mais bien un effet ordinaire du
langage. Parler, c'est entretenir cette confusion. La remarque de
Socrate serait sans doute encore plus explicite si l'on construisait la
phrase autrement, en faisant de *tautòn* le sujet de *hèn kaì pollà*, et non
l'inverse, comme le fait D. Frede qui comprend alors que « c'est à
travers le discours que la même chose rôde [ou plutôt tourne,
change], devenant une et multiple en toutes circonstances, etc. ». La
remarque de Socrate en est peut-être rendue plus explicite, mais elle
demeure inchangée ; dans son commentaire en langue allemande,
D. Frede accorde une importance particulière à cette remarque :
p. 125-130 (la référence à « Frede » désigne par la suite la traduction
annotée en langue anglaise du *Philèbe*, parue en 1993. Le même
auteur a publié une traduction allemande commentée en 1997.
Citant la seconde, je prendrai soin de le préciser, quand tous les
autres renvois à « Frede » désigneront la traduction anglaise).

18. L'enthousiasme que décrit Socrate est celui de l'ignorant qui
se laisse emporter par une découverte, sans connaître ni maîtriser
l'objet découvert. Il n'en possède ni la science ni la technique. C'est
en ces termes que l'*Ion* avait défini le poète, ignorant inspiré par les
dieux (voir encore, dans d'autres contextes, le *Phèdre*, 244a-245c,
puis l'*Apologie de Socrate*, 22a-c, le *Ménon*, 81a-b et 99c-e, et enfin
les *Lois*, III, 680b-682a ; IV, 719c-d, et VII, 817a-d).

19. La rébellion des enfants contre les parents est, selon Platon, à
la fois l'indice et la conséquence d'un dérèglement fâcheux des
mœurs. Elle peut prendre des formes diverses et plus ou moins vio-
lentes, et elle a parfois pour cause, comme ici, un dévoiement édu-
catif que de mauvais pédagogues négligent de corriger (ou même
encouragent, si l'on songe à la manière dont les sophistes enseignent
à leurs élèves l'art de la dispute). Le principe selon lequel les jeunes
gens doivent s'en remettre à l'autorité parentale et pédagogique est

notamment exposé dans le *Lysis*, 207d-210b, et le livre VIII de la *République* décrit la manière dont le jeune homme démocratique est entraîné dans la débauche et la ruine lorsqu'il méprise parents et pédagogues pour exalter aveuglément l'opinion fausse qu'ils ont de leur propre liberté. Comme y avait insisté le livre VII de la *République*, ces illusions fâcheuses peuvent avoir pour cause « l'usage pervers » des arguments et de la dispute, qui transforme les jeunes gens en contradicteurs qui, « comme de jeunes chiens, [prennent] plaisir] à tirer et à déchiqueter par la parole quiconque se trouve près d'eux » (539b, et voir les pages qui suivent).

20. Socrate est coutumier de cette sorte de menaces (voir *République*, I, 327c).

21. « Nature unique » rend *mían idéan*. *Idéa* pourrait être rendue par « idée », mais les usages philosophiques du terme ne rendraient guère compte de ce qui est ainsi désigné par Platon, en l'occurrence, une réalité unique (une « nature » en ce sens) perceptible par l'intellect. La saisie de cette unité intelligible est évoquée en des termes identiques dans la *République*, VI, 507a-c. La plupart des interprètes n'hésitent pas à rendre *idéa* par « forme » (intelligible), en estimant que Platon fait un usage somme toute synonymique des termes *idéa* et *eîdos* ; il me semble qu'*idéa* désigne la réalité ou nature intelligible, quand *eîdos* désigne la forme de cette réalité, telle qu'on peut la retrouver dans les choses sensibles qui y participent (comme on retrouve la forme du beau dans les belles choses).

22. Robin rend l'équivalent de ce « car elle y est » par « elle y est immanente » ; il accuse ainsi ce que suggère en effet le terme *enoûsan*, qui dit de l'unité intelligible qu'elle « est » réellement « dans » la multiplicité. C'est du reste tout l'enjeu de la thèse platonicienne de la participation que d'expliquer comment les réalités intelligibles, ces unités véritables, sont « dans » la multiplicité sensible, sans pourtant que les premières soient en aucune façon sensible ; voir sur ce point les explications de L. Brisson, « Comment rendre compte de la participation du sensible à l'intelligible chez Platon ? », dans *Platon : les formes intelligibles*, éd. par J.-F. Pradeau, Paris, PUF, 2001, p. 55-85. Un exemple très clair de mise en œuvre de cette méthode de recherche est donné par le début du *Politique*, qui entreprend la définition de l'homme politique et de la technique qui lui est propre. L'Étranger demande ainsi, en 258c, « Mais où trouvera-t-on le chemin de la politique ? Car il faut bien le trouver, puis, après l'avoir séparé des autres, lui imprimer la marque d'une nature unique (*idéan mían*). » (Voir encore *Phèdre*, 266b-c.)

23. Ces remarques difficiles ont engendré une littérature critique abondante. Les interprètes se demandent notamment quel statut réserver aux unités et à la multiplicité. Si la plupart d'entre eux admettent à juste titre que les unités sont intelligibles, certains posent la question de la nature de la multiplicité et envisagent qu'on puisse lui reconnaître d'être à son tour intelligible, ce qui me paraît improbable. C'est la thèse que soutient J.M. Moravcsik dans « Forms, nature, and the good in the *Philebus* », *Phronesis*, 24, 1979,

p. 81-104. Elle est défendue par R.A. Shiner de façon beaucoup moins convaincante dans son *Knowledge and reality in Plato's Philebus*, Assen et Maastricht, Van Gorcum, 1974 (l'auteur entreprend de soutenir que Platon renonce dans le *Philèbe* à la « théorie des formes transcendantales » qu'il avait forgée dans ses précédents dialogues ; sa démonstration est d'autant plus aisée qu'il donne à ladite théorie une signification qui n'a pour elle aucune autorité dans le texte de Platon), ou encore dans « Must *Philebus* 59a-c Refer to Transcendant Forms ? », *Journal of the History of Philosophy*, 17, 1979, p. 71-72.

24. Je comprends et traduis de façon adverbiale le *kaì pollà* des manuscrits, en 17a1 (l'expression est omise par Diès, sans que cela change beaucoup à la valeur des deux comparatifs ; les éditeurs ont souvent hésité à son propos, comme l'atteste la note de Bury, p. 19).

25. Les dialogues opposent souvent la dialectique, qui est la science de la discussion à la faveur de laquelle on connaît « ce qui est » (voir, *infra*, note 272) et l'éristique, qui n'est que l'exercice vain et déplorable de la querelle oratoire ; la définition platonicienne la plus aboutie de celle-ci se trouve dans le *Sophiste*, 225a-226a. Le *Politique*, comme ici le *Philèbe*, dénonce pour sa part l'erreur méthodologique d'où procède l'éristique, en signalant que la recherche de l'unité qui est l'objet d'une définition doit obéir à des règles de division soucieuses des subdivisions intermédiaires (voir la mise au point méthodologique en 262a-264b). Le dialogue y revient encore plus loin, en 56e. Sur la méthode dialectique de division, voir l'Introduction, p. 25-27.

26. L'exemple des lettres est courant dans les dialogues. Il permet à Platon d'insister à la fois sur les modalités génétiques de l'élaboration d'une connaissance (qui se développe ainsi à partir de la composition et de la combinaison d'éléments premiers), et sur la nécessité, proprement épistémologique, de connaître une chose quelconque à partir de ses éléments premiers. Le *Théétète* y insiste longuement, en 202e-208d, lorsque Socrate examine la différence qui distingue un objet composé, un « tout », et l'ensemble de ses parties ou éléments. Voir encore *Sophiste*, 253a-b, et *Politique*, 277e-278b.

27. La *phônê* (ici rendue par « voix ») désigne le son vocal. Platon distingue l'unité de la voix (le son vocal comme genre unique) de la variété illimitée des phonèmes. Cette variété est aussi bien celle des lettres, et Platon ne fait aucune distinction ici entre les différentes combinaisons écrites (les « lettres » que l'on lit) et les sons prononcés ; on peut du reste rappeler que la lecture, à l'époque, se faisait toujours à voix haute. L'exemple sert la leçon méthodologique exposée plus haut : on peut à la fois dire de la voix ou de la langue qu'elle est une et multiple, sans que cela n'en dise finalement grand-chose ni surtout ne la fasse connaître ; en revanche, c'est la connaissance et la maîtrise des intermédiaires (c'est-à-dire des combinaisons) qui nous la fait connaître. Sur ce point, voir D. Gallop, « Plato and the alphabet », *Philosophical review*, 72, 1963, p. 364-376, puis

C. Gaudin, « Harmonie et combinatoire : le traitement de la voix par Platon », dans *L'Esprit de la musique*, éd. par H. Dufourt, J.-M. Fauquet et F. Hurard, Paris, Klincksieck, 1992, p. 187-201. D. Frede donne des indications bibliographiques dans son commentaire en langue allemande, 1997, p. 146-149.

28. La *mousikê* grecque s'entend en un sens plus large que notre « musique » ; elle embrasse aussi bien la danse, le chant que la pratique des discours. Elle rassemble, de fait, l'ensemble des pratiques artistiques musicales et littéraires qu'on rapporte aux Muses ; c'est la raison pour laquelle les exemples du chant comme de la métrique et des tons y sont ici inclus.

29. Elle est « une » dans la mesure où le langage comme le chant requièrent tous deux la connaissance des tons. Comme l'explique C. Dalimier dans son Introduction au *Cratyle* (dans la même collection, p. 37-38), la connaissance linguistique (ou « grammaticale ») se nourrit de la connaissance musicale (qui enseigne « un classement des lettres selon leur sonorité, leur longueur et leur accent, et, probablement, des règles combinatoires justifiées par des remarques sur le mode articulatoire. », p. 37 ; C. Dalimier évoque ainsi, entre autres passages, les remarques qu'on trouve en *Cratyle*, 425d-427d). S'agissant de la traduction de cette remarque, j'ai donc supposé (à la différence notamment de Gosling), que Socrate précisait que c'est la même « voix » qui, selon que l'on considère l'alphabet ou l'accentuation tonique, fait l'objet de deux techniques distinctes.

30. Il s'agit des accents ; ces derniers sont qualifiés de façon musicale. Voir *Théétète*, 163c.

31. Il s'agit cette fois des accords. La connaissance des harmonies parachève l'apprentissage de la langue comme de la musique (voir *Hippias majeur*, 285c-d, qui associe également les accords au rythme ; et voir sur ce point les explications de É. Benveniste, « La notion de "rythme" dans son expression linguistique » (1951), repris dans les *Problèmes de linguistique générale*, Paris, Gallimard, 1966, p. 327-335).

32. Ici, Platon joue de mots, en associant le fait de « compter » pour autrui, d'être honoré (*enárithmos*), et celui de compter un nombre (*arithmeîn, arithmós*).

33. Je donne ici une périphrase, afin de rendre le pluriel *ek pántōn* ; la procédure dialectique exige que l'on identifie l'ensemble des intermédiaires d'une multiplicité quelconque (qu'on les nombre), avant d'établir ce qui fait leur commune unité, c'est-à-dire de les rassembler en un même et unique tout.

34. Theuth (ou Thot) est le dieu égyptien que les Grecs associent à leur dieu Hermès, et auquel Platon impute dans le *Phèdre* la découverte de l'écriture, parmi d'autres sciences : « C'est donc lui qui, le premier, découvrit le nombre et le calcul et la géométrie et l'astronomie, et encore le trictrac et les dés, et enfin et surtout l'écriture » (274c-d, trad. L. Brisson, dans la même collection).

35. Ne pas avoir de voix (être sans *phōnê*) n'implique donc pas que les éléments en question soient dépourvus de sons. Comme il le

fait dans le *Cratyle*, 393d-e, Platon distingue entre quatre voyelles
« avec voix » et deux autres genres de lettres : les semi-voyelles (qui
ont un son audible) et les muettes (qui n'ont de son qu'associées à
d'autres lettres). Aristote donne une même tripartition, avec des définitions plus précises et des exemples, dans sa *Poétique*, 20, 1456b20-
33. Voir de nouveau les éclaircissements de C. Dalimier dans sa traduction du *Cratyle*, et plus particulièrement les notes 80 et 363.

36. Il s'agit de la *grammatikē*, qui suppose donc la connaissance
des lettres et la maîtrise de leur combinaison comme de leur pronon-
ciation. C'est la connaissance et la maîtrise de la langue au sens le
plus large qui sont ainsi désignées, et la *grammatikē* embrasse aussi
bien l'écriture que l'oralité.

37. La « succession » (*toû logoû diádokhon*) désigne un héritage
proprement scolaire : Socrate feint de se présenter comme le succes-
seur (*diádokhos*), c'est-à-dire comme celui qui diffuse et expose les
opinions et la doctrine apprises de son maître.

38. « Le second choix » rend l'expression *deúteros ploûs* (littéralement, « la seconde navigation »), courante dans les dialogues où elle
caractérise toujours le choix (méthodologique, mais aussi bien
cognitif, éthique ou politique) qu'il convient d'adopter lorsque la
meilleure solution est inaccessible (voir les exemples du *Phédon*, 99d
et du *Politique*, 300c). Il faut noter que, dans tous les cas où Platon
emploie cette formule, elle a pour particularité de justifier le recours
à un autre moyen d'atteindre une seule et même fin. La « seconde
navigation », à cet égard, peut être comprise comme le choix d'un
second itinéraire, plus sûr que le premier qui s'est avéré dangereux
ou tout simplement impossible. Il ne s'agit donc en aucune façon
d'adopter un autre objet ou de lui préférer un « pis-aller ». Ici, le premier et le second choix ne semblent pourtant pas avoir le même
objet, puisque Protarque substitue la connaissance de soi à la
connaissance de toutes choses. Mais il faut noter à la fois que l'objet
de la recherche est l'ensemble des unités véritables (qu'on peut
atteindre donc soit en connaissant toutes choses, soit en se connaissant soi-même, c'est-à-dire en connaissant son âme), et encore que
Protarque se trompe s'il soutient que la connaissance de soi est une
alternative à la connaissance de toutes choses (mais le soutient-il
vraiment ?). Ce sera en effet l'une des leçons de la suite de l'entretien
que d'établir la parenté de l'âme individuelle et de l'intellect cosmique, puis de montrer que la connaissance du tout n'est pas distincte de la connaissance de ce que nous sommes nous-mêmes. À cet
égard, le *Philèbe* ne contredit pas la remarque faite par Socrate dans
le *Phèdre* : « Mais la nature de l'âme, crois-tu qu'il est possible de la
concevoir de façon satisfaisante sans connaître la nature du tout ? »
(270c1-2).

39. « Jouissance » rend *khará*, qui désigne aussi bien la joie (voir,
supra, note 2). L'allusion renvoie au début du dialogue, en 11b, où
Socrate résumait déjà ainsi la thèse de *Philèbe*.

40. Protarque s'inquiète ici du talent distinctif de Socrate, dont
bon nombre d'interlocuteurs des dialogues dénoncent ou louent la

capacité à produire l'aporie, l'embarras, chez ceux avec qui il s'entretient ; parmi les portraits les plus fameux, voir *Théétète*, 149a-151d (un portrait de Socrate par lui-même) et *Banquet*, 214a-222a (portrait de Socrate par Alcibiade).

41. On note ici une première substitution du terme « science » à celui de « réflexion ». Elle sera courante par la suite, et le concurrent du plaisir sera aussi bien nommé intellect que science ou opinion droite. C'est l'indice de ce que la réflexion, plus qu'un mode particulier de connaissance, est un genre : celui des activités intellectuelles auxquelles Socrate fait correspondre un mode de vie.

42. Littéralement, il est nécessaire que le bien soit *téleos*, c'est-à-dire achevé (qu'il ait atteint sa fin, son *télos*). Le *Lysis* l'avait déjà établi en des termes semblables, en définissant précisément le bien comme la fin ultime au regard de laquelle toutes les autres fins ne sont que des moyens ; 218b-220b. Le bien comme réalité première, cause de toutes les réalités intelligibles, est par ailleurs l'objet de la longue analyse qui occupe la fin du livre VI et le livre VII de la *République* (voir à ce propos l'analyse de M. Baltes, « Is the idea of the good in Plato's *Republic* beyond being ? » (1997), repris dans *DIANOHMATA. Kleine Schriften zu Platon und zum Platonismus*, Stuttgart-Leipzig, Teubner, 1999, p. 351-371).

43. La perfection du bien (qui est achevé ou parfait) est une perfection d'ordre étiologique : rien n'est cause de son existence ou de la qualité qu'il est. C'est pourquoi Platon dit de lui qu'il est seul véritablement *hikanós*, suffisant, ce que ne sont ni le plaisir ni même la réflexion (comme Socrate l'affirme explicitement en 67a).

44. L'argument a de nombreux équivalents dans les dialogues, et notamment dans le *Lysis*, 220b-221d, le *Gorgias*, 499d-500e, ou encore le *Banquet*, 204c-205c. Dans tous les cas, Platon répète que ce que nous accomplissons ou poursuivons l'est comme moyen d'atteindre le bien ou est le bien lui-même, cause finale de toutes nos actions et désirs (voir les deux notes qui précèdent). Comme le dit Diotime dans le *Banquet*, « tous les êtres humains souhaitent posséder toujours ce qui est bon » (205a). La mention ici d'une pluralité de « biens » plaide pour la nécessité de distinguer entre trois compréhensions du bien : il faut d'abord distinguer les bonnes choses qui se révèlent être mauvaises (parmi lesquelles figurent bon nombre des activités ou des objets que poursuivent les hommes ; ce sont des « biens », dans la mesure où ils sont poursuivis, mais ils le sont à tort par ignorance, et Platon les dénonce pour ce qu'ils sont : de véritables maux), puis les biens véritables que sont toutes les choses et toutes les activités qui accompagnent le bien véritable ou permettent de l'atteindre (au nombre desquelles Platon fait figurer la réflexion et, en général, tout ce qui entretient avec le bien une « parenté » réelle). Enfin convient-il de distinguer le bien lui-même, par rapport auxquelles les bonnes choses sont des biens. La pluralité des biens ou des bonnes choses n'implique aucunement, selon Platon, que le bien soit lui-même multiple. Au sens strict, il n'y a qu'un seul et unique bien (ce que soulignait Ficin dans son commentaire,

chap. VI, à la suite des néoplatoniciens. Comme l'explique Damascius dans son commentaire, § 5, Socrate prétend certes parler du
seul bien humain, mais il le rapporte au bien où qu'il soit, aussi bien
dans les pensées que dans les dieux, jusqu'au premier principe
comme dans les choses les plus basses et dans la matière). Voir, *infra*,
la note qui suit et la note 336.

45. Ou, plus littéralement, « ce bien réel » (pour *tò óntōs agathón*).

46. Je traduis ainsi le *kaì logízesthai tà déonta* des manuscrits, là
où la plupart des éditeurs (dont Diès) choisissent de supprimer *tà
déonta*. L'apparat de Diès impute cette suppression à Badham, alors
que ce dernier conserve le texte des manuscrits (p. 18). Le texte de
la dernière proposition est difficile. Les manuscrits ont été entièrement corrigés par C.J. Klitzch (1841, cité par Apelt), suivis par les
éditeurs récents qui tous adoptent *mè déoi' án ti* (qu'on pourrait
rendre par « comme de tout ce qui leur est parent » (renvoyant à la
réflexion, à l'intellection, etc.). Le texte des manuscrits donne *mēdè
horân* ; M. Crubellier me dicte un moyen de le conserver, en traduisant un *mēdè* adverbial puis en donnant au verbe voir le sens de prévoir, d'anticiper. L'argument serait le suivant : pour pourvoir à ses
besoins, il faut anticiper, voir par avance ce dont on aura besoin. À
quoi Protarque répondra en effet que la jouissance lui procurerait
tout, de sorte qu'il n'aurait rien à prévoir. Je conserve donc le texte
des manuscrits, et note encore avec M. Crubellier qu'Aristote paraît
se souvenir de ce passage lorsqu'il écrit ou dicte les premières
phrases de sa *Métaphysique*, pour expliquer que tous les hommes
désirent naturellement connaître et que le sens de la vue est chez eux
privilégié pour cette raison. C'est à ce même type de nécessité vitale
que Socrate paraît en effet rappeler Protarque : sans connaissance ni
(pré)vision, la vie humaine paraît improbable.

47. « Opinion vraie » rend *dóxan alēthê*, qui aura encore pour
équivalent l'expression « opinion droite » (*orthè dóxa*). L'opinion est
une opération judicative de l'âme, qui se prononce sur ce que les
sens perçoivent. Voir l'Introduction, p. 52-55, et ici les notes 116,
136 puis 141-143.

48. « Mollusque » rend ici *pleúmonos* qui est une forme de
pneúmōn, le poumon, et désigne donc un « poumon marin »). Les
mollusques, si l'on se fie à la hiérarchie des êtres vivants qu'on trouve
à la fin du *Timée*, sont les plus dépourvus, les moins intelligents et les
moins estimables des animaux (plus le vivant est éloigné du ciel, plus
il est trompé sur le compte de ce qui est réel ; le fond du fond, si l'on
peut dire, est donc atteint avec les coquillages marins ; 92b).
D. Lefèbvre examine cet exemple dans « Qu'est-ce qu'une vie
mixte ? La découverte de la vie mixte dans le *Philèbe*, 20b-22b »,
dans *La Fêlure du plaisir, études sur le* Philèbe *de Platon*, I, éd. par
M. Dixsaut, Paris, Vrin, 1999, p. 61-88 (avec de nombreuses indications bibliographiques et une analyse détaillée des mentions littéraires anciennes du « poumon marin »). D. Lefèbvre soutient que
Platon fait dans le *Philèbe* l'apologie d'une vie mixte (de plaisir et de
réflexion), distincte de celle qu'on trouverait notamment dans le

Timée ou dans les *Lois*. C'est une conclusion incertaine : l'équilibre vital et éthique qu'expose le *Philèbe* convient à tous points de vue à celui que présentent les autres textes platoniciens, à tout le moins depuis le *Gorgias* (492e-494b) ou encore dans le *Timée* (voir surtout 87a-92c).

49. On atteint là la conclusion d'une réfutation. L'impossibilité pour celui qui est réfuté de poursuivre son argument ou de défendre sa thèse initiale en est l'indice. Sur la signification et l'usage de la réfutation chez Platon, voir les explications et les indications bibliographiques de L.-A. Dorion, « La subversion de l'"elenchos" juridique dans l'*Apologie de Socrate* », *Revue philosophique de Louvain*, 88, 1990, p. 311-343. Frede, note *ad loc.*, soutient que cette réfutation est la seule du *Philèbe*. À tort, sans doute, car à la réfutation de la primauté de la vie de plaisir succédera bientôt celle de l'hypothèse selon laquelle le plaisir ne serait pas inférieur à l'autre candidat, l'intellect ; voir 28a-b et, *infra*, la note 84.

50. La vie de plaisir et celle de réflexion ne conviennent à aucun être vivant. Cette impossibilité doit être comprise au sens strict. L'entretien y revient plus loin, en 33b, lorsque Protarque soutiendra que la vie de pure réflexion ne saurait être que le fait des dieux. Comme on le notera alors, il n'est toutefois pas certain que cette conclusion soit celle du dialogue. La réflexion à l'exclusion du plaisir n'est en rien le bien auquel Platon choisit d'ordonner la vie, quelle qu'elle soit, et pas davantage celle des dieux que celle des hommes. Les commentateurs supposent trop souvent que la vie mixte est le pis-aller qui convient à cette vie défectueuse qu'est la vie humaine, là où seuls les dieux seraient susceptibles de mener une vie de pure réflexion ; ils imputent ainsi à Platon deux définitions de la vie et du bien : l'une serait strictement anthropologique, l'autre théologique. Mais c'est une distinction à laquelle Platon se refuse ici explicitement (voir encore la note 245).

51. Rappel de 12b-c ; il s'agit d'Aphrodite, la déesse du plaisir.

52. L'allusion ainsi faite à un intellect divin prend tout son sens quelques pages plus loin, en 30c *sq.*, lorsqu'il sera question de l'intellect divin de Zeus, cause véritable de l'existence du monde.

53. « La vie commune » rend *tòn koinòn bíon*. L'expression est parfaitement synonyme de celle, plus courante, de « vie mélangée (*meiktón*) » (qui s'impose une fois défini le genre des choses « mélangées », 27d1), et désigne donc également la vie qui résulte d'un certain mélange de plaisir et de réflexion.

54. On retrouvera la même distinction en 28a, au terme de la définition des genres : il faut distinguer entre le fait que ni le plaisir ni la réflexion ne sont eux-mêmes le bien et le fait que l'un ressemble ou s'apparente davantage au bien que l'autre. Cela permet de soutenir que la réflexion (ou ici l'intellect) n'est pas ce qui rend la vie bonne, n'est pas ce qui confère de la bonté. Cette distinction est aussi bien épistémologique que méthodologique : si le plaisir et la réflexion ne sont pas le bien, ils sont toutefois susceptibles d'en recevoir une part et de lui ressembler. Il apparaît que la réflexion reçoit une part plus

importante de bien que le plaisir (elle est donc davantage apparentée au bien). Aussi la différence entre le plaisir et la réflexion sera-t-elle une différence de « participation », selon la part reçue de cette qualité qu'est le bien. La recherche doit alors trouver et définir l'élément qui, dans le plaisir comme dans la réflexion, favorise la participation au bien (il s'agira, dans l'ensemble, de la « mesure »), pour enfin disposer d'un critère de jugement qui permette de classer respectivement, sous le rapport de la bonté, les deux concurrents.

55. Le classement (qui distribuera finalement six prix) sera donné à terme, 66a-b.

56. La mention très allusive de ce cinquième genre a fait couler beaucoup d'encre (voir l'Introduction, p. 29-31). Deux interprétations semblent s'imposer entre lesquelles il faut trancher : soit la dissociation désigne une activité spéculative, celle de la pensée qui, portant sur toutes choses, examine des mélanges et cherche à connaître ses éléments en les séparant (et l'on peut alors supposer que le genre en question est celui de l'analyse dialectique, comme le fait notamment L. Robin, *Platon*, Paris, PUF, 1935, p. 121-124) ; soit on conserve un statut ontologique et cosmologique au cinquième genre, et l'on comprend qu'à l'activité intellective qui produit le mélange dans le monde s'oppose une activité ou un processus de dissociation (et l'on suppose alors que ce cinquième genre correspond à ce que le *Timée* appelle la « nécessité »). Je souscris à la seconde interprétation. Le terme de « dissociation » (ou de « séparation », *diákrisis*) sera de nouveau employé en 32a pour désigner la corruption physiologique (il est alors employé comme synonyme de « dissolution », *diálusis* ; le *Sophiste*, 243b, donne des éléments de comparaison).

57. La question n'attendra pas longtemps : elle est reprise un peu plus loin, en 25d.

58. « Intensément » (et « intensité » dans la suite du dialogue) rend *sphódra*, qui désigne la vigueur, la force (avec une connotation de violence que l'analyse des plaisirs excessifs saura exploiter). Socrate s'empare du terme qui va lui permettre de distinguer entre deux mesures quantitatives des plaisirs : leur grandeur, puis leur intensité. Cette distinction est importante, car elle permet de comprendre comment la « limite » doit être comprise comme une mesure intensive. On mesure, relativement les uns aux autres, la taille, la durée et la fréquence des plaisirs, mais aussi bien leur intensité (leur violence) ou leur douceur.

59. À la variation quantitative et relative de la taille comme de l'intensité des plaisirs, Platon oppose la « quantité déterminée » (*tò posón*, qui désigne littéralement « ce qui a une quantité »). Autrement dit, la variation quantitative et indéfinie du plaisir ne peut être arrêtée que si l'on définit un critère de mesure. Ce critère de mesure permettra de ne plus simplement mesurer les plaisirs les uns relativement aux autres, mais de les qualifier absolument, en eux-mêmes, comme grands ou petits, selon qu'ils excèdent ou n'atteignent pas la quantité déterminée. Voir la note suivante.

60. « Juste mesure » rend ici *tò métrion*. Le terme accompagne celui de quantité déterminée (*posón*) pour désigner non plus la mesure quantitative et relative (qui fait qu'un plaisir est plus grand ou moins grand qu'un autre), mais la juste mesure qualitative à l'aune de laquelle on pourra dire d'un plaisir qu'il est infime ou excessif. La fin du dialogue, traitant de la « science du mesure », revient sur les conditions de cette mesure ; voir 55e et la note 254.

61. La progression (c'est-à-dire la variation quantitative) cessera en effet dès lors que le plaisir considéré aura excédé la « quantité déterminée », ou encore « la juste mesure » qui définit un plaisir comme tel.

62. Les choses illimitées sont toujours des couples de qualités contraires, qui forment donc « ensemble » cette sorte d'oscillation indéterminée en quoi consiste l'illimité. Ce dernier consiste bien en une dualité, à la différence de l'unité véritable et déterminée. C'est une distinction que les successeurs immédiats de Platon, si l'on croit le témoignage d'Aristote, consacreront comme l'opposition de l'un (ou « monade ») et de la « dyade » (en précisant alors qu'il s'agit de la dyade du petit et du grand, qui semble bien renvoyer explicitement à l'illimité, c'est-à-dire au plus et au moins du *Philèbe* ; voir avant tout les livres M et N de la *Métaphysique*).

63. Ou encore, « au moyen de cet indice » (*sēmeîon*) : ce trait distinctif est à la fois ce qui définit le genre illimité (passer perpétuellement par des variations de taille et d'intensité) et ce qui permet de l'identifier dans telle ou telle chose particulière (une chose qui subit de telles variations, comme ce sera le cas du plaisir, appartient donc nécessairement, pour tout ou partie, au genre de l'illimité).

64. Au sens strict, il faut apercevoir que c'est la totalité des choses sensibles, la totalité de ce qui est en devenir, qui relève de ce cas de figure (le changement quantitatif et qualitatif). C'est pourquoi le statut de la mesure deviendra si important par la suite : si toutes choses changent, certaines le font selon une mesure, qui limite leurs changements et les soustrait alors au genre de l'illimité pour les faire entrer dans le genre des choses mélangées, c'est-à-dire « mesurées ».

65. L'allusion renvoie à ce qui était dit en 23e, où Socrate demandait déjà que l'on applique la méthode dialectique en saisissant ce qui fait l'unité de chacun des genres énumérés.

66. Là encore, « nature » rend *idéan* (voir, *supra*, 16b et la note 21), et il s'agit bien d'examiner la multiplicité des instances de chaque genre pour en saisir l'unité caractéristique.

67. « Famille » rend *génnan*, qui pourrait être encore rendu par « race ». Le vocabulaire de la parenté familiale est toutefois prégnant dans le dialogue, de sorte que la première solution paraît s'imposer.

68. Socrate insiste de nouveau sur le fait qu'il n'est pas possible d'envisager les deux genres de l'illimité et de la limite indépendamment l'un de l'autre ; la recherche pertinente est celle qui prend pour objet leurs rapports, c'est-à-dire les modalités de l'action que la limite exerce sur l'illimité (voir la note suivante). Cela ne dissipe toutefois pas l'étrangeté du procédé : Socrate définit la nature de l'illi-

mité, mais pas celle de la limite, qui paraît en attente d'une définition.

69. Où l'on comprend que l'action de la limite sur l'illimité est numérique (au sens large où la proportion peut aussi bien être arithmétique que géométrique, quantitative que qualitative) et qu'elle est proprement réelle : la limitation de l'illimité modifie réellement la constitution des choses et elle est de surcroît la cause de leur naissance, comme Protarque le fait immédiatement remarquer.

70. La définition de la santé comme équilibre ou harmonie est courante. Elle l'est chez les prédécesseurs de Platon, et notamment dans les recherches médicales (qui font le plus souvent de la santé le résultat d'un juste équilibre des humeurs), et Platon l'expose pour sa part dans le *Timée* (81a-82b, pour la définition d'ensemble des maladies ; les maladies les plus graves, selon le *Timée*, 84c, sont celles qui affectent l'équilibre de la moelle, lorsqu'elle « souffre d'un manque ou d'un excès de quelque chose »).

71. « Ce qui est bien mesuré et ce qui est proportionné » rend *tò émmetron kaì súmmetron*. La distinction des deux termes insiste manifestement sur le fait que l'introduction des mesures produit de la proportion (en un sens géométrique), mais aussi de la convenance, de la modération et de la beauté (en un sens éthique) ; l'*emmetría* a en effet un usage plus couramment éthique que *summetría* (voir, en 52c4, la double mention de l'*emmetría*, et l'exemple de plaisirs bien mesurés que donnent les *Lois*, VII, 814e8-9).

72. Socrate rappelle ainsi le constat de 25a.

73. À la suite de Gloël, certains éditeurs conjecturent une privation, *ouk*, dans la première proposition, en 26d5. Je ne la retiens pas ; le sens n'en est pas changé.

74. « La naissance en vue d'une réalité » rend l'expression *génesin eis ousían*, dont la signification est très disputée (voir l'Introduction, p. 63-66). Le statut respectif de la *génesis* et de l'*ousía* fera l'objet d'un examen plus précis au terme de l'analyse des plaisirs, en 53c à 54c (voir les notes correspondantes). L'expression appelle plusieurs remarques. La *génesis*, rendu tour à tour par « naissance », « génération » ou « devenir », est un terme générique qui embrasse l'ensemble des choses qui sont nées et qui sont affectées de changement (voir, *infra*, la note 112). À ces choses qui naissent et deviennent, c'est-à-dire aux choses sensibles, Platon donne ici une cause : la naissance d'une réalité résulte d'un processus de limitation de l'illimité. Sous sa forme la plus simple, cette définition du troisième genre suggère que l'ensemble des choses nées sont le résultat d'une telle limitation. Et c'est bien ce qu'affirme Platon. Le statut de la *génesis*, à cet égard, est fixé bien avant la discussion des pages 53c-54c. Il convient de le préciser, de façon à ne pas isoler cette discussion ultérieure de ce qui est d'ores et déjà défini ici (et de se risquer du même coup à croire que « le terme *génesis* est introduit pour la première fois [en 53c4-7] », comme le fait R.A. Shiner dans *Knowledge and Reality in Plato's Philebus*, éd. citée, 1974, p. 51). Et ce d'autant moins que la thèse dynamique qui sera soutenue à terme

est explicitement introduite ici. Celle-ci affirme que toute généra-tion, tout devenir est en vue d'une réalité (*ousía*). La thèse repose sur une hypothèse relative au changement et sur une hypothèse étiolo-gique. D'une part, le devenir d'une chose signifie que celle-ci change et qu'elle ne coïncide pas avec sa « réalité » ; d'autre part, suppose Platon, le devenir est orienté vers une fin, qui est précisément cette réalité et qui joue le rôle de cause finale du devenir. C'est là exacte-ment la thèse que Socrate appliquera en 32a-b aux plaisirs et aux douleurs, afin de les définir respectivement comme la restauration naturelle de la réalité ou au contraire sa disparition (et l'on retrouve alors le même vocabulaire, celui du retour à la réalité propre, *eis tèn hautôn ousían*, en 32b3). La proposition selon laquelle il y aurait un devenir orienté vers la réalité a gêné bon nombre de lecteurs, avertis par d'autres passages des dialogues platoniciens que le devenir et la réalité étaient précisément des modes d'être distincts qu'on ne devait aucunement confondre (la distinction est fermement établie, notam-ment, en *République*, VI, 507b-511e, puis VII, 532a-534b). Ici, au contraire, Socrate semble soutenir qu'une continuité existe entre le devenir et la réalité. Mais la distinction platonicienne du devenir et de la réalité, y compris dans la *République*, ne prend pourtant jamais la forme d'une séparation tranchée, ne serait-ce que parce que les choses sensibles, en devenir, possèdent les caractéristiques qui sont les leurs du fait de leur participation aux réalités intelligibles. De sorte que les premières sont les effets des secondes, leur ressemblent et ne leur sont pas étrangères, et que l'on pourrait admettre qu'une chose sensible, pour autant qu'elle possède davantage qu'une autre la qualité qui les détermine toutes deux, est plus réelle qu'une autre, ou qu'elle se rapproche davantage de cette réalité (en ce sens, une participation plus ou moins grande au beau intelligible pourrait expliquer que certaines choses sensibles de même espèce sont plus belles que d'autres). La difficulté peut être comprise autrement, si l'on suppose (comme le fait notamment Frede, dans l'Introduction de sa traduction, p. 57) que Platon a modifié son ontologie au point de renoncer à faire se recouper la distinction de la réalité et du devenir et celle de l'intelligible et du sensible, pour désormais intro-duire la distinction du réel et du devenir au sein même du sensible. Il y aurait là un bouleversement doctrinal considérable, puisque désor-mais la réalité (*ousía*) serait sensible dans certains cas ; Frede de noter : « Cela semble impliquer un changement d'opinion considé-rable de la part de Platon, puisqu'il lui est désormais possible de dis-tinguer différentes sortes d'objets sensibles selon leur statut ontolo-gique. Platon a certes pu faire une telle distinction entre les choses sensibles dans des dialogues antérieurs, mais c'est seulement mainte-nant qu'il dispose des catégories ontologiques précises qui la rendent possible, grâce aux quatre genres de l'être » (*ibid.*). Outre le fait que Frede accorde une signification ontologique excessivement forte à la distinction des genres, elle néglige le fait que la réalité, *ousía*, n'est pas une catégorie exclusivement intelligible dans les dialogues. Une chose sensible a bien une *ousía*, c'est-à-dire une nature propre, et

Platon ne réserve aucunement le terme *ousía* à l'intelligible. En revanche, il soutient bien que la réalité d'une chose sensible ne lui est pas propre, mais qu'elle est relative dans la mesure où elle lui est conférée, en l'occurrence par une réalité intelligible. Le texte le plus suggestif à cet égard est peut-être celui du *Ménon*, 72a-73c, dans lequel Socrate explique qu'à la question de « savoir ce qu'est une abeille dans sa réalité » (*perì ousías*), il ne peut y avoir qu'une seule réponse : cette forme (*eîdos*) qui est conférée à toutes les abeilles. De la même manière, l'*Hippias majeur* explique que les choses belles ont en commun une même réalité, et que si deux choses sont belles, c'est bien « à cause de la réalité (*ousíai*) qui leur est à l'une et à l'autre attachée (*hepoménēi*) » (302c5). La question de savoir si une chose sensible quelconque a une réalité ne fait donc l'objet d'aucun doute pour Platon ; en revanche, c'est la question de savoir d'où lui vient cette réalité et pourquoi elle est susceptible d'en changer au point de ne plus coïncider avec elle qui le préoccupe, et cela précisément parce que le changement, la génération et la corruption sont le lot commun de toutes les choses sensibles. On trouvera plusieurs exemples d'emplois « sensibles » d'*ousía* dans les dialogues, parmi lesquels, outre ceux du *Ménon* et de l'*Hippias majeur*, l'argument du *Cratyle*, 385e-386e, est particulièrement suggestif (dans l'ensemble, voir l'étude de B. Centrone, « ΠΑΘΟΣ e ΟΥΣΙΑ nei primi dialoghi di Platone », *Elenchos*, XVI, 1995/1, p. 129-152). Enfin, pour un emploi parfaitement semblable à celui qu'on trouve ici, on peut se reporter à la définition de la production que donne le *Sophiste*, 219b, où l'Étranger affirme : « Lorsque quelqu'un a conduit à la réalité (*eis ousían ágēi*) une chose qui n'existait pas avant, nous disons de celui qui la conduit qu'il la produit, et de la chose conduite qu'elle est produite. » On le voit de nouveau, l'accès à l'*ousía* n'implique aucunement le fait qu'une chose sensible « devienne » une « réalité intelligible ».

75. Le principe étiologique selon lequel tout ce qui naît (ou est produit, ou accède à l'existence) naît comme effet d'une cause est couramment répété dans les dialogues (voir, entre autres, *Phédon*, 99b, *Banquet*, 205b, *Sophiste*, 265b, ou encore *Timée*, 28a ; voir la note suivante), afin de servir la thèse selon laquelle rien ne provient de rien et rien n'est dépourvu de cause. Sur les principes de l'étiologie platonicienne, on peut se reporter à l'étude de G. Vlastos, « Reasons and causes in the *Phaedo* » (1969), repris (et corrigé) dans les *Platonic Studies*, Princeton, Princeton University Press, 1973, p. 76-110 (dont les thèses sont discutées par F. Fronterotta, *METHEXIS. La teoria platonica delle idee e la partecipazione delle cose empiriche. Dai dialoghi giovanili al Parmenide*, Pise, Éditions de la Scuola Normale Superiore, 2001, p. 206-210), et surtout à D. Sedley, « Platonic causes », *Phronesis*, 43, 1998, p. 114-132 ; enfin, pour une présentation d'ensemble, à R.J. Hankinson, *Cause and Explanation in Ancient Greek Thought*, Oxford, Clarendon Press, 1998.

76. Socrate insiste sur ce qu'il faut regarder comme une thèse doctrinale : toute naissance, de quoi que ce soit, est une production,

dont ce qu'on nomme cause est le véritable agent. Et c'est précisément en vertu de ce paradigme technique que Platon soutient que la cause, en tant qu'agent, doit être une cause réfléchie, un intellect qui possède l'intelligence des fins qu'il poursuit. Au principe de l'existence du monde tout entier, dira bientôt l'argument cosmologique, il faut poser un intellect agent et cause de toutes choses (30a *sq.*).

77. Platon distingue ainsi entre la cause véritable (*aitía*) et ce qui est simplement « auxiliaire » ou « concourant » (l'expression « être au service de la cause » paraît être ici un équivalent fiable du terme *sunaítion*, qu'on trouve dans les autres dialogues). Cette distinction étiologique est courante dans les dialogues ; les développements les plus conséquents, à son propos, sont ceux qui se trouvent dans le *Phédon*, 99a-b, le *Timée*, 46c-e, et le *Politique*, 281d-282a. C'est au moyen de cette distinction que Platon subordonne sans la nier une causalité de type physique ou plutôt corporel et mécanique, à la causalité véritable qui doit être finale et intellective. Voir encore, *infra*, la note 252.

78. Je lis *pánta* avec *tà gignómena* et non avec les *tría génē*.

79. Le texte que retient Diès et que je traduis est celui des manuscrits tel que l'a corrigé Schütz, qui a substitué, en 27d8, *miktòn ekeîno* à *miktòs ekeînos* (qu'il paraît impossible de conserver).

80. « Le bien tout entier » rend l'expression *pân agathón*, qui a son pendant *pân kakón*, « le mal tout entier », dans la réplique qui suit. C'est donc parce que le plaisir et la douleur ne coïncident ni avec le bien ni avec le mal qu'il convient de se demander ce qui leur confère l'un ou l'autre.

81. S'entretenant avec Protarque, Socrate avait établi que le bien véritable ne pouvait être que parfait, c'est-à-dire achevé (*téleion*). C'est une leçon que Philèbe a omis de retenir. Son apologie du plaisir illimité va se trouver réfutée de façon semblable et d'autant plus ferme que le genre de l'illimité est désormais défini comme celui des choses qui sont dépourvues, par elles-mêmes, d'achèvement.

82. En 28a3, les principaux manuscrits donnent le pronom pluriel *toútōn*, qui rend la construction de la phrase délicate et que Diès corrige en un singulier *toûto*, en suivant la leçon d'un manuscrit plus récent (pour sa part, Burnet opte pour *toútō*). D'un choix à l'autre, le sens reste toutefois semblable : on suppose que les plaisirs reçoivent quelque chose du bien, mais on admet que le plaisir compte parmi les illimités. Traduisant le texte retenu par Diès, la phrase dirait : « Qu'il te soit donc accordé (le singulier *toûto* renvoie au propos qui vient d'être tenu) que le plaisir appartient au genre des choses illimitées. » La forme plurielle, que je préfère traduire, me semble s'imposer dans la mesure où ce sont les plaisirs qui viennent d'être évoqués. Littéralement, la phrase dit : « Que te soit donc accordé ces choses qui font partie des illimités. » Elle serait toutefois mieux construite si on corrigeait non pas ce pluriel *toútōn*, mais le terme *gegonòs* en 28a4 ; soit en lui substituant *ge génous* (comme Burnet), soit simplement *génos*, de façon à comprendre « qu'il soit

admis que cela entre dans le genre des choses qui sont illimitées ».
Dans la mesure où *éstō* peut se construire avec le génitif (pour indiquer l'origine), la correction de Burnet me paraît être la plus
heureuse ; je l'adopte.

83. La déification des deux concurrents, le plaisir et la réflexion,
remonte au tout début de la discussion (dès 12b-c, où le plaisir est
identifié à Aphrodite ; voir, *supra*, la note 4). Socrate a pour sa part
qualifié de divin l'intellect dont il défend la cause (22c) ; en 28c puis
30d, l'intellect royal qui gouverne l'univers est attribué à Zeus.

84. C'est encore une fois l'indice d'une réfutation : l'embarras est
l'affection que produit la contradiction des hypothèses ou des jugements. Ici, la preuve de la supériorité théologique et cosmologique
de l'intellect (comme de la réflexion) contrarie l'apologie du plaisir
comme souverain bien.

85. Je rends ainsi *prophḗtēs*, qui désigne à la fois celui qui annonce
(la parole divine, par exemple, comme le fait un devin) et celui qui
interprète (voir, entre autres occurrences, *Timée*, 72a6 et la note *ad
loc.* de L. Brisson, dans la même collection). La signification du
terme n'est cependant pas exclusivement religieuse : on peut qualifier de *prophḗtēs* le porte-parole d'une école dont la charge est
d'exposer et d'expliquer une doctrine. C'est bien le rôle que Protarque entend faire jouer à Socrate (et non pas à Philèbe, dont il se
déclarait pourtant le disciple, 19a). Protarque se montre ainsi victime d'un double désarroi, aussi bien religieux (le dieu de Socrate
paraît supplanter sa propre déesse) que scolaire (il échoue à assumer
l'héritage de la thèse de Philèbe). Socrate n'a de cesse qu'il ne joue
sur cette ambiguïté, qualifiant alors l'erreur doctrinale, spéculative, à
la manière d'une impiété.

86. La remarque est ironique, car les savants manquent précisément le rôle cosmologique directeur et proprement constitutif de
l'intellect, et ce y compris lorsqu'ils prétendent l'exposer. C'est en
effet la thèse que Socrate impute à Anaxagore dans le *Phédon*, tout
en se plaignant que son auteur n'ait pas su en tirer toutes les conséquences et qu'il n'ait finalement pas su la défendre (97b-99d). Et
c'est encore la thèse qu'il résume dans le *Cratyle* en des termes très
proches de ceux que l'on trouve ici : « D'après lui [Anaxagore] en
effet, régnant de façon absolue et sans être mélangé à quoi que ce
soit, l'intellect ordonne toutes choses en les parcourant toutes »
(413c5-7). L'intellect cosmique se voit doté par Platon des attributs
de Zeus (communément désigné comme le roi du ciel et de la terre) ;
voir 30d.

87. Je rends ainsi *tò hólon* (le tout), en supposant que le terme, qui
explique l'expression *tà súmpanta* (elle-même étant le strict équivalent des *ónta en tô pantì* de 23c4), a ici une signification « cosmologique » (alors que les autres occurrences du terme sont toujours
attribuées à un objet précis : la totalité du ciel, le corps tout entier,
etc. ; on peut à cet effet comparer les usages de 29e5, 30b5 et 36a3).
Ici, *tò hólon* est donc synonyme de *tò pân* (voir notamment, pour ce
dernier terme, l'usage cosmologique de l'expression *en tô pantì* (dans

l'univers) en 29b10, c2 et d2. La cosmologie platonicienne du *Timée* emploie le même vocabulaire, de la même manière.

88. Cette alternative (l'univers est-il le produit d'une causalité rationnelle ou bien le fruit hasardeux d'une causalité spontanée ?) est courante dans les dialogues platoniciens. Établie dès le *Phédon* (97b-99a), on la retrouve notamment et presque à l'identique dans le *Sophiste*, 265c-d. Le livre X des *Lois* en donnera la dernière et la plus longue version. On doit pouvoir se garder de chercher à identifier les « devanciers » auxquels il est ici fait allusion ; la tentation est grande, bien sûr, de leur prêter les traits d'Anaxagore (voir, *supra*, note 86) ou de Diogène d'Apollonie (fragments édités par A. Laks, *Diogène d'Apollonie. La dernière cosmologie présocratique*, Lille, Presses Universitaires de Lille, 1983), mais Platon leur reproche précisément de n'avoir pas su défendre l'entière rationalité du monde. Comme Socrate le souligne, ils se sont contentés de l'affirmer. Voir encore, *infra*, la note 90.

89. Je rends ainsi le verbe *diakosmeîn* et le substantif *diakósmēsis* par « ordonnancement ». Cette mise en ordre, ou « arrangement », a une signification d'abord cosmologique et le terme ne semble pas employé avant Platon (qui en use parfois dans un autre contexte, politique par exemple ; voir le *Banquet*, 209a ou encore les *Lois*, IX, 853a). C'est ainsi que le *Timée* désigne l'ordonnancement de toutes choses auquel procède le divin démiurge (53a7, entre autres occurrences). La *diakósmēsis* désigne aussi bien un processus, l'activité intelligente de la mise en ordre par un agent ou par une cause divine, que le résultat de ce processus, la totalité ordonnée du monde. Lorsqu'il emploie ce terme dans la *Métaphysique*, Aristote peut sembler en attribuer la paternité aux Pythagoriciens (A 5, 986a). Dans l'ensemble, voir A. Petit, « *Peras* et *apeiron* dans le *Philèbe* », dans *Platon et l'objet de la science*, éd. par P.-M. Morel, Bordeaux, Presses universitaires de Bordeaux, 1996, p. 113-121.

90. « Habile » (*deinós*) est le plus souvent employé de façon péjorative par Platon ; ainsi est-ce le qualificatif qu'il réserve le plus souvent aux disputeurs et aux sophistes. On trouve dans les *Lois* une réfutation de cette thèse pseudo-savante qui entend défendre que le monde est ordonné au hasard, sans l'intervention d'un intellect divin ; voir X 885b-889d, puis les études de L. Brisson : « Une comparaison entre le livre X des *Lois* et le *Timée* », *Le Temps philosophique*, 1, 1995, p. 115-130, et « Les préambules dans les *Lois* », dans *Lectures de Platon*, Paris, Vrin, 2000, p. 235-262 (plus particulièrement les p. 248-262). Le *Philèbe* donne ainsi une version abrégée d'une critique suggérée dans le *Phédon* et élaborée dans les *Lois* (et réfutée *a contrario* dans le *Timée*). Il me semble qu'il y a là l'un des raccourcis doctrinaux dont le *Philèbe* est coutumier, mais en aucun cas une contestation de la cosmologie exposée dans le *Timée* ou dans les *Lois*.

91. On trouve l'exclamation du matelot chez Eschyle, *Agamemnon*, v. 899, et c'est un vocabulaire que Platon emploie à plusieurs reprises (en *République*, V, 472a, lorsque Socrate dit craindre que des

objections l'emportent comme autant de vagues, empruntant alors au *Prométhée enchaîné*, v. 1015, ou encore dans l'*Euthydème*, 293a).

92. « Constitution » rend *sústasis*, qui désigne l'arrangement, l'organisation des parties dans un tout. Le *Timée* emploie ce terme pour qualifier l'ordre du monde comme celui des vivants. C'est à partir d'une certaine proportion des quatre éléments premiers que tous les corps vivants sont formés ; voir notamment 57c-d et 89c.

93. Dans cette phrase, la « pureté » rend *eilikrinés*, qui signifie plus littéralement l'absence de mélange. Voir, *infra*, la note 232.

94. Il faut rappeler que le feu, comme élément, ne se manifeste pas exclusivement comme flamme, et qu'il n'est pas nécessairement séparé des trois autres éléments. Mêlé à l'air comme à l'eau, il est à l'origine de la chaleur. C'est, par exemple, en un mélange d'air et de feu que consiste la respiration des vivants, et en une forme de coction que consiste la circulation sanguine. Le *Timée* en a donné l'exposé ; voir notamment 78a-81e. Ce qu'évoque ici Socrate, c'est précisément la différence qui existe entre l'ensemble de la masse élémentaire de feu dans l'univers et la part infime qui, se mélangeant en nous à d'autres éléments, produit la chaleur nécessaire à la vie.

95. Cette remarque est décisive, car elle accomplit le rapprochement de cette série d'exemples cosmologiques et physiologiques avec les développements consacrés plus tôt au problème de l'un et du multiple. L'unité est ainsi conçue comme l'unité d'un tout ordonné, organisé ; elle est le résultat d'un ordonnancement de la multiplicité.

96. On notera que la démonstration procède à rebours du discours cosmologique du *Timée* qui, partant de la constitution du monde pour aller vers celle des vivants en son sein, suivait un ordre inverse de celui qui est ici adopté. Le *Philèbe* se donne ainsi les moyens d'établir une preuve de type physico-théologique, comme y revient, *infra*, la note 100.

97. Platon suppose que les vivants sont homogènes au monde qui les contient, qu'ils sont constitués des mêmes éléments. C'est la proportion élémentaire et leur ordonnancement respectif qui les distinguent. Dans les termes du *Timée*, les vivants sont composés à partir du mélange qui a servi à la fabrication du monde, mais selon des proportions de moindre qualité. Cela explique que le monde soit un vivant différent de ceux qu'il contient, mais permet aussi bien que l'un et les autres soient tous des vivants. Platon défend ainsi résolument la ressemblance qui existe entre le macrocosme, le monde dans son ensemble, et le microcosme qu'est tout être vivant.

98. Le genre « commun » (*koinón*) est le genre mélangé ; voir, *supra*, la note 53.

99. De nouveau et comme en 29b7, « pures » signifie ici « dépourvues de mélange » et rend *eilikrinôn*. Voir, *infra*, la note 232.

100. La construction de la phrase ne va pas de soi ; je traduis en accusant l'analogie et la preuve qu'elle contient lorsqu'elle compare la perfection cosmique, avérée, et la nature des corps humains, qui contiennent les mêmes éléments que le monde, à un moindre degré

de perfection. La conclusion implicite de cette preuve est que la perfection dont la nature corporelle est susceptible résulte des mêmes
causes que celle de la perfection cosmique. L'argument peut être
qualifié de preuve par les effets, en ce sens que la perfection de la
cause de l'univers est démontrée à partir de la perfection de ses
effets : la beauté et la pureté de ce qu'on y observe. Le *Philèbe*, si l'on
s'en tient à la « chronologie » courante des dialogues, anticiperait
ainsi sur ce qu'on trouve dans les *Lois* (en V, 726a, et pour l'essentiel
dans les pages déjà citées, note 90, du livre X).

101. L'obéissance aux dieux exige qu'on les nomme comme ils le
souhaitent eux-mêmes, selon les qualités qu'ils veulent qu'on leur
reconnaisse (car ce sont eux, qui se sont répartis leurs propres hon-
neurs et leurs propres qualités, comme le rappelle Hésiode dans sa
Théogonie, v. 112) ; voir les remarques plus précises du *Phèdre*, en
246d-e, puis 252c-253c (la question se pose pour Platon de la
manière dont on peut rendre compte du divin, dont la perfection
nous échappe le plus souvent ; reconnaître aux dieux des qualités
humaines, c'est prendre le risque de les mésestimer).

102. Socrate aura donc donné à la thèse des physiciens évoqués en
28c le fondement que ces derniers étaient incapables de lui procurer.

103. L'incise placée entre parenthèses paraît singulièrement
redondante. Comme c'est le cas de l'ensemble de cette page 30, le
texte est à la fois difficile et incertain. Gosling (*op. cit.*, p. 99) a choisi
de l'écarter, en signalant à bon droit qu'elle n'apportait rien à la
remarque de Socrate. Je l'ai traduite faute d'opinion tranchée et en
tenant compte du fait que Socrate semble tout de même vouloir
démontrer ici (comme en 30a-b) que la distinction des quatre genres
est le moyen adéquat de rendre compte de l'ensemble de la réalité. Il
ne serait donc pas surprenant qu'il y insiste tant.

104. On peut rappeler que le divin démiurge du *Timée* réalise lui
aussi, grâce avant tout à son intellect, un mélange, à partir duquel il
engendre le monde dans son ensemble, son âme comme son corps.
Voir surtout 31b-33b (fabrication du corps du monde), puis 34a-
36b (de l'âme du monde) et 41d-e (des âmes des astres), et enfin
l'usage que les autres dieux font de ce mélange, devenu de moindre
qualité (afin de fabriquer les âmes et les corps des individus vivants,
en 42e-43a).

105. La distinction du jeu et du sérieux est courante dans les dialogues, qui présentent comme des jeux à la fois certaines formes de
fictions (de mythes) et de libertés prises avec l'exactitude ou la
rigueur démonstrative. Mais ces jeux, dit Platon, n'en favorisent pas
moins la connaissance ou même la découverte de la vérité ; ils ont
une fonction heuristique et un rôle proprement méthodologique
(voir notamment l'introduction du mythe du *Politique*, 268d-e, ou
encore les remarques du *Phèdre*, 265d et du *Timée*, 59c-d ;
l'ensemble des textes pertinents est examiné par L. Brisson, *Platon,
les mots et les mythes* (1982), Paris, La Découverte, 1994², chap. 7).
C'est donc la démonstration cosmologique qui est qualifiée de jeu.
Elle l'est au titre de fiction cosmologique (et peut-être plus encore

que le récit plus élaboré du *Timée*), mais aussi au titre de la rigueur démonstrative qui lui fait défaut (puisqu'elle procède au moyen d'arguments rapides et empiriques, en se contentant de faire constater la perfection et la beauté de toutes choses, et qu'elle n'offre qu'un aperçu partiel, si l'on songe au fait que seul l'exemple du feu est évoqué, de la constitution du monde). Enfin, cette esquisse de démonstration cosmologique est qualifiée de jeu parce qu'elle reste une réponse indirecte (comme l'atteste la surprise que vient de manifester Protarque) à la question posée : celle-ci portait le genre auquel appartient la réflexion (c'est-à-dire aussi bien la science et l'intellect, 28a), quand la réponse que propose Socrate implique la production et l'ordre du monde tout entier.

106. Socrate applique ainsi la définition des genres à l'objet de la recherche, et répond à la question de 28a : le genre de la réflexion (de l'intellect et de la science) est celui de la cause. Toutefois, comme le souligne le motif de la parenté (et la réserve « à peu près »), il n'épuise aucunement ce genre (tout comme, à l'inverse, on doit reconnaître que son appartenance au genre de la cause n'épuise pas la définition de l'intellect). On doit admettre que quelque chose d'autre appartient aussi bien au genre de la cause (et la seule réalité qui jusqu'à présent a été qualifiée de cause est le bien), et que l'intellect est cause dans la mesure où il se rapporte ou s'apparente à cette réalité (le *Phédon*, 79b-d, avait ainsi expliqué que l'âme, pour autant qu'elle se tourne vers les réalités intelligibles, leur est apparentée).

107. Le plaisir est à son tour rapporté à l'un des quatre genres, en l'occurrence celui des choses illimitées. La proposition est toutefois nuancée : tout comme l'intellect est « apparenté » à la cause, le plaisir l'est sans doute à l'illimité. La suite du texte va immédiatement porter une réserve à cette identité du plaisir et de l'illimité, en signalant que le plaisir comme la douleur naissent dans le troisième genre. On pourrait en conclure que le plaisir ne comporte pas, en tant que tel, de limite, mais qu'il est susceptible d'en recevoir une. Et c'est bien ce que précisera l'entretien plus tard, en 41d. On ne peut donc suivre ceux des commentateurs qui soutiennent que Platon range le plaisir parmi les illimités, ne serait-ce que parce qu'ils s'interdisent de comprendre comment le *Philèbe* pourra dire des plaisirs purs et vrais qu'ils font partie des choses bien mesurées (en 52c-d).

108. L'étonnement de Protarque paraît être le résultat du changement de nom du troisième genre, que Socrate appelle tour à tour « commun » ou « mélangé ». Il est aussi l'indice de la difficulté à concevoir comment les deux premiers genres, si nettement distingués, peuvent se mélanger.

109. Le texte est plus elliptique que la traduction que j'en propose (en supposant le verbe « voir », qui n'apparaît pas dans la phrase grecque).

110. On trouve ici la première occurrence du terme « souffrance », *algēdón*, qui peut s'entendre en un sens aussi bien moral que physique. Les lexiques respectifs ne sont pas aussi variés dans les deux

cas, mais on voit bien que ce qui était vrai de la réflexion (elle est un genre, et embrasse aussi bien la science que l'intellect ou l'opinion droite) l'est aussi du plaisir et de la douleur (aussi la souffrance est-elle associée à la douleur, quand la jouissance, *khará*, l'est au plaisir).

111. On trouve ici la première occurrence de la « réplétion », *plérōsis*, dont il sera fréquemment question par la suite. Dans le *Philèbe* comme dans d'autres dialogues (pour l'essentiel dans le *Gorgias*, 494e-505b, et dans le livre IX de la *République*), c'est la réplétion, littéralement le « remplissage », le fait de se remplir comme l'on remplit un récipient vide, qui caractérise le plaisir (dans le *Gorgias* 492d-494a, Socrate le présente en mauvaise part comme le perpétuel remplissage d'un tonneau percé). Si Platon exploite si fréquemment ce motif, c'est bien évidemment qu'il lui permet d'insister sur le lien qui existe entre le plaisir de la réplétion et la douleur du vide. Plaisir et douleur sont indissociables parce qu'ils se succèdent l'un à l'autre et s'appellent l'un l'autre. Le motif de la réplétion appelle deux remarques. D'une part, il nomme un processus ; c'est un point remarquable, car il qualifie le plaisir à son tour comme un processus et non pas simplement comme un état. D'autre part, comme l'apologie des plaisirs philosophiques opposés aux plaisirs intempérants le suggère dans le *Gorgias* et dans la *République*, la réplétion ne caractérise pas en propre tous les plaisirs. Un plaisir qui ne consisterait pas en la réplétion d'un vide serait en effet délié de la douleur. Comme la suite de l'entretien le montrera, tel est le cas des plaisirs vrais, et c'est bien l'objet spécifique du *Philèbe* que de les identifier. La définition du plaisir (ou d'une partie des plaisirs) comme un processus de réplétion aura une postérité considérable, depuis l'examen que lui consacre Aristote dans l'*Éthique à Nicomaque* (livres VII et X ; l'Annexe 2, en fin de volume, y revient rapidement. Ici, on peut renvoyer à l'*Éthique à Nicomaque*, X, 2, 1173b7-12, qui reprend fidèlement cette définition du *Philèbe*) mais encore aux définitions modernes du plaisir comme satisfaction d'un manque. Les éventuels antécédents préplatoniciens d'une telle définition sont incertains. Les développements qu'Héraclite aurait consacrés à l'unité des contraires, en soutenant notamment que le plaisir et la douleur, la faim et la satiété étaient une seule et même chose, peuvent certes sembler préparer le propos de Platon (dans cette même collection, voir le recueil *Héraclite, Fragments. Citations et témoignages*, et plus particulièrement le texte 7), mais ils ne lui ressemblent que lâchement. Il en va de même de la thèse physiologique ou médicale selon laquelle l'état de santé (et aussi bien de plaisir organique) résulterait d'un équilibre quand la douleur serait au contraire l'effet d'un déséquilibre et d'un vide ; là encore, c'est une opinion qui paraît extrêmement répandue à l'époque, sans que l'on puisse rapporter les remarques de Platon à telle ou telle source particulière (voir toutefois, dans le *corpus* hippocratique, le traité *Des humeurs*, 1 et 6, et surtout, dans les *Aphorismes*, l'opposition courante de la réplétion et du

vide, ou plutôt de l'évacuation (*plérōsis/kénōsis*) : I, 4 (IV, p. 463
Littré) ; II, 22 (p. 476) ; VI, 39 (p. 574)).

112. « Destruction » rend *phthorá*. Le terme a une valeur générique étendue. Il embrasse toutes les formes de dissolution évoquées
par Socrate, et il est surtout l'un des principaux termes que Platon
emploie afin de caractériser l'ensemble des choses sensibles. Ces
dernières ont pour commune caractéristique de naître, de devenir et
de changer, puis enfin de périr. Tout ce qui procède d'une génération (*génesis*) est ainsi par nature promis à une destruction (ou à une
« corruption », puisque c'est là aussi une traduction courante du
terme *phthorá*). La cosmologie du *Timée* donne sur cette question les
éclaircissements utiles (notamment en 27c-29d), et revient en des
termes semblables sur les risques qu'entraîne l'intempérance en
matière de nourriture et de boisson (72e-73a).

113. Là encore, l'explication physiologique de la pathologie à
laquelle Socrate fait allusion paraît être connue. Il s'agit d'une trans-
formation des humeurs, dont la médecine hippocratique explique
qu'elles changent de qualité selon les saisons. Mais l'usage qu'en fait
Socrate a cette particularité qu'il en donne toujours une explication
selon la mesure (plutôt que selon les qualités humorales). Les
exemples médicaux du *Philèbe* sont examinés avec précision par
L. Ayache, qui met en évidence la spécificité, non hippocratique, de
l'usage qu'en fait Platon : « Le fonds médical du *Philèbe* », dans *La
Fêlure du plaisir, études sur le* Philèbe *de Platon*, II, éd. par
M. Dixsaut, Paris, Vrin, 1999, p. 35-60.

114. Comme l'a noté S. Benardete dans sa traduction, on trouve
ici la dernière occurrence du terme « limite » dans le dialogue. On
ajoutera que c'est désormais le terme de mesure, en vertu de ce que
dit 26d (les mesures sont ce qui accompagne la limite), qui s'y subs-
tituera.

115. « Vers leur propre réalité » rend *eis tền autōn ousían*. L'expression éclaire par avance les remarques qu'on trouve en 54a-c, lorsque
Socrate expliquera que toute naissance, tout devenir (*génesis*) est en
vue d'une réalité (*ousía*) et d'un bien. La réalité d'une chose, ici,
désigne sa nature de façon axiologique : c'est en fonction de ce
qu'elle doit être (conformément à sa nature) que la chose est dissoute ou reconstituée, et éprouve de ce fait une douleur ou un plaisir.
Le plaisir est ainsi confondu avec la reconstitution ou à la restauration de la nature propre, il est le sentiment qui l'accompagne chez les
vivants animés. Socrate applique en ces termes la définition qu'il
avait donnée, en 26d, du troisième genre (dont le propre est de
résulter du mélange des deux premiers et de consister en « la naissance d'une réalité qui est produite par l'effet des mesures qui
accompagnent la limite »). Comme le signalait, *supra*, la note 74, la
réalité (*ousía*) désigne la nature d'un être vivant, avec cette précision
ici (où *eîdos*, rendu par « forme », a bien le sens de forme propre à
l'espèce de vivant qu'on considère) que cette réalité est celle qui est
conforme à l'espèce de ce vivant. Ainsi, selon son état, et notamment
selon les pathologies qui l'affectent, un individu peut s'éloigner de la

norme en quoi consiste l'équilibre physiologique propre à son espèce.

116. « Opinion par anticipation » rend presque littéralement le syntagme *prosdokía* (ou ici, et c'est son unique occurrence dans le dialogue, celui de *prosdókēma*). « Anticipation » suffirait sans doute, mais on perdrait alors cette nouvelle forme du vocabulaire de l'opinion et de la représentation. La définition de la crainte comme opinion anticipée d'un mal futur se trouve dans le *Lachès*, 198b, et dans le *Protagoras*, 358d. Si l'usage courant du terme l'associe à la peur, Platon élargit toutefois sa portée afin de lui faire désigner toute forme d'anticipation et de le rapporter à l'opinion dont il n'est qu'une forme.

117. « Purs » et « pas mélangés » rendent respectivement *eilikrinésin* et *ameíktois*. Cette distinction, comme y revient la note qui suit, a valeur de précision : le plaisir et la douleur sont purs (dépourvus de mélange) lorsqu'on les considère l'un à part de l'autre, et ajoute alors Socrate, ils restent de surcroît séparés l'un de l'autre.

118. La construction comme la compréhension de cette phrase font difficulté. Mon hypothèse de lecture est la suivante : les deux espèces de plaisirs et de douleurs dont il est question sont les plaisirs et les douleurs psychiques, que l'âme éprouve elle-même, par anticipation, lorsqu'elle espère une chose plaisante ou redoute une chose douloureuse. Socrate précise ici que ces plaisirs et ces douleurs psychiques peuvent exister à l'état pur, sans que le plaisir comporte la moindre part de douleur, et inversement. La mention au génitif singulier du plaisir et de la douleur est au premier abord déconcertante, mais la phrase, à l'encontre des doutes de Robin (n. 1, p. 581 de sa traduction) ou des conjectures de Diès (*ad loc.*), n'en conserve pas moins une signification : le sujet en est le couple formé par le plaisir et la douleur de la seconde espèce (ici rappelés : *toútois*, puis *hekatérois*), dont Socrate dit qu'ils sont tous deux dépourvus de mélange (*ameíktois lúpēs te kaì hedonēs* signifiant alors que chacun des deux est pur de toute part de l'autre : le plaisir pur de douleur, la douleur pure de plaisir). La conjecture *eídesi* que propose Diès en 32c9, paraît à cet égard inutile. Il faut enfin noter, à l'encontre de ce que soutient le même Diès, que la pureté du plaisir et de la douleur ne signifie en rien une pureté quant à la réflexion (Diès, p. 34 n. 2, affirmait que ces plaisirs et ces douleurs étaient purs « avant tout, de tout mélange à la sagesse »), mais simplement une pureté « réciproque » : on fait ici l'hypothèse que les plaisirs en question ne comportent pas de douleur, et inversement. Voir encore l'Introduction, p. 43-44.

119. La mention de cet état (*diáthesis*) rappelle le tout début du dialogue, qui se proposait, en 11d, de « définir la disposition et l'état de l'âme (*héxin psukhēs kaì diáthesin*) qui sont capable de procurer à tous les hommes la vie heureuse ». La possibilité qu'il est désormais possible d'envisager est donc celle d'un état ne comportant plus aucune part de plaisir ou de douleur. Pour le dire dans les termes du début du dialogue, l'hypothèse est maintenant examinée d'une vie de réflexion qui ne serait aucunement mélangée à du plaisir. Il paraît

possible de distinguer entre la disposition de l'âme (son *héxis*) et l'état qui en résulte (*diáthesis*) : la première désigne les rapports que l'âme entretient avec les objets auxquels elle se rapporte (et notamment avec les objets de son désir), la seconde désigne l'état dans lequel l'âme se trouve selon qu'elle a fait tel ou tel choix. Comme le précisera l'exemple des émotions éprouvées lors des représentations théâtrales, un même spectacle peut engendrer des états psychiques distincts selon la disposition de l'âme qui y assiste. La distinction de la disposition et de l'état aura une importance considérable dans l'éthique aristotélicienne, où elle est toutefois thématisée autrement (dans l'*Éthique à Nicomaque*, I, 6, Aristote dit de la vertu, qu'elle est fondée dans une disposition, *héxis*, qui s'accomplit dans un acte, quand l'état, *diáthesis*, est une disposition qu'on pourrait dire conjoncturelle ; la distinction passe alors entre une disposition morale constitutive ou fondamentale, qui détermine le caractère de l'individu, et une disposition de fait qui peut être accidentelle ou provisoire).

120. Je suis Diès et traduis le *tôi heloménôi* des manuscrits, en 33a8, dont Burnet faisait l'économie, à la suite de Badham.

121. Socrate renvoie ici à la discussion des pages 20e-22b, qui avait établi qu'aucune des deux vies concurrentes (selon la réflexion et selon le plaisir) n'était éligible pour elle-même, à l'exclusion de l'autre. Mais l'argument est désormais différent : il ne s'agit plus de dire qu'une vie de réflexion ne peut se passer du plaisir, qu'elle en a besoin comme d'un adjuvant ou qu'elle produit comme son effet, mais au contraire d'affirmer qu'elle peut très bien ne pas le connaître. Du moins, et c'est la réserve qu'il importe de noter, sous cette forme particulière où le plaisir est susceptible à la fois de subir des variations et d'être mélangé à la douleur.

122. La plus divine rend *theiótatos* ; ce superlatif est souvent employé par Platon, dans un contexte éthique, pour désigner l'excellence dont l'homme est capable (une excellence qui l'apparente au divin). Platon prend toutefois soin de préciser en quoi consiste le caractère divin de la vie humaine : celle-ci est divine lorsque ce qui en l'homme est divin gouverne sa conduite. Le divin en l'homme, c'est l'âme, et plus exactement l'intellect en l'âme, comme le soulignent notamment la fin de l'*Alcibiade*, 132d-133c, le *Timée*, 45a, 73a et 85a, ou encore les *Lois*, qui affirment notamment qu'« après les dieux, c'est l'âme qui est ce qu'il y a de plus divin » (V, 726a). On ne devrait donc pas supposer que Socrate cherche ici à définir ou même à évoquer la vie des dieux ; le recours au superlatif vaut simplement pour la désignation de l'intellect en l'homme, comme le rappellera du reste Socrate en 43c. À quoi il faut ajouter, à rebours, que la vie divine est précisément définie par Platon comme n'ayant aucune part aux passions humaines, aux plaisirs ou aux douleurs. La *République* y avait insisté, en dénonçant l'anthropomorphisme et la fausseté des représentations traditionnelles des dieux (notamment en II, 388c-390c).

123. Le dialogue n'y revient pas explicitement. L'entretien ne portera que sur le mode de vie qui convient à l'homme, quand la vie
divine sera négligée. Rien n'autorise toutefois à en déduire que la vie
divine ignore parfaitement le plaisir là où la vie humaine, imparfaite,
devrait nécessairement et par défaut s'en accommoder. C'est la
leçon que bon nombre de lecteurs veulent tirer de cette remarque de
Socrate (entre autres, voir les notes *ad loc.* de Diès ou de Frede).
Autant il est vrai que la vie humaine et la vie divine se distinguent en
effet, puisque la seconde est parfaite, autant il n'est pas du tout exclu
que la vie réfléchie soit exempte de plaisirs. Si l'on accorde, comme
le fera la fin du dialogue, que la réflexion, sous sa forme la plus élaborée, s'accompagne de plaisirs purs, c'est bien l'opinion contraire
que soutient Platon. Les dieux ne jouissent certes pas comme les
hommes, selon le plus et le moins et en souffrant, mais Platon ne les
prive pas de plaisir.

124. Le dialogue y revient à partir de 42d, pour qualifier cette vie
neutre ou « médiane ». Que l'on puisse se soustraire ainsi au cycle
d'une éternelle succession de la douleur et du plaisir est l'une des
hypothèses récurrentes des différents exposés platoniciens consacrés
au plaisir (par exemple, en *Gorgias*, 496a-499b ; voir les comparaisons et les analyses textuelles de K. Schöpsdau, « Vertu et plaisir :
sur *Lois*, V, 732d8-734e2 », *Revue philosophique de la France et de
l'étranger*, 2000-1, p. 103-115.). C'est du reste l'une, sinon la princi-
pale, des objections adressées par Platon aux partisans du plaisir :
qu'est-ce qu'un plaisir qui ne s'avère être que le contraire de la douleur et qui ne serait alors que la correction d'un défaut ? Si un pur
plaisir est possible, il doit être délié de la douleur.

125. Platon distingue ici très nettement entre les impressions corporelles (*pathēmata*), les modifications physiologiques qui affectent
le corps et sont, pour certaines seulement, transmises à l'âme qui en
pâtit (en éprouve une affection, *páthos*). Tout *páthēma* ne donne
donc pas lieu nécessairement à un *páthos*. Nous dirions aujourd'hui
qu'une partie seulement des processus ou des modifications physiologiques accède à la conscience de celui qui les subit. Le *Timée* établit
cette même distinction en 42a-43c, en demandant, comme va le faire
le *Philèbe*, qu'on distingue entre ces impressions corporelles et les
sensations, qui sont des jugements de l'âme. Voir, *infra*, la note 153.

126. Voir la note précédente. Cette distinction entre les impressions corporelles et leur perception par l'âme a une importance
considérable. Elle permet en effet d'expliquer le caractère à la fois
physiologique et psychique (ou si l'on veut, psychophysiologique)
de l'affection. Si cette dernière est bien perçue et éprouvée par l'âme,
elle n'en affecte pas moins le corps : il y a une affection relative au
corps lorsque les impressions corporelles sont perçues et jugées par
l'âme. Cela va permettre à Platon de défendre la thèse selon laquelle,
en dernière instance, le plaisir et la douleur (mais aussi bien le désir)
ne sont le fait que de l'âme, y compris lorsque ces affections sont
relatives à des impressions corporelles. À l'encontre de ce que soutient notamment Frede (p. 33-34, n. 3), cette définition de l'affec-

tion (c'est-à-dire aussi bien des passions relatives aux états corporels que de la sensation en général) s'accorde parfaitement avec celle du *Timée*. La « secousse » (*seismós*) est donc le mouvement que les impressions physiologiques parviennent à transmettre à l'âme (ou au contraire, comme y revient 33e, le mouvement que cette dernière ne saisit pas). Cette secousse est caractéristique du mouvement des éléments qui composent tous les corps : ces derniers sont affectés de mouvements locaux qui sont le signe de leurs changements qualitatifs, et ce sont ces changements que l'âme perçoit : voir notamment *Timée*, 57b-c (et la note 442 de la traduction de L. Brisson) et, dans ce même dialogue, l'analyse de la sensation, en 61c-69a.

127. Plus littéralement, le texte dit que les impressions demeurent ou non cachées, dissimulées. Le verbe *lanthánein* ici employé nomme à la fois le fait d'être ignoré et d'être caché. Ce que les Grecs nomment *alétheia* (la « vérité ») consiste précisément dans le dévoilement ou la découverte de ce qui est ainsi dissimulé. Ainsi, les impressions qui ne sont pas perçues par l'âme demeurent inconnues. Le constat a une importance épistémologique considérable, puisqu'il rappelle que notre connaissance des choses sensibles reste partielle et doublement relative : à ce que nos sens perçoivent, mais aussi à celles de nos impressions qui sont ensuite perçues par notre âme.

128. « Insensibilité » rend ici *anaisthēsian*, privation de la sensation (*aisthēsis*). On notera que ce terme, introduit semble-t-il par Platon dans la langue savante, n'apparaît, outre cette occurrence du *Philèbe*, que dans le *Timée*, en 52b2 et 74e8.

129. La sensation est donc le jugement que l'âme prononce sur les impressions corporelles qu'elle perçoit ; voir, *supra*, la note 125 qui donne les références correspondantes dans le *Timée*. On y ajoutera les analyses du *Théétète*, 182d-186e, et les explications de L. Brisson dans « Perception sensible et raison dans le *Timée* », dans *Interpreting the Timaeus-Critias. Proceedings of the IVth Symposium Platonicum*, éd. par L. Brisson et T. Calvo, Sankt Augustin, Academia, p. 307-316.

130. La notion de « réminiscence » (*anámnēsis*) est plus abondamment exploitée dans le *Ménon*, 81a-86c, où elle sert l'argument selon lequel le fait que nous puissions nous « ressouvenir » de connaissance que nous n'avons pas apprises indique que notre âme, immortelle, a acquis ces connaissances lors d'une précédente vie, mais aussi dans le *Phédon*, 72e-76b, où l'hypothèse de la réminiscence sert de surcroît l'argument selon lequel on peut connaître une chose sans en avoir la sensation : percevant une chose quelconque, nous nous ressouvenons d'une autre chose qui lui ressemble. L'hypothèse d'une vie antérieure de l'âme n'est en rien nécessaire ici au *Philèbe* ; en revanche, il s'agit bien pour le dialogue de réintroduire la possibilité d'une perception psychique par un autre moyen que le corps. C'est à cette fin que la réminiscence est ici introduite, et l'argument du *Philèbe* s'apparente alors aux analyses que le *Théétète* consacre à la mémoire, à l'opinion et à la sensation, en 191b-199c.

131. Je conserve le texte des manuscrits, qui donne *kaì mnēmas*
(« et des souvenirs »), en lieu et place de la forme négative *ou mnēmas*
(« et non pas des souvenirs ») que Diès a voulu lui substituer. Les
éditeurs qui ont retenu cette correction pensaient devoir maintenir la
distinction de la réminiscence et du souvenir. Mais elle n'est pas niée
ici, comme l'a récemment rappelé M. Dixsaut, « Une certaine
espèce de vie », dans *La Fêlure du plaisir, études sur le* Philèbe *de
Platon*, I, éd. par M. Dixsaut, Paris, Vrin, 1999, p. 254.

132. Socrate fait allusion aux remarques qu'on trouve en 31e-32a.
Gosling a raison de noter qu'il en donne un résumé légèrement
faussé, car la faim et la soif n'avaient pas alors été désignées comme
des désirs. Le terme même de désir vient simplement d'être mentionné, pour la première fois, en 34c.

133. Cette question (pourquoi et comment peut-on nommer de la
même manière des réalités distinctes ?) est l'une des difficultés
majeures auxquelles Platon entend se mesurer. Voir, par exemple,
Phédon, 78d-79a, puis, *supra*, la note 6. Les textes platoniciens pertinents sont examinés dans les études déjà citées du volume *Platon, les
formes intelligibles*, éd. par J.-F. Pradeau, Paris, PUF, 2001.

134. Le constat de Socrate est d'une importance cruciale : le désir
ne porte pas sur un objet, mais bien sur un état. De sorte que l'objet
apparent du désir (ce qui est poursuivi, la boisson ou la nourriture)
n'est justement pas l'objet du désir (qui peut être la satisfaction du
repas ou bien, par exemple, l'ivresse) : il en est bien plutôt le moyen
ou l'occasion.

135. Cette question va entraîner le constat décisif selon lequel il
n'y a de désir que de l'âme. Elle présuppose que toute forme de perception et de connaissance, toute saisie d'un objet, procède d'un
contact. Selon Platon, la chose n'est pas seulement vraie de la perception sensible, qui voit le corps entrer en contact avec tout ou
partie de l'objet perçu, mais aussi bien de l'âme qui, d'une autre
manière, « touche » ce qu'elle perçoit. Cette dernière, le *Philèbe* l'a
rappelé en 33d-e, est directement touchée et mue par la « secousse »
que lui transmettent les impressions corporelles, mais elle l'est aussi
par les objets qu'elle perçoit sans l'intermédiaire des sens. Le *Timée*
décrit ce contact en 37a-c (voir encore *Sophiste*, 248c-249d).

136. Le lien qu'établit Platon entre le plaisir et l'opinion dont il
procède lui permet d'appliquer au premier les analyses qu'il
consacre à la seconde. Ainsi, ce qui est dit ici du plaisir (qu'il porte
nécessairement sur quelque chose) mime ce qui est dit de l'opinion
(elle a nécessairement un objet, quand bien même elle se trompe sur
son compte). Que toute connaissance, y compris fausse, porte sur
quelque chose, est l'une des principales conclusions de l'analyse de
la connaissance que conduit la *République* (voir particulièrement V,
476e-477d ; voir encore le *Sophiste*, 263c, qui explique que la chose
est aussi vraie de tout discours).

137. La thèse selon laquelle le désir est exclusivement psychique
est introduite avec une certaine solennité par Socrate. Elle est en
effet extraordinaire et les lecteurs ont sans doute eu tendance à la

sous-estimer. Je ne crois pas qu'on doive la réduire à n'être qu'un constat relatif aux seuls désirs relatifs à l'âme. Le contexte l'interdit en effet, et la thèse de Socrate vaut pour tous les désirs. Tous procèdent d'un jugement (ou opinion) de l'âme sur ce qui lui fait défaut. Le désir exige donc comme sa condition la mémoire, et il procède à ce titre d'une connaissance. Il me semble que ce qui est dit ici du désir doit être étendu au plaisir et à la douleur : ce sont des affections qui accompagnent des opinions, des opérations judicatives de l'âme. La chose peut certes sembler surprenante, mais elle l'est moins lorsqu'on admet, comme Platon vient de le rappeler, que la sensation elle-même, à laquelle on associe spontanément le plaisir et la douleur, est un jugement de l'âme. L'Introduction s'attarde sur ce point, p. 44-49.

138. On peut dire de la conclusion ici atteinte qu'elle est courante chez Platon, qui entend toujours souligner que ce qui motive un vivant est toujours son âme. Non pas son corps, donc, mais bien son âme qui est le principe directeur et moteur de ce composé de corps et d'âme qu'est le vivant (comme l'expliquent notamment l'*Alcibiade*, 128d-132b, le *Phédon*, 105b-107a, le *Phèdre*, 245c-249d ou encore le *Timée*, 69a-72d). En revanche, si la conclusion du raisonnement est attendue, les moyens de sa démonstration sont originaux et propres au *Philèbe*. Le recours à la mémoire comme cette faculté de l'âme qui s'avère être la condition de tout désir est en effet inédit, et il a pour originalité d'en passer par ce qui est apparemment le plus « corporel », le désir et le plaisir relatifs au corps, pour atteindre sa conclusion. Le *Philèbe* paraît ainsi compléter l'examen du rapport de la sensation et de la mémoire qu'on trouve dans le *Théétète*, 191b-199c.

139. Socrate obtient ici de Protarque une correction : la douleur éprouvée du fait du vide corporel ne s'accompagne pas nécessairement de la douleur de l'espoir de la réplétion. La douleur n'est pas « simplement double » dans tous les cas de figure, bien qu'elle puisse être en effet redoublée. Mais il s'agit alors du cas particulier où le vide corporel s'accompagne de l'absence d'espoir de réplétion. Si Socrate prend soin de signaler cette nuance, c'est pour y trouver confirmation du caractère exclusivement psychique de la douleur. Celle-ci ne saurait être confondue avec l'état de vide corporel, pas plus qu'elle ne l'accompagne nécessairement. Le jugement d'anticipation reste le fait de l'âme, et il ne peut donc être confondu avec le simple désir automatique ou spontané de remplir le vide corporel. Socrate ne se contente pas de préciser ainsi la précédente remarque de Protarque, mais c'est bien la première définition du plaisir et de la douleur (celle qui est exposée en 32a-d) qu'il corrige. Il n'est en effet plus question de confondre le plaisir ou la douleur à la seule restauration ou à la seule destruction de l'équilibre corporel. L'état corporel et l'affection plaisante ou douloureuse sont désormais disjoints.

140. Je traduis les deux répliques qui suivent telles que les donnent les principaux manuscrits (BTW, qui ont été corrigés par Badham,

suivi depuis par la plupart des éditeurs, à l'exception de Robin). Le texte attribue à Protarque la question *pôs dè phéis*, puis à Socrate la réponse qui commence par *pseudeîs*, etc. Dans le texte que corrige Badham, la question « Quelle est ta position ? » est mise dans la bouche de Socrate. Il va de soi que le sens du dialogue n'est pas affecté selon qu'on adopte l'un ou l'autre choix.

141. Ici comme par la suite, le verbe *doxázein* est rendu par « avoir une opinion » (sur quelque chose). Le verbe nomme une opération de pensée, qu'il faut distinguer du jugement (*krísis*, et du verbe juger, *krínein*), que le dialogue emploie souvent, en un autre sens. L'équivalent que je donne ainsi au verbe *doxázein* a pour seule raison d'être de conserver la parenté avec le substantif opinion (*dóxa*), à partir duquel il est construit. Le désuet « opiner » eût pu convenir, mais sa signification française la plus courante (qui en fait le synonyme d'acquiescer) l'interdit.

142. Qu'il soit possible d'avoir une opinion fausse sur ses propres sensations est d'autant plus facile à admettre qu'on définit celles-ci comme des jugements. Voir la remarque semblable du *Théétète* 158c-e (qui reprend l'exemple de la confusion entre les états de veille et de sommeil).

143. Littéralement, « de la réalité de l'acte d'avoir une opinion » (*doxázein óntōs*, quand, dans la phrase suivante, Socrate dira *óntōs édesthai*, « la réalité de l'acte de prendre du plaisir »).

144. Je traduis ici, en toute fin de phrase, la conjecture *sképtéon* suggérée par Baiter et reprise par tous les éditeurs. Elle est appelée par la réponse qui suit, identique, de Protarque, et par la reprise du verbe dans la remarque suivante de Socrate.

145. « S'ajouter » rend ici le verbe *prosgígnesthai*, dont le sens est toutefois plus fort ; littéralement, les qualités ici évoquées « naissent avec » ce qu'elles qualifient. On se souvient que le genre du « mélange » est le genre de la naissance, du devenir (*génesis*), comme l'avait expliqué Socrate en 26d. Dans ce genre, à la suite de la limitation de l'illimité, les choses naissent avec certaines qualités déterminées (voir encore, plus loin, l'emploi du verbe *gígnesthai* en 63a5). Platon emploie encore, afin de désigner cet accompagnement (soit de la qualité qui « s'ajoute » à la chose, soit encore du plaisir qui accompagne une opinion ou « s'ajoute » à elle), l'expression *metá* + génitif (que j'ai rendue par le même verbe « accompagner » ; voir par exemple 38a8-7).

146. Littéralement, l'opinion n'accomplit pas convenablement l'opération en quoi elle consiste, elle « n'opine pas droitement » (*ouk orthôs doxázousan*) ; on retrouve la même expression en 40d.

147. La remarque de Socrate est évidemment ironique : Protarque se réveille bien tard, et la conséquence qu'il rechigne à accorder (que le plaisir puisse être faux) est la conséquence nécessaire de l'hypothèse qu'il a déjà concédée (le plaisir vient à la suite d'un jugement, d'une opinion). La question est toutefois posée de savoir si le plaisir *est* une opinion, ou bien s'il est quelque chose de

l'opinion (son effet ou son expression affective). Socrate paraît privilégier la seconde solution.

148. L'objet de la remarque de Protarque est incertain : fait-il allusion à ce que disent des personnages présents (et l'on pense alors à Philèbe, qui se tient à ses côtés), ou bien à des doctrines professées par ailleurs ? Que le plaisir soit une perception exclusivement sensible est une thèse suffisamment répandue pour qu'il soit difficile de l'imputer en propre à telle ou telle école. Le *Théétète* 156a-c évoquait ainsi la thèse des savants (peut-être héraclitéens) qui rendaient compte physiquement de la genèse du plaisir comme de l'ensemble des sensations à partir de mouvements. Diès a suggéré que les Cyrénaïques pouvaient être ici visés (p. 45, note 1). Si l'on se fie au témoignage du doxographe Diogène Laërce, II, 86-90, ces auteurs défendaient effectivement la nature corporelle du plaisir en le définissant comme un mouvement.

149. Ici, Socrate entend répondre à la question qu'il posait lui-même en 31b3, demandant que l'on trouve « où réside chacun d'eux [les plaisirs] et par suite de quelle affection ils se produisent ». Par ailleurs, on voit apparaître ici et pour la première fois, dans les principaux manuscrits du *Philèbe*, le terme d'*ánoia* (la privation d'intelligence, qui désigne la folie ou la bêtise) que les éditeurs contemporains ont corrigé en *ágnoia*, « ignorance », de façon à mieux accuser sans doute l'opposition qui est effectivement suggérée entre l'opinion qui suit la science, la réflexion et la connaissance (*gnôsis*). Cette correction, qu'adoptent aussi bien Burnet que Diès, avait été proposée par J. Cornarius (en 1561), qui avait ainsi corrigé toutes les occurrences d'*ánoia*, ici comme en 48c2, 49c2, d9 et e6 (avec des raisons dont on peut s'étonner qu'elles en aient imposé aux éditeurs contemporains ; mais ces derniers semblent avoir suivi aveuglément leurs prédécesseurs en répétant la correction de Cornarius ; cette dernière n'a en effet pas d'autorité manuscrite, et l'éditeur de Bâle se contente dans ses notes au texte de Platon de faire remarquer que *ágnoia* convient mieux qu'*ánoia* car le plaisir se rapporte à l'ignorance (p. 43 de la réédition de ses notes par Fischer). À défaut d'avoir la moindre autorité textuelle, la correction a paru toutefois fiable aux éditeurs. Aussi Gosling, dans son commentaire à 48c2, justifie-t-il le choix d'*ágnoia* au motif que ce terme « est opposé à une forme de *gnôsis* (*gnôsis* : connaissance, c10) et qu'il est clair que c'est une forme d'ignorance de soi-même qui est ici en cause » (p. 120). L'argument laisse dubitatif, puisque l'occurrence verbale de 48c10 n'est autre que celle de la formule delphique « Connais-toi toi-même », citée par Protarque, et que le terme de *gnôsis* n'apparaît qu'à une occasion dans le *Philèbe* (58a5, dans un contexte qui n'est plus celui des affections psychiques). L'opposition est sans doute supposée entre la connaissance et l'ignorance (et à cet égard, c'est plutôt à la mention des *agnooúntōn* en 48d9 qu'il serait judicieux de renvoyer), mais elle ne l'est pas à ce point qu'on puisse passer outre le texte des manuscrits. D'autant moins semble-t-il que la déraison s'ajoute ici à la fausseté de l'opinion, comme si Platon cherchait au

contraire à préciser que c'est une opinion fausse qui est aussi bien la cause des comportements déraisonnables. Or c'est exactement ce que montreront les pages 48c *sq.*, dont la vocation est d'expliquer comment les plaisirs faux et mélangés peuvent inspirer à ceux qui s'y abandonnent une folle déraison (dans le droit-fil, cette fois, des remarques de *Timée* 86b sur la déraison comme maladie de l'âme). La note 211, *infra*, revient sur ce point.

150. Ce que décrit cet exemple, c'est l'intention de se faire une opinion sur le compte de ce que l'on voit. Socrate précise ainsi la distinction tout juste faite (en 38b13) entre l'opinion et le fait de se faire une opinion (ou encore de choisir entre plusieurs opinions possibles, selon la manière dont on rend le verbe *diadoxázein*, qui est un hapax dans le *corpus* platonicien) ; cette distinction a pour fonction de souligner que l'opinion est le résultat d'un processus psychique qui associe donc, c'est là la double origine de l'opinion, la sensation et la mémoire. L'exemple de l'homme et de la statue est celui d'une illusion d'optique. Dans la mesure où l'opinion est le jugement que l'âme prononce sur les choses telles qu'elles apparaissent, elle est susceptible de semblables illusions. La *République* en donne un exemple identique, en V, 479c.

151. La définition de la pensée comme un discours silencieux que l'âme se tient à elle-même (et dont le discours prononcé n'est que l'expression) est courante dans les dialogues (et Platon en hérite probablement) ; on la trouve notamment dans le *Théétète*, 189e, ou encore dans le *Sophiste*, 263d-264b, où l'Étranger affirme : « Pensée et discours sont, en réalité, la même chose, mais n'avons-nous pas réservé le nom de pensée à ce dialogue intérieur que l'âme entretient, en silence, avec elle-même ? » (263e, trad. N.-L. Cordero). Ici, dans le *Philèbe*, l'objet des remarques de Socrate est bien la pensée, la connaissance, sous sa forme la plus générale qui soit : celle d'un jugement sur un objet. Sa particularité est, en tant que jugement, de pouvoir être conservée en l'âme indépendamment de la présence de l'objet sur lequel elle porte. Tout comme la sensation peut être conservée indépendamment de l'impression sensible, de même un jugement quelconque, une connaissance quelle qu'elle soit, peut l'être.

152. Où l'on retrouve une description du processus à la faveur duquel se forge une opinion en l'âme (voir, *supra*, la note 136). L'opinion est un jugement formé sur les choses sensibles telles qu'elles apparaissent. Elles apparaissent aux sens, qui en sont affectés et modifiés ; les impressions qui en résultent se transmettent à travers le corps et affectent éventuellement l'âme (qui est mue par leur mouvement). Voir encore la note suivante.

153. L'analogie du peintre et de l'écrivain donne à Platon l'occasion de distinguer entre deux opérations psychiques. La première est celle de la sensation, qui est un jugement formé sur le compte des impressions sensibles corporelles ; la sensation coïncide avec la perception de ces impressions. Mais, et c'est là une seconde opération psychique, le jugement que la sensation prononce (qui est une opi-

nion et un discours) peut subsister en l'âme qui le conserve : il s'agit là de l'opération mnémonique qu'avait définie 33c-34a. C'est une séparation, un retrait (le verbe *apágein* signifie que l'on retire une chose ou une personne, qu'on l'emporte) qui distingue ces deux opérations, celle qu'accomplit le temps et à laquelle la mémoire supplée. Que les jugements sensitifs soient conservés en l'âme comme des images (*eikónes*) mérite une explication. Les pensées ne se conservent pas sous la forme de jugements ou de propositions, mais d'images. On a là les éléments d'une théorie de l'imagination, c'est-à-dire d'une conservation de la perception des choses en leur absence, et d'une aptitude à se les re-présenter. De quoi, au juste, y a-t-il « image » peinte en l'âme ? Si l'on suit bien Socrate, ce ne sont pas des images des choses sensibles perçues qui sont dessinées en l'âme, mais des images de ce que l'écrivain a écrit, c'est-à-dire des images des jugements prononcés sur les choses perçues. C'est la raison pour laquelle l'imagination reste parfaitement tributaire du jugement « écrit » en l'âme, et qu'elle sera vraie ou fausse selon que ce dernier l'est. Les deux opérations psychiques ici distinguées trouvent leur équivalent dans le modèle de la cire qu'exploite le *Théétète*, 191d-e et suivantes, en comparant le souvenir de la sensation (et l'aptitude à se re-présenter une chose en son absence) à l'impression imagée que l'objet laisserait en l'âme comme s'il s'imprimait dans un morceau de cire.

154. Si cette question se pose, c'est parce qu'il faut rendre compte des plaisirs qui reposent sur une certaine forme d'anticipation. Voir 35c-36b.

155. L'allusion porte donc sur les remarques de 35c-36b ; voir, *supra*, la note 116 consacrée à l'opinion par anticipation.

156. Les peintures (*zōgraphḗmata*) désignent bien le produit de l'activité du peintre (39b-c parlait d'« images »).

157. « Intensément » rend le terme *sphódra* (qui ici serait plus heureusement rendu par la locution « et vivement ! »), afin de l'accorder à la discussion sur l'intensité des plaisirs dont Socrate va saisir le prétexte.

158. Comme y a notamment insisté A. Kenny, « False pleasures in the *Philebus* : A reply to Mr. Gosling », *Phronesis*, 5, 1960, p. 52, Socrate ne dit pas des méchants qu'ils ont des représentations fausses des plaisirs, mais qu'ils ont des plaisirs qui sont représentés faussement. C'est là la conséquence du lien qui existe en l'âme entre l'activité de l'écrivain et celle du peintre : l'opinion forgée sur le compte de ce qui est plaisant est fausse (le méchant souffre, mais juge que cette douleur est un plaisir), et l'imagination reproduit cette erreur.

159. L'argument n'est pas nouveau dans les dialogues. Il est préparé par la critique de l'hédonisme de Calliclès dans le *Gorgias*, 495a-499d (sur les mauvais plaisirs) et il est examiné dans le livre IX de la *République*, plus particulièrement en 586d-588a.

160. « Simuler » rend *memimēménai* ; la *mímēsis* qu'accomplissent les plaisirs faux n'est pas une imitation ou une reproduction à pro-

prement parler, mais une simulation, dans la mesure où les faux plaisirs, dont Platon tient qu'ils ne sont aucunement des plaisirs, se font passer pour tels.

161. L'entretien y revient dans les mêmes termes en 49b8.

162. L'allusion porte sur les remarques faites en 39c-d.

163. Socrate explique et dénonce ici deux formes de fausseté : le fait que l'opinion porte sur un objet inexistant explique qu'elle soit fausse en tant que jugement (elle existe bien, mais dans la mesure où ce sur quoi elle se prononce n'existe pas comme elle en juge, elle est fausse), mais aussi bien, et c'est le sens de cette éventuelle nuance (si du moins le *kaì* n'est pas simplement epéxégétique), que l'opération de pensée soit mal conduite (voir 37e). Dès lors en effet qu'on se prononce sur un objet qui n'existe pas, on juge faussement (puisque la connaissance, par définition, ne peut que porter sur quelque chose qui existe). Le *Théétète* examine cette difficulté, notamment en 189a-d.

164. Je traduis le texte des manuscrits, où l'on lit *ponèràs kaì khrèstàs*, sans retenir la conjecture d'Apelt (note 63 de sa traduction) suivi par Diès, qui corrige *kaì khrèstàs* en *kakhrèstous*.

165. La démonstration de la fausseté des plaisirs, devant la réticence de Protarque (dont on doit noter qu'elle arrive bien tard, étant donné l'ensemble des points déjà concédés), va désormais prendre un autre chemin (celui de la démonstration du mal que comportent les plaisirs excessifs). En guise de préalable et afin de justifier aussi bien que leur fausseté que leur nuisance et leur vice, Socrate propose d'en examiner quelques-uns. Le but de cet examen est bien sûr d'établir que les plaisirs les plus faux sont aussi les plus mauvais.

166. L'allusion porte sur la discussion des pages 34e-35c.

167. Comme Frede l'a bien noté (p. 46, n. 1), la mention de plaisirs ou de douleurs éprouvés par le corps n'implique aucune remise en cause de la thèse selon laquelle ces affections ne sont réellement éprouvées que par l'âme. Frede dit ainsi à juste titre que Socrate ne renvoie en ces termes qu'aux processus corporels d'évacuation et de réplétion.

168. C'était en effet l'une des leçons de l'analyse des quatre genres : 31a-b. La question n'était alors pas exactement tranchée de l'appartenance du plaisir à l'un ou l'autre des quatre genres. Socrate avait classé le plaisir parmi les illimités (puisque le plaisir admet le plus et le moins), tout en affirmant qu'il naissait, comme la douleur, « dans le genre commun » (31c, c'est-à-dire dans le troisième genre). L'argument platonicien est le suivant : par lui-même illimité, le plaisir est susceptible de recevoir une limite (et de figurer alors dans le genre des choses ayant reçu une limite). Cette limite ne lui vient pas de lui-même mais de son objet.

169. Le jugement porte sur les grandeurs ou les quantités relatives des affections, ou bien sur leur qualité intensive (c'est ainsi que je comprends et traduis par périphrase *mâllon kaì sphodrotéra*). Ce sont là les deux mesures qui peuvent être appliqués aux plaisirs, selon qu'ils sont petits ou grands, puis faibles ou intenses.

170. « Caractère » rend *páthos*, qui désigne ici l'affection caractéristique attachée à l'opinion.

171. On trouve ici la première mention d'une distinction proprement platonicienne entre « ce qui apparaît » et « ce qui est » ; le dialogue va l'employer à plusieurs reprises, afin de distinguer les choses telles qu'elles sont perçues et les choses telles qu'elles sont. Il s'agit de l'un des points de doctrine que le *Philèbe* paraît résumer plutôt que thématiser pour eux-mêmes, comme si Platon choisissait de renvoyer son lecteur à des exposés plus aboutis et connus ; en l'occurrence, ce sont les développements de la *République* (V à VII) qui semblent explicitement convoqués.

172. La remarque en a été faite, en effet, entre 32a et 35b.

173. Ou bien encore « toutes choses sont elles perpétuellement prises dans le flux et le reflux ». Socrate fait ainsi allusion à Héraclite et à ses partisans, qui tenaient que toutes choses s'écoulent perpétuellement (comme le rapporte Platon lui-même, dans le *Cratyle*, 401e-402d, et plus encore dans le *Théétète*, 152c-e, puis 156a-157c). Si cette thèse « mobiliste » n'est toutefois pas nommément attribuée à Héraclite, c'est parce que Platon la tient pour extrêmement répandue : elle était au principe de la représentation du monde des Poètes, et on la retrouve chez les sophistes contemporains (c'est là le legs héraclitéen que dénonce le *Théétète* ; voir sur ce point mes précisions introductives aux *Fragments. Citations et témoignages* d'Héraclite, Paris, GF-Flammarion, 2002).

174. La discussion à laquelle Socrate se dérobe est celle qui doit examiner les différentes opinions relatives au caractère éventuellement changeant ou mobile de toutes choses. Elle a été conduite dans le *Sophiste* et plus encore dans le *Théétète*, 152a-155c, puis 179c-184b. Si la pertinence de la thèse « mobiliste » n'est pas éprouvée dans le *Philèbe*, ce dernier n'esquive pourtant pas une nécessaire mise au point sur la nature de la réalité et la connaissance qu'on peut en avoir, comme l'indiquent les remarques qui suivent.

175. « Vers le haut ou vers le bas » désigne les variations exclusivement quantitatives que le plaisir peut connaître (le plus et le moins). Mais cela ne suffit pas, explique Platon, à rendre compte du plaisir : certaines impressions sensibles laissent l'âme insensible (34a), de sorte que toutes les variations quantitatives ne sont pas nécessairement des plaisirs ou des douleurs. Les plaisirs et les douleurs ne sont perçus qu'à partir d'un certain degré ou seuil. Platon objecte ainsi à une explication physiologique et purement mécanique du plaisir et de la douleur, en introduisant des seuils qualitatifs de perception. L'exigence d'une mesure est alors formulée. Par ailleurs, l'analyse des plaisirs se nourrit désormais d'une réflexion à la fois ontologique et épistémologique sur la réalité ; Socrate demande en effet sur quelle connaissance ou quelle compréhension du réel s'appuient les différentes conceptions du plaisir.

176. Le *Philèbe* paraît s'inspirer (sinon même y renvoyer) des remarques identiques qu'on trouve dans la *République*, IX, 583e-584a et suivantes (et, *infra*, note 181).

177. Je rends par « médiane » l'adjectif *mésos*, évitant ainsi d'adopter « intermédiaire » ou « moyenne », qui pourraient laisser entendre que cette vie qu'on pourrait encore dire « tierce » serait un mélange des deux autres, ce qui n'est absolument pas le cas.

178. Je glose plutôt que je ne traduis ici la formule *mála deinoùs legoménous tà perì phúsin*, (littéralement : « qui sont dits être très habiles à propos de la nature ») en adoptant la solution de Diès, dont le mérite est d'indiquer que c'est leur compétence scientifique qui distingue ces hommes. L'enquête sur la nature (*perì phúseōs*) à laquelle il est ici fait allusion désigne en effet de façon générique la connaissance scientifique, qu'on se gardera de restreindre à la connaissance « physique » de la nature ; la connaissance de la vie humaine ou celle encore de l'âme relèvent elles aussi de l'enquête sur la nature.

179. À cette question posée par Protarque, Socrate va répondre par la négative, sans équivoque. Il paraît ainsi pour le moins difficile de supposer que la thèse de ces rebutés puisse être imputée à Socrate (ou, par son intermédiaire, à Platon). Voir la note suivante.

180. On trouve ici la première mention de la répulsion (*duskhéreia*) qu'éprouvent à l'égard du plaisir ces contempteurs dont Socrate dira plus loin qu'ils sont « rebutés » (*hoi duskhereîs*), qu'ils éprouvent de la répugnance ou de la répulsion pour le plaisir. M. Schofield a montré que les partisans de cette thèse devaient être des contemporains de Platon et sans doute même des proches de l'Académie ; « Who were the *duschereis* in Plato, *Philebus*, 44a ff. », *Museum Helveticum*, 28, 1971, p. 2-20. Dans la mesure où Aristote nous renseigne sur l'antihédonisme que Speusippe professait, on est en effet spontanément conduit à supposer que Speusippe, l'un des disciples (et successeurs) de Platon, est bien visé ici (le témoignage du *Philèbe* semble bien recouper celui d'Aristote, dans l'*Éthique à Nicomaque*, VII, 12-14). La répulsion (*duskhéreia*) qui caractérise ces adversaires du plaisir s'entend comme une répugnance à l'égard de quelque chose qui est aussi repoussant que mauvais, mais aussi comme une difficulté à comprendre (M. Schofield y insiste, p. 12, en soulignant que *duskhéreia* désigne en grec ce qui est aporétique, ce qui se laisse mal entendre du fait d'une difficulté logique). C'est la raison pour laquelle j'ai rendu *duskhereîs* par « rebutés ». Voir encore la note suivante, puis l'Annexe 2. Par ailleurs, Socrate distingue ici entre deux sortes de compétences divinatoires, l'une qui serait la conséquence de la possession d'une technique, l'autre qui est comme inhérente à la nature des « devins », et qui est donnée par une faveur divine (voir sur ce point mes remarques introductives, et la liste des passages platoniciens semblables, dans *Platon, Ion*, Paris, Ellipses, 2001, p. 20-26).

181. C'est un argument qu'avait déjà défendu Socrate dans le livre IX de la *République*, en soutenant alors que l'absence (ou la cessation) de douleur n'était pas un vrai plaisir, mais qu'elle en donnait simplement l'illusion. À ce titre, « ce n'est qu'une sorte de sortilège » (584a9). Les adversaires de Philèbe étendent cette critique à la nature même du plaisir, tout entier. Leur erreur est ainsi et d'emblée

manifeste : ils croient viser l'ensemble du plaisir en ne condamnant finalement que de faux plaisirs et en manquant les vrais. Sur ces questions, voir l'Annexe 2.

182. Le terme d'*eîdos*, la « forme », a un sens à la fois classificatoire et conceptuel (et nomme alors « l'espèce » qui rassemble tous les individus définis par la possession d'une même qualité), comme c'est le plus souvent le cas dans le *Philèbe*. C'est ce qu'indique la prochaine remarque de Socrate, qui fait d'*eîdos* un synonyme de *génos*, le genre. Cet usage d'*eîdos* n'est en rien incompatible avec celui, technique, que Platon en fait pour désigner la « forme » d'une réalité intelligible. Ici, les deux usages s'accordent en effet : c'est en se demandant ce qu'est, en elle-même, la qualité commune à un certain nombre de choses sensibles qu'on peut apercevoir, au moyen du raisonnement, la réalité intelligible à laquelle ces choses participent toutes et dont elles reçoivent précisément leur qualité. Sur ce vocabulaire, voir mes remarques lexicales dans « Les formes et les réalités intelligibles. L'usage platonicien du terme εἶδος », dans *Platon : les formes intelligibles*, éd. citée, p. 17-54.

183. Cette remarque méthodologique trouve un équivalent dans l'exposé qu'Aristote consacre à la définition par Speusippe du plaisir ; ce dernier se serait attaché aux plaisirs excessifs pour mieux condamner l'ensemble des plaisirs. Voir l'Annexe 2, en fin de volume, et l'*Éthique à Nicomaque*, VII, 12, 1152b.

184. « Relatifs au corps » rend *perì tò sôma*. Le texte ne parle pas de plaisirs corporels (« ceux du corps », traduit Diès, quand Gosling parle par exemple de « physical pleasures »), ce qui serait absurde, puisqu'on a vu que le plaisir, comme le désir, étaient des affections psychiques. Que ces affections soient relatives à l'état du corps et aux impressions corporelles ne fait en revanche aucun doute, mais c'est bien l'âme qui reste le seul et unique sujet du plaisir.

185. Cet avertissement de Socrate a pour intérêt de soustraire la recherche au jeu indéfini des comparaisons : il ne s'agit plus seulement de comparer la taille relative des plaisirs (en l'occurrence, ceux des malades et ceux des bien-portants), mais de définir les conditions ou circonstances qui engendrent les plaisirs les plus intenses. Cette nuance suit l'invitation méthodologique que Socrate a imputée aux penseurs « rebutés » : il faut désormais remonter à l'origine, à la racine de la question de la nature du plaisir. On ne se préoccupera donc plus de savoir si les malades ont plus ou moins de plaisirs que les autres gens, mais simplement de la cause des plaisirs les plus grands. C'est à cette condition qu'on pourra éventuellement objecter aux rebutés que de grands plaisirs existent et qu'ils sont autre chose que le rétablissement (la réplétion) consécutif à une grave maladie.

186. Cette injonction « Rien de trop » (*mēdèn ágan*) est une injonction delphique (au même titre que le « Connais-toi toi-même » ; les deux injonctions étaient inscrites sur le temple d'Apollon à Delphes) qui invite à se prémunir contre l'excès et la démesure, l'*húbris*. On la trouve mentionnée dans le *Politique*, 286e3, le *Ménexène*, 247e5, le

Protagoras, 343b3 et le *Charmide*, 165a3, où Critias en propose une singulière explication.

187. La folie des possédés est un enthousiasme pathologique ; voir, *supra*, la note 18.

188. « Excellence » rend *aretê* (la « vertu » ou la « perfection » d'une chose quelconque). Les termes de ces deux répliques indiquent explicitement que l'excellence ne saurait consister que dans ce qui est opposé à la démesure de la débauche : la réflexion.

189. Ce qui est dit de la démangeaison vaut, par métonymie, pour les activités sexuelles, comme l'indiquent plus explicitement les remarques de Socrate dans le *Gorgias*, notamment en 494c (où l'on trouve le même exemple de la gale). L'emploi du verbe *tribein* (« frotter », « gratter », mais aussi « caresser » au cours d'une relation sexuelle) dans un tel contexte est attesté par ailleurs (Sextus Empiricus évoque ainsi la manière dont Zénon aurait qualifié les « caresses » qu'Œdipe a prodiguées à sa mère Jocaste : « Si elle est en état de faiblesse et qu'il frotte avec ses mains quelque autre partie de son corps, cela est utile et en rien honteux ; si en frottant d'autres parties il lui fait du bien en mettant fin à sa douleur et s'il a produit, issus de sa mère, des enfants nobles, est-ce honteux ? », *Esquisses pyrrhoniennes*, III, 246, trad. P. Pellegrin, Paris, Seuil, 1997).

190. Ici, en 46a13, Hackforth a suggéré, p. 90 de sa traduction, qu'on lise « affection » (*páthos*) en lieu et place de « mauvais » (*kakón*). C'est une conjecture improbable, que Gosling écarte à juste titre (p. 117 ; mais en rendant toutefois le *kakón* par une périphrase plus qu'explicite : « bad affliction », p. 45). On devrait simplement se contenter de rappeler que les interlocuteurs ont admis l'existence de plaisirs mauvais et mélangés (depuis 37d, il est établi que tous les plaisirs mélangés sont mauvais), et que Protarque confirme ici l'appartenance des plaisirs corporels excessifs à cette espèce de plaisirs.

191. Voir le constat analogue du *Gorgias*, 495e.

192. Le sens de l'argument est assez clair pour qu'on puisse passer outre à une hésitation éditoriale. Diès édite une conjecture de Schütz (qui donne le pluriel *ta d'epipolês*), quand les principaux manuscrits donnent soit *tò d'epì polês*, qui ne paraît pas convenir, et *tò d'epipolês* qu'a retenu Burnet et qui est ici traduit. Le sens n'est aucunement changé selon qu'on adopte la solution de Diès ou celle de Burnet.

193. Platon paraît faire simplement allusion ici à l'alternance thérapeutique du chaud et du froid. Comme Diès le note, ce type de remède est souvent évoqué dans le corpus hippocratique ; l'hypothèse selon laquelle il produit une mélange de plaisir et de douleur est en revanche propre à Platon. Dans l'étude déjà citée, *supra*, n. 113. L. Ayache signale des rapprochements hippocratiques, p. 54-55.

194. S. Benardete, en note de sa traduction, compare la remarque à celle qu'on trouve dans un fragment attribué au poète comique Philétairos (Benardete renvoie au fr. 7 de l'édition Kock, il s'agit en

fait du fr. 6 : « Il n'y a rien de plus plaisant que de mourir en faisant l'amour, comme on dit de Phormisius qu'il mourut »).

195. Le constat renoue avec la remarque de Protarque en 45e (sur la folie des insensés et des débauchés), qui a donc trouvé ici son explication.

196. À cette opinion commune on opposera plus tard, en 52b, le jugement du petit nombre d'hommes susceptibles de découvrir les plaisirs de la connaissance et d'en jouir.

197. Socrate rappelle les remarques consacrées, en 35e-36b, à l'espoir de la réplétion.

198. On pourrait supposer que les plaisirs mélangés psychiques dont il va être question sont les plaisirs par anticipation, que 32b-d présentait comme purement psychiques. Tel n'est pourtant pas le cas : il s'agissait alors de dire que l'anticipation, le désir, quel qu'en soit l'objet (y compris celui d'une réplétion corporelle), était purement psychique. On ne peut donc les confondre, comme le fait notamment V. Goldschmidt, *Les Dialogues de Platon*, Paris, PUF, 1947, 1963², p. 246. Que certains plaisirs mélangés psychiques (l'envie par exemple, mais aussi bien l'amour ou la jalousie) supposent effectivement une part d'anticipation, c'est-à-dire de désir, n'autorise pas davantage cette confusion.

199. Les affections que Socrate énumère ici comptent parmi les affections qui deviendront les « passions cardinales » des psychologies philosophiques ultérieures. Les écoles hellénistiques modifieront cette liste et l'augmenteront, en se fiant bien davantage à l'exposé plus minutieux qu'Aristote en aura donné entre-temps. Platon se contente ici de mentionner les espèces les plus courantes ou les plus évocatrices d'un genre, celui des affections mélangées qui ne sont pas relatives au corps mais à l'âme seule. Le caractère allusif de ce qui semble bien n'être qu'un rappel suggère que cette liste des « passions » psychiques est communément admise, avant Platon. Les espèces nommées apparaissent effectivement dans le corpus savant et littéraire préplatonicien, comme je l'indique dans « Platon, avant l'érection de la passion », éd. citée.

200. Il s'agit d'une citation de l'*Iliade*, XVIII, 107-111, lorsque Homère fait dire à Achille ses regrets de n'avoir pu secourir Patrocle alors qu'il était au combat. Sur la manière dont Platon cite les chants homériques, ici comme dans l'ensemble des dialogues, on peut se reporter à J. Labarbe, *L'Homère de Platon*, Liège, Faculté de Philosophie et de Lettres, 1949 ; p. 233-234 pour cette citation.

201. Je maintiens et traduis le terme *ánoia* des manuscrits, et m'en explique, *supra*, note 149.

202. Ast, suivi par Diès, a conjecturé un *tò*, absent des manuscrits, avant *tounantíon*. Je ne retiens pas la conjecture, qui ne paraît pas indispensable.

203. Après « Rien de trop » (voir, *supra*, la note 186), c'est de nouveau un précepte delphique que mentionne Socrate. Le « Connais-toi toi-même » est longuement examiné et interprété dans le *Charmide* et dans l'*Alcibiade*, qui associent également la connaissance de

soi et la réflexion. Voir, dans cette même collection, mon Introduction à l'*Alcibiade*, p. 46-65.

204. Je traduis ici l'incise *legómenon hupò toû grámmatos*, qui paraît inutilement redondante (elle a en effet l'aspect d'une glose de copiste, comme si ce dernier cherchait à préciser qu'on a bien affaire ici au contraire de ce qui était affirmé en 48c8-9, où l'inscription de Delphes est mentionnée). Beck, suivi par A. Diès, avait proposé qu'on la supprime, mais elle paraît convenir à l'équilibre de la division dichotomique que poursuit Socrate (qui distingue ainsi, en les mettant en regard terme à terme, ce que dit le précepte et le contraire de ce que dit le précepte).

205. Je comprends que le pronom renvoie au *páthos* de 48c8, et traduis en conséquence. 48d10, *infra*, prend bien ce *páthos* pour objet de la division (et non pas l'*héxis* de 48c6).

206. Ces trois manières (relatives aux biens, au corps et à l'âme) correspondent aux trois caractéristiques proprement constitutives de l'être humain, qui est une âme (c'est en lui le principe directeur et moteur), mais aussi un corps et des biens (dont l'âme fait usage). Introduisant à l'*Alcibiade*, j'ai présenté cette définition platonicienne de l'homme en la qualifiant d'« anthropologie triple » : éd. citée, p. 65-70 (où je mentionne les autres textes platoniciens pertinents).

207. Ou plus littéralement, « de pâtir de cette passion » (*tò páthos páskhein*). L'affection qui va être ainsi divisée est celle de l'ignorance. Il ne s'agit pas d'une ignorance absolue (celle-ci ne donnant lieu à aucune affection, comme l'avait déjà établi la *République*, V, 477a), mais d'une ignorance relative : une opinion est en effet forgée sur le compte d'une réalité (en l'occurrence, sur la valeur des conduites, des personnes ou des biens), mais celle-ci repose toutefois sur une ignorance de ce que nous sommes nous-mêmes.

208. Et non pas « plus riches qu'ils ne le sont en réalité », comme le traduit Diès. L'*ousia* désigne en effet la fortune, l'ensemble du patrimoine.

209. « Opinion de savoir » rend presque littéralement le terme *doxosophía*, probablement forgé par Platon. Le *doxósophos*, celui qui se croit savant (comme le dénonce le *Phèdre*, 275a-b), est celui qui a entendu parler de beaucoup de choses sans les comprendre. Il est aussi bien celui que l'on croit savant, et que Platon dénonce sous les traits du sophiste (le *Sophiste* 231a-b définit ainsi son personnage éponyme : il est friand de disputes et cultive une opinion de savoir dont la particularité est de faire illusion).

210. « Jalousie du jeu » s'efforce de rendre *paidikòn phthónon*, qui renvoie à la fois au jeu théâtral et au caractère puéril de cette disposition. Par ailleurs, les manuscrits ne s'entendent pas sur la place de la remarque qui va suivre (« Et comment dis-tu que nous la partageons en deux ? ») ; certains l'attribuent en effet à Socrate (et ne rendent alors la parole à Protarque qu'en 49b5 (« Nécessairement »). Je traduis ici le texte que Diès lit dans les principaux manuscrits, et qui diffère de celui de Burnet (conservé et traduit par Gosling).

211. Je maintiens de nouveau la traduction (par « déraisonnable ») du terme *ánoia* qui figure dans les manuscrits. Celui-ci trouve une confirmation ici, où il semble s'accorder spontanément à l'adverbe *anoḗtōs* qu'on trouve en 49b2 (rendu par « déraisonnablement »). Voir, *supra*, la note 149.

212. Les « images » qu'évoque Socrate sans plus de précision sont sans doute les représentations qui sont données, dans les mythes ou sur la scène théâtrale, des personnages violents. La représentation de tels personnages, *a fortiori* s'ils sont déraisonnables, aurait des effets néfastes sur le public. Cette critique paraît viser les mauvais tragédiens et faire ainsi écho aux critiques des livres II et III de la *République*. Elle suggère à tout le moins un critère de distinction entre la tragédie et la comédie, entre les personnages qui sont capables de se défendre par eux-mêmes et ceux qui ne le peuvent pas.

213. À la suite de Hermann, Burnet comme Diès ont ajouté *kaì kōmōidíais* (« et dans les comédies »), de façon à faire pendant à ce qui précède (en 48a5-8) comme à ce qui suit immédiatement. Cet ajout n'est toutefois le fait d'aucun manuscrit ; je ne le traduis pas.

214. L'entretien change donc d'objet ici, pour en venir à l'examen des plaisirs purs (et vrais).

215. Socrate fait ainsi allusion à ce qu'il affirmait en 44c-d.

216. On retrouve ici l'opposition courante entre ce qui apparaît et ce qui est réellement (voir, *supra*, la note 171).

217. La dernière précision de la phrase, *katharàs lupôn*, que donnent les manuscrits, a été écartée par Stallbaum, suivi par Burnet. Diès la maintient et je l'ai à mon tour traduite (il n'est pas exclu que ce soit une glose). On trouve ici un premier élément de définition du plaisir, enfin pur et vrai, qui le distingue de tous les plaisirs mélangés évoqués auparavant. Le plaisir est ce dont l'absence ne provoque aucune douleur. Il est donc différent de la sensation de dissolution et de manque qui provoque le désir. Celui qui éprouve le manque l'éprouve comme un vide (*kenoûtai*, 34e11 *sq.*) qu'il faut combler. Ici au contraire, l'absence des choses réellement plaisantes n'est pas éprouvée comme un vide ou un manque. Cela n'empêche toutefois pas que ces choses, une fois perçues, apportent une forme de réplétion. Le plaisir vrai est ainsi défini comme un gain pur, sans perte aucune, une réplétion sans manque (voir encore, *infra*, la note 223).

218. Les trois instruments énumérés (le compas, la règle et l'équerre) suggèrent que les belles figures sont celles des géomètres. Mais le contexte est plus vaste, puisque les autres exemples de plaisirs purs sont tous empruntés au domaine des plaisirs « artistiques » sensibles. À ce titre, il faut rappeler que les sculpteurs ou les architectes en font aussi usage, de sorte que les belles figures sont tout autant celles que produisent ces artistes qui, dans leurs œuvres, font usage de la proportion géométrique. C'est là l'imitation picturale ou architecturale ressemblante dont le *Sophiste* fait l'éloge (235d-e). Les figures géométriques ne sont donc pas dessinées par les seuls géomètres ; elles ont un usage artistique, mais aussi et encore straté-

gique (disposition militaire des troupes) ou politique (dans le dessin urbain ou territorial de la cité).

219. « Elles sont belles éternellement et par elles-mêmes » (*aei kalà kath' hautá*, 51c7). Cette expression est le syntagme platonicien caractéristique qui désigne les réalités intelligibles. La beauté des figures géométriques, en l'occurrence celle d'un cercle ou d'une droite, est ainsi la qualité intelligible de ces figures, elle est comprise dans la forme intelligible du cercle ou de la droite. L'exemple des notes de musique va encore préciser que ces belles figures, comme les belles couleurs et les beaux sons, ne sont plus belles relativement les unes aux autres (selon le plus et le moins), mais parce qu'elles comportent en elles-mêmes leur beauté (qui est alors comme leur mesure). Socrate applique ici la distinction de l'illimité et de la limite, en suggérant que la beauté relative est une sorte d'illimité, alors que la beauté éternelle et par soi est le résultat de l'application d'une limite. Il est assez clair que l'application de la limite et l'introduction de la mesure sont le fait de la participation des figures sensibles à la réalité intelligible. Les choses sensibles plaisantes sont belles dans la mesure où elles reçoivent la beauté par participation. Leur beauté n'est donc relative à d'autres choses plus ou moins belles, mais elle est relative à un modèle auquel elles sont conformes. Sur cette question, voir encore la note suivante et les notes 16 et 32.

220. On peut donner à cette communauté générique des belles choses sensibles (qui sont donc toutes du même *túpos*) un sens fort : celui d'une commune participation au beau. Toutes ces belles choses possèdent en effet une même beauté éternelle et absolue (et non pas relative). La *République* proposait déjà un semblable usage du terme *túpos*, assimilé au paradigme intelligible (II, 383c, et III, 409b-d) : les choses sensibles qui participent à la même réalité intelligible sont dites informées selon le même type. La fin de cette phrase a fait l'objet d'une correction syntaxique : l'*ékhonta* que les manuscrits donnent avant *kalà kaì hēdonàs* a été déplacé en fin de phrase par Richards (de sorte qu'on puisse lire, comme je l'ai traduit, que ce sont les couleurs qui possèdent en elles-mêmes, du fait de leur beauté, des plaisirs propres) ; la modification syntaxique rend ainsi raison de l'expression *kalà kaì hēdonàs* que Stallbaum avait pour sa part choisi d'écarter du texte (qui ne dirait alors plus seulement que les couleurs ont le même type (de beauté) que les figures déjà évoquées), à l'encontre de ce que donnent tous les manuscrits.

221. L'entretien renoue ici avec ses premières questions (12c *sq.*) : on retrouve en effet les unités véritables, qui possèdent par elles-mêmes les qualités qu'on trouve dispersées dans une multiplicité de choses sensibles.

222. La phrase peut sembler ambiguë. Les « autres » plaisirs dont il est question ne sont pas ceux qui, tout juste mentionnés, accompagnent les choses belles, mais bien les trois genres de plaisirs mélangés de douleurs qui avaient été définis avant le genre des plaisirs purs. Bon nombre d'interprètes et de traducteurs (parmi lesquels D. Frede, à la suite notamment de R. Hackforth et de J.C.B. Gosling)

ont estimé que Platon distinguait ici (*eidē dúo*, 51e6) deux espèces de
plaisirs au sein du genre des plaisirs purs. Cette lecture est erronée :
la seconde espèce de plaisirs s'oppose en effet à celle qui comporte
de la douleur (les plaisirs mélangés), et c'est là, la phrase ne souffre
aucune sorte d'ambiguïté, ce qui distingue ces deux espèces. La
remarque de Socrate n'en est du reste que plus intéressante, puisqu'elle ménage la possibilité de *degrés* dans la pureté (et c'est cela, à
l'évidence, qui a gêné les interprètes). Or c'est précisément une telle
gradation qui, en dernière instance, permettra que l'on classe les
plaisirs, qui même purs ne se valent pas tous, selon la réalité qu'ils
accompagnent. De sorte qu'une telle nuance est indispensable non
pas tant à l'énumération qu'à la classification des plaisirs. Par
ailleurs, les éditeurs (Burnet puis Diès) n'ont pas suivi en 51e5 la
leçon des manuscrits (qui donnent tous, en fin de phrase, *legoménōn
hēdonōn*, que je traduis), pour adopter une conjecture de Jackson
(*hōn legomén hēdonōn*).

223. *Máthēma*, rendu par « savoir », désigne l'étude, les savoirs
acquis par l'enseignement. Les *mathēmata* sont ainsi les disciplines
scolaires, ou les savoirs acquis par l'instruction. Les plaisirs qui
accompagnent l'acquisition de ces savoirs ne sont donc, conformément à la définition du plaisir vrai donnée en 51b et bientôt reprise
en 53b-c, la restauration d'aucun « manque », *penía*, d'aucune
pénurie ou d'indigence qui serait l'origine d'un désir de savoir.

224. Je traduis ainsi l'expression *où ti phúsei* de 52a9, en supposant
une forme verbale analogue à celle qu'on trouve dans les précédentes
répliques ; voir 52a3-4). Protarque achève ainsi lui-même la
démonstration de l'argument selon lequel le désir de savoir ne saurait
constituer une souffrance ni procéder d'une douleur. Dans la
mesure où l'acquisition du savoir n'est pas douloureuse et que sa
perte ne l'est pas davantage, force est d'admettre que la connaissance est pur plaisir. C'est bien là l'argument que Platon défend par
ailleurs, en désignant le désir du savoir, c'est-à-dire la philosophie
elle-même, comme le plus grand des plaisirs : dans le *Banquet*,
205d sq., lorsque Diotime définit la philosophie comme l'amour sans
douleur de la seule beauté (211d-e) ; ou bien encore dans le *Phèdre*,
253c sq., lorsque Socrate distingue l'amour philosophique de
l'amour débauché, qui est le seul à comporter douleur et souffrance
(255d-e ; les pages 250d-252c, qui décrivent les souffrances de
l'âme « faisant ses ailes » au spectacle de la beauté, sont plus ambi-
guës. Elles distinguent toutefois déjà les douleurs de l'enfantement et
celles de la débauche : les premières sont décrites sur le mode jacula-
toire de la jouissance, les secondes sur le mode pathologique de
l'excitation).

225. Comme la note précédente le signale, la douleur du manque,
si elle fait son apparition, ne la fait pas en tant que cause du désir de
savoir, mais en tant qu'effet de son acquisition partielle. Autrement
dit, c'est une fois que l'on commence à acquérir un savoir que nos
lacunes ou nos erreurs sont des souffrances ; c'est une fois qu'on

prend du plaisir à connaître que l'on peut regretter de ne pas connaître davantage.

226. La remarque vient compléter celle que faisait Protarque en 47c sur l'opinion que la plupart des hommes se font du plaisir. On peut comprendre cette remarque de deux manières, toutes deux plausibles du point de vue de Platon, qui répète souvent le constat que la connaissance véritable, la philosophie, n'est accessible qu'à un petit nombre d'individus (voir, entre autres, *Phèdre*, 249c-d et 250b4, ou *Timée*, 39c6 et 51d-e). Soit il s'agit de dire que la plupart des hommes apprennent dans la douleur, là où seul un petit nombre d'entre eux parvient à prendre du plaisir à connaître (c'est là l'argument contre lequel Aristote objectera dès la première ligne de sa *Métaphysique*, et qui préside effectivement, en *République*, VI, 486a-e, à la définition du « naturel philosophe », qui ne peine ni ne souffre à connaître). Soit il s'agit donc de dire que ces plaisirs de la connaissance, du fait de la complexité de la connaissance, ne seront jamais accessibles qu'au petit nombre des philosophes (comme il le défend cette fois *République*, IX, 585e-586b).

227. « Bonne mesure » rend *emmetrían* (quand « bien mesurées » rend pour sa part *emmétrón* en 52d1) ; voir la note suivante et, *supra*, la note 60. La preuve est ici faite, s'il en était encore besoin, que tous les plaisirs n'appartiennent pas au genre de l'illimité.

228. Platon emploie ici abondamment le vocabulaire de la mesure, dont la signification est à la fois technique (on se souvient de ce que les mesures sont précisément les effets de l'application d'une limite à un illimité, 26d) et éthique (l'adverbe *metríōs*, qui qualifie ce qui convient à la règle, ce qui est convenable à la morale, est d'un usage courant et ancien). Platon donne ainsi une justification « générique », sinon ontologique, au jugement de convenance éthique : ce qui est convenable et mesuré moralement l'est dans la mesure où une limite a été imposée à une conduite (ou encore à un jugement ou à un désir). Le texte de cette remarque semble lacunaire et corrompu. Les éditeurs proposent des conjectures, notamment en 52c5 (où Ficin lisait déjà *dekhoménas*), en 52c6 et en 52d1 (où Diès et Gosling, à la suite de Stallbaum, préfèrent *thômen* à *prosthômen*). Ma traduction suit ces corrections, sans que cela donne à l'une et aux autres davantage de légitimité ; il s'agit d'une approximation, par défaut.

229. « Pur » rend *katharón*, quand « dépourvu de mélange » rend *eilikrinés*, rendu également par « pur » en 29b7, 30b6 ou 32c7. L'adjectif *katharós* est un terme plus ancien et, surtout, plus courant que ne l'est *eilikrinés* ; outre sa signification religieuse, qui lui fait désigner ce qui est purifié au moyen d'une purification (*kátharsis*), le terme a une valeur axiologique qui lui permet de désigner ce qui est louable (la pureté d'une attitude ou d'une disposition nomme ainsi leur perfection). Il semble bien que Socrate, en employant *eilikrinés* comme synonyme de *katharós*, s'efforce de traduire la valeur axiologique de la purification dans les termes du dialogue, qui sont ceux du mélange, de telle sorte qu'on puisse imputer l'excellence ou

l'éminence d'une réalité quelconque à son absence de mélange. On retrouve cette équivalence terminologique plus loin, notamment en 53a5-8 et en 59c3-4.

230. L'expression « mise en examen » rend *elégkhōn* ; on eût pu adopter « mise à l'épreuve », mais j'ai choisi d'insister sur le sens avant tout judiciaire de la formule (à propos de laquelle, voir L.-A. Dorion, « La subversion de l'"elenchos" juridique dans l'*Apologie de Socrate* », art. cité, *supra*, note 49). Le plaisir et la science se présentent en effet devant un tribunal, qui doit leur rendre leur mérite et leur rang respectifs. Platon exploite par ailleurs sans cesse la double signification du terme rendu par « jugement » (la *krisis*, qui désigne aussi bien le jugement rendu que l'examen savant), tout comme il joue encore de la parenté des termes *krísis* et *krâsis* (« mélange »). C'est du reste l'une des raisons pour lesquelles les éditeurs ont choisi, dans ce passage comme dans d'autres, de corriger le texte en substituant un terme pour l'autre. Ici, en 52e3, Diès suit Badham et remplace ainsi le *krisin* des manuscrits par un *krâsin*. J'ai conservé le terme des manuscrits.

231. Socrate distingue ainsi la quantité de la couleur (la taille de la surface qu'elle recouvre) et sa qualité (son abondance par rapport à d'autres couleurs). Le superlatif *akratéstaton* (rendu par « parfaite absence de mélange ») est d'une importance considérable, car l'adjectif a une valeur explicitement générique. Ce qui est sans mélange (*ákratos*) est à la fois pur et beau, qu'il s'agisse de la couleur ou d'une quelconque autre réalité, et la beauté d'un mélange est toujours l'effet de la présence en lui des mesures qu'y introduit d'une réalité pure (c'est pour partie la leçon de 64e). Dans la *République*, Platon emploie l'adjectif en un sens épistémologique : définir ce qu'est une réalité elle-même et par elle-même (la justice, par exemple), c'est la définir sans mélange (voir VIII, 545a).

232. Protarque confirme la synonymie des deux termes qui désignent la pureté (Socrate vient d'employer, en 53a1, le substantif *katharótēs*, et Protarque lui répond en employant *eilikrinés*) ; voir, *supra*, la note 93.

233. On a là une définition du plaisir vrai : il est pur de toute douleur. Une fois admise cette définition, l'entretien doit toutefois se mesurer à une dernière objection, en l'espèce de la thèse selon laquelle le plaisir n'existe pas du tout. C'est à l'occasion de cette ultime épreuve que Socrate va préciser ce qu'il faut entendre par la « vérité » du plaisir.

234. « Ingénieux » rend (le pluriel de) *kompsós*, qui signifie encore élégant, habile et délicat. L'adjectif désigne toujours, chez une personne, le soin et le raffinement. Un raffinement d'aspect, notamment vestimentaire, mais aussi bien du propos ou du raisonnement : un discours ou un raisonnement sont alors *kompsói*, comme c'est le cas ici, lorsqu'ils montrent une subtilité ou une finesse remarquables. Les usages connus du terme montrent encore fréquemment des emplois ironiques. C'est le cas chez Platon, qui désigne ainsi les sophistes « ingénieux » ou « élégants » (voir notamment *Lysis*, 216a,

Euthyphron, 11d, ou encore, *République*, III, 405b et 408b, où l'on trouve l'adjectif employé en mauvaise, puis en bonne part). Ici, au moment où Socrate évoque pour la première fois l'ingéniosité ou la subtilité de ces nouveaux ennemis du plaisir, la valeur de l'adjectif est encore incertaine. Ce qui suit va toutefois l'expliquer : ces « ingénieux » enseignent en effet une doctrine subtile, mais fausse. La question est par ailleurs posée de l'identité de ces savants et de la nature exacte de leur doctrine ; l'Annexe 2, en fin de volume, y est consacrée.

235. La distinction entre ce qui est en soi et par soi, et ce qui devient ou tend vers autre chose (c'est-à-dire ce qui change) est une distinction platonicienne courante. Appliquée à une qualité (la grandeur, la beauté, etc.), l'hypothèse de l'existence de cette qualité en elle-même (le grand lui-même, le beau lui-même, etc.), indépendamment de ce en quoi elle se trouve, doit précisément, selon Platon, être faite. Il existe des réalités intelligibles, qui sont « en elles-mêmes et par elles-mêmes ». Une réalité intelligible est une détermination qui reste perpétuellement identique à elle-même, qui ne tient son existence que d'elle-même et qui est la cause d'une multiplicité de qualités particulières desquelles elle reste toutefois distincte (ainsi, c'est parce que le beau « en lui-même et par lui-même » existe que certaines choses sont belles). La manière dont ce qui n'est pas « intelligible » mais « sensible » reçoit cette détermination (sa « forme », *eîdos*) est l'objet de la relation de participation (sur tous ces points de doctrine, voir les études réunies par mes soins dans *Platon : les formes intelligibles*, éd. citée). Socrate rappelle simplement ici, sous sa forme la plus générale, une distinction entre deux types de réalités auxquels bon nombre de dialogues consacrent des développements autrement plus précis ; l'exposé qu'en donne la *République* en V, 470b-480a, puis en VI, 509d-511e, est celui dont on retrouve ici les termes. Ce qui est intelligible (la réalité proprement dite, *ousía*) est ainsi distingué de ce qui devient (le fait d'exister en tendant vers autre chose caractérise tout ce qui appartient au devenir, à la *génesis*, comme Socrate le rappelle en 54a). Cette distinction ontologique distingue les deux types de choses selon leur éminence (ici, la première est naturellement plus « majestueuse »), dans la simple mesure où la première est la cause de l'existence de la seconde et que, à la différence de celle-ci, celle-là demeure toujours inchangée.

236. Dans la relation homosexuelle grecque, dont la vocation est pédagogique, l'adulte doit conduire et former l'adolescent qui lui est attaché ; c'est la raison pour laquelle on peut dire de ce dernier qu'il est inachevé, et qu'il tend vers le modèle adulte. Sur cette relation homosexuelle et la manière dont Platon la conçoit, voir les explications de L. Brisson dans sa traduction du *Banquet* (dans la même collection), p. 61-65).

237. Le texte est difficile à traduire ici, pour des raisons qui sont aussi bien sémantiques que syntaxiques. Il a été corrigé par Badham, suivi par tous les traducteurs. Au prix d'une suppression de la fin de

la phrase que les manuscrits attribuent à Socrate (*tò tríton hetérōi*), puis d'une correction de cette dernière (en substituant *ét' erō* à *hetérōi*), Badham a ainsi trouvé une solution (que Diès salue, note *ad loc.*, comme une « jolie correction ») pour le moins expéditive à une difficulté réelle. Robin, qui l'adopte à son tour, note toutefois que la phrase des manuscrits aurait du sens si l'on admettait que le troisième objet est celui qui accompagne toujours chacune des paires évoquées (dont l'exemple type est celle de l'amant et de l'aimé), en l'espèce du lien qui les lie (à l'amant et à l'aimé, il faudrait ainsi ajouter l'amour). On pourrait encore supposer que le troisième terme embrasse l'ensemble des moyens qui permettent à un devenir d'atteindre une réalité (c'est ce que suggère la tripartition qu'on trouve en 54c). J'ai donc traduit la phrase des manuscrits, en comprenant qu'aux deux termes, le devenir et sa fin, s'ajoutaient les moyens ou circonstances du devenir. La syntaxe ainsi restituée reste certes incertaine, mais elle me paraît préférable à la correction de Badham qui n'a aucun équivalent dans la langue de Platon.

238. La précédente distinction ontologique (entre ce qui est en soi-même et par soi-même, et ce qui tend vers autre chose que soi) reçoit ici une précision, car les deux termes sont rapportés l'un à l'autre : ce qui tend ou devient tend précisément vers ce qui est réellement. La réalité est ainsi désignée comme la fin du devenir. Cet argument est à la fois ontologique et étiologique : toutes choses existent en vue d'une fin, à l'exception des fins elles-mêmes, qu'on doit alors tenir pour les réalités véritables, car elles sont à elles-mêmes leurs propres causes (l'un des premiers développements de cet argument, courant dans les dialogues platoniciens, se trouve dans le *Lysis*, en 220a-b ; voir encore, dans un contexte éthique, *Gorgias*, 467c-468c, et *Lois*, X, 903c, puis, dans un contexte étiologique et ontologique semblable à celui qu'on trouve ici, *Timée*, 28a-b et 68d-69a).

239. Le rapport étiologique du moyen et de la fin est ainsi ordonné à la distinction ontologique de la réalité et du devenir. C'est sans doute toute l'originalité de l'argument du *Philèbe* (telle que va la résumer la formule selon laquelle le devenir est en vue de la réalité), que de ne pas concevoir ces deux termes comme étant simplement exclusifs l'un de l'autre : le devenir est en vue de la réalité. Comme le signalait, *supra*, la note 74, cela n'implique aucunement que Platon renonce à la distinction du sensible et de l'intelligible. V. Goldschmidt a montré comment cette étiologie platonicienne qui privilégie la cause (finale et motrice) sur l'effet sera acceptée par Aristote mais infléchie par les stoïciens : *Le Système stoïcien et l'idée de temps*, Paris, Vrin, 1953, 1977³, p. 93-97.

240. Le texte des manuscrits, de nouveau incertain, a fait l'objet de corrections (pour l'essentiel de Badham, que Burnet et Diès suivent). Le sens paraît toutefois sûr.

241. Le choix de ces trois catégories d'objets n'est pas fortuit, puisqu'elles rassemblent la totalité des objets susceptibles d'entrer

dans la fabrication d'un mélange. Les ingrédients (*phármaka*) sont les produits naturels (notamment les aliments et les boissons) qui peuvent être mélangés, tout comme les matériaux en général (la *húlè* est la catégorie générique du matériau employé pour les travaux ; le terme désignait d'abord le bois, employé par exemple pour les charpentes ou la construction) ; à quoi s'ajoutent donc les instruments (*órgana*) indispensables à la mise en œuvre des mélanges. On comparera cette classification à celle, plus élaborée, que propose le *Politique*, 287d-289c. L'exemple technique de la production permet à Socrate de renouer avec le début du développement cosmologique et ses remarques étiologiques (qui établissaient que toute naissance est une forme de production, et que la cause d'une chose est ce qui la produit ; 26e-27a et, *supra*, la note 75).

242. On retrouve la définition étiologique du début du dialogue : le bien est la cause finale, la fin ultime vers laquelle tendent toutes choses ; voir 20d.

243. On voit bien l'importance de l'examen de la thèse des ennemis du plaisir dans l'économie de l'argument critique du dialogue, qui entend réfuter la prétention du plaisir à être le bien. Les ennemis du plaisir sont convoqués afin de saper cette prétention, mais ils offrent encore à Socrate, malgré eux cette fois, l'occasion de mener une réflexion sur le compte du devenir et de la réalité dont l'issue va être la découverte des objets réels des plaisirs vrais.

244. Socrate fait de nouveau allusion aux débauchés évoqués en 47b.

245. Socrate rappelle les remarques antérieures relatives à la vie possible et éligible (voir 22b, 33b et les notes 50 et 53), mais il renvoie surtout à la possibilité de la troisième vie évoquée en 43c-e (ou du « troisième état », en 44a-b). Il n'est pas sûr que l'on doive confondre cette troisième vie avec la vie de pure réflexion. Elle se distingue de la vie de douleur et de la vie de plaisir entendu comme soulagement de la douleur. Mais la possibilité est désormais acceptée d'un plaisir qui ne soit pas la simple disparition de la douleur et qui ne soit pas étranger à la réflexion (comme c'est précisément le cas, 52a-b, des plaisirs relatifs aux savoirs).

246. Socrate objecte sans ambiguïté aucune contre les antihédonistes, en répétant ainsi qu'il existe de la bonté et de la beauté (et de ce fait du plaisir) dans les corps.

247. Il s'agit du jugement final de la compétition dans laquelle Socrate a engagé les deux concurrents que sont le plaisir et la réflexion. Schleiermacher puis Badham, suivis par Diès (mais non pas par Burnet), avaient proposé de corriger le texte des manuscrits, en substituant mélange (*krásin*) à jugement (*krísin*). Je conserve et traduis le texte des manuscrits.

248. Après avoir évoqué (52a-b), les plaisirs relatifs aux savoirs, Socrate en vient aux sciences relatives aux savoirs. Les savoirs eux-mêmes sont ainsi présentés comme des mélanges, puisqu'ils comportent une part de science, mais aussi un autre élément, en l'espèce

d'un usage et d'une approximation empiriques qui vont être examinés.

249. « Formation » rend *trophê*, qui désigne la nourriture, mais aussi bien, dans un contexte à la fois culturel et pédagogique, la formation ou l'éducation de l'individu. C'est ce qui l'apparente à la *paideía*, qui désigne plus explicitement l'éducation scolaire, l'instruction des enfants.

250. Ici commence l'analyse des sciences (c'est-à-dire du genre de la réflexion), au moyen de leur division, qui va occuper les pages 55d-59d. Il s'agit d'une division de type dichotomique. La première division, qui porte sur les techniques manuelles, doit vérifier l'hypothèse que les savoirs techniques comportent une part de science mais aussi une part d'un autre élément, relatif à leur usage particulier, que Socrate va désigner comme une forme d'approximation, une capacité à « tomber juste ».

251. Chaque technique est aussi bien, selon Platon, une science, puisqu'elle suppose la connaissance de son objet et la connaissance des éventuelles transformations ou des usages qu'il convient d'en faire. Toute technique manuelle implique la possession d'une telle connaissance scientifique et sa mise en œuvre, spécifique à son objet, qui comporte une part d'indétermination. Les exemples qui vont suivre auront pour but de montrer que la connaissance scientifique est pure (elle contient un savoir précis), quand la mise en œuvre l'est moins, dans la mesure où elle doit s'accommoder de cette indétermination. La remarque ne vaut bien entendu que pour les techniques manuelles, qui comportent un tel mélange de savoir précis et d'approximation empirique (le charpentier doit posséder une science exacte de la mesure pour dessiner sa charpente, tout comme il doit s'accommoder des conditions de son matériau pour la construire). Platon ne dit aucunement que ces techniques manuelles sont les plus pures de toutes les techniques (comme le suggère à tort E.E. Benitez, dans l'étude qu'il consacre à « La classification des sciences (*Philèbe*, 55c-59d) », dans *La Fêlure du plaisir, études sur le* Philèbe *de Platon*, I, éd. par M. Dixsaut, Paris, Vrin, 1999, p. 337-361. Afin de justifier cette erreur de lecture, E.E. Benitez n'hésite pas à soupçonner le texte des manuscrits, qui lui paraît « fort improbable », p. 348, n. 5, tout comme il dénonce souvent le caractère « vague » de l'analyse des sciences que propose le *Philèbe*). Il me semble qu'on peut consulter avec profit le bref chapitre que V. Goldschmidt consacre à cette division des sciences dans *Les Dialogues de Platon*, éd. citée, p. 252-256.

252. Le texte dit, avec moins de précision, *tàs hēgemonikás*, « [celles] qui commandent ». C'est ce qui précède et qui suit immédiatement qui permet de comprendre que ce sont les sciences qui sont en jeu. La remarque suppose qu'on puisse distinguer entre les techniques et les sciences qui les rendent possibles (et qui pour cette raison les commandent). Comme le *Politique*, 281d-283a, y insiste longuement, les techniques peuvent en effet être classées hiérarchiquement selon le lien de dépendance qui les rapporte les unes aux

autres. La distinction platonicienne ne prend toutefois pas seulement la forme d'une distinction entre la théorie scientifique et la pratique technique, entre le savoir et sa mise en œuvre. Chaque technique suppose plutôt la possession et la mise en œuvre d'un savoir, et c'est ce savoir, propre à la technique envisagée, qui se trouve sous la dépendance d'un autre savoir (technique ou scientifique). De la même façon, la plupart des techniques font usage de matériaux qui sont produits ou préparés par d'autres techniques, dont les premières dépendent. Les techniques sont donc ordonnées les unes aux autres selon un rapport d'auxiliarité. Le musicien qui joue de la flûte commande son instrument à un fabricant de flûtes, qui travaille son bois selon les instructions du musicien. La technique du fabricant est ainsi l'auxiliaire de celle du musicien, qui la « commande ». De la même manière, le stratège qui doit compter et disposer ses troupes selon un certain schéma sur le champ de bataille est tributaire d'un savoir mathématique. Voir 27a et, *supra*, la note 77.

253. « Science du nombre » rend *arithmētikē*. Le terme a une signification plus vaste que son homonyme moderne « arithmétique ». Il embrasse en effet tout ce qui est relatif au nombre (*arithmós*) et se distingue de la géométrie.

254. « Science de la mesure » rend *metrētikē* (littéralement, la « technique de la mesure »). Il ne s'agit pas, à proprement parler, d'une science mathématique, ni même d'une science constituée comme telle à l'époque où le *Philèbe* est rédigé, mais bien d'un concept forgé par Platon. Une science de la mesure existe certes à l'époque, qui désigne la technique de mesure des distances ou des surfaces (par exemple, lorsqu'on arpente un terrain, comme l'évoque notamment *Alcibiade*, 126d), mais elle n'est jamais qu'une forme particulière de calcul, avec laquelle la science que Platon appelle de ses vœux n'a guère de rapport, si ce n'est qu'elle lui emprunte le principe selon lequel une mesure n'est déterminée que par rapport à un étalon, la « juste mesure ». La fonction du concept platonicien, dans le seul *Philèbe*, est assez claire. Le troisième genre, celui des choses mélangées où « naissent » le plaisir et la douleur, est celui qui embrasse la totalité des choses qui ont reçues une limite, c'est-à-dire celles qui comportent une mesure (26d, où la limitation de l'illimité s'accompagne de l'introduction de mesures). Se prononcer sur des choses changeantes qui, comme les plaisirs, sont susceptibles de variations quantitatives et qualitatives, exige que l'on dispose d'une connaissance de leurs mesures, ne serait-ce qu'afin de les classer, de distinguer par exemple les plaisirs grands et petits, ou encore faibles et intenses. Cette tâche ne peut relever de l'arithmétique, dont la mesure selon le nombre restera toujours une mesure relative : elle permettra éventuellement de dire que certains plaisirs sont grands ou petits par rapport à d'autres, mais elle ne dira pas lesquels sont excessifs ou insignifiants. Autrement dit, une mesure de type arithmétique ne peut donner lieu à une axiologie, parce qu'il lui manque ce critère d'évaluation qualitatif que Platon appelle une

« juste mesure » (*tò métrion*). Comme Socrate l'avait souligné en 24b-d, on ne peut trouver la « juste mesure » du plaisir que si l'on attribue à tout plaisir une « quantité déterminée » par rapport à laquelle tel ou tel plaisir pourra être jugé excessif. Si l'on s'en tient simplement à une mesure quantitative relative (en jugeant que le plaisir est plus grand qu'un autre), on ne pourra jamais se prononcer selon la juste mesure. Ce raisonnement du *Philèbe* recoupe en tous points le souci qui anime les développements semblables que les dialogues consacrent à la « juste mesure » et à la nécessité de concevoir une « science de la mesure » (voir le *Protagoras*, 355d-357d, qui affirme que l'absence d'une science de la mesure est précisément ce qui conduit à faire de mauvais choix en matière de plaisirs, puis le *Phédon*, 68d-69c, qui soutient que la réflexion doit servir de juste mesure aux plaisirs). L'exposé platonicien le plus abouti reste en la matière celui du *Politique*, 283b-287a, qui établit comme le *Philèbe* que la mesure ne peut simplement reposer sur la comparaison de deux quantités (au risque sinon de prolonger indéfiniment le progrès du plus et du moins, puisque une chose plus petite qu'un autre sera toujours plus grande qu'une troisième), mais qu'elle doit au contraire reposer sur la définition d'une mesure déterminée, la « juste mesure », par rapport à laquelle toutes les quantités seront mesurées absolument (comme étant, pour chacune d'entre elles, mesurée, trop petite ou enfin trop grande). Pour résumer, la *metrētikē* définit une mesure qualitative, qui n'est autre que le moyen d'apprécier ce que le *Politique* appelle le « convenable » (*tò prépon*, 286d2).

255. Dans le livre X de la *République*, Socrate signalait déjà que, contre cette sorte d'illusions d'optique dont l'âme est victime lorsqu'elle a des opinions fausses sur le compte de ce qu'elle perçoit, il faut avoir recours à ces secours que sont « la mesure, le comptage et la pesée » (602d) et s'en remettre à l'élément qui, en l'âme, calcule et raisonne.

256. « Faire des hypothèses » rend *eikázein*. L'*eikasía* désigne l'approximation, la connaissance d'un objet par conjecture. C'est le terme qu'emploie la *République*, lorsqu'elle distingue sur une ligne les différents modes de connaissance, pour désigner la connaissance la plus faible et la moins exacte qu'on puisse avoir d'une chose, en l'espèce de ses ombres ou de ses reflets (VI, 59e-510a).

257. Le recours à l'« expérience » (pour *empeiría*, qu'il faut entendre au sens d'un « procédé » ou d'une « recette ») ou à la « routine » (*tribé*, qui nomme pour sa part le temps passé à s'appliquer à une même chose), sont là encore des palliatifs typiques en l'absence du savoir. Platon les mentionne en mauvaise part. Les deux termes sont ainsi associés, dans le *Gorgias*, pour désigner la rhétorique (elle n'est pas une technique, dit Socrate, mais « un procédé et une routine », *empeiría kaì tribé*, 463b4 ; la même formule est employée à propos de la cuisine, en 501a7. Voir encore *Phèdre*, 270b et *Lois*, XI, 938a).

258. Littéralement, le verbe *stokházesthai* (et le substantif, rendus par « conjecturer » puis par « conjectures ») désigne l'aptitude à bien deviner, à viser juste (« avoir un coup d'œil sûr », comme le traduit Robin). Comme bon nombre des termes de cette remarque de Socrate, l'expression, dépréciative, est éclairée par la manière dont le *Gorgias* l'emploie afin de caractériser les pratiques qui, dépourvues de savoir, parviennent à produire des effets au petit bonheur ou à force d'application (463a et 464c caractérisent ainsi les « flatteries » parmi lesquelles figure la rhétorique) ; voir encore *Lachès*, 178b, puis *Lois*, I, 635a (qui donne un exemple non dépréciatif du terme).

259. On rend couramment par « flûte » le terme *aulós*, qui désignait en réalité un instrument plus long et plus lourd, une sorte de hautbois.

260. Le texte des manuscrits est certes incertain, mais, à l'encontre de tous les éditeurs et traducteurs, il me paraît devoir être conservé. Les éditeurs ont inversé la musique et l'art de la flûte, pour lire, comme le fait par exemple Diès, « Ainsi, pour commencer, l'art de la flûte en est plein, lui qui ajuste ses harmonies non par mesure, mais par conjecture empirique ; de même toute la musique, qui poursuit à coups de conjectures la mesure de chaque corde en vibration, si bien qu'elle contient une forte dose d'imprécision et peu de certitude ». Par ailleurs, je rends par commodité *mè saphés* par « confusion » (littéralement, il s'agit de « l'absence de clarté » ; dans la page qui suit, la clarté deviendra le critère de la science véritable).

261. Robin note à propos de cette remarque que, en la traduisant comme je le fais, on « fausserait complètement l'intention » ; il me semble au contraire que le malentendu est évité pour peu que l'on rappelle que les sciences en question sont bien celles que supposent et mettent en œuvre les autres techniques de fabrication, et non pas ce que nous estimons aujourd'hui être des sciences (en l'occurrence, les sciences dont la part d'exactitude mathématique est la plus grande). Platon ne distingue pas entre science et technique ; ainsi la charpenterie comme l'arithmétique et la dialectique sont des techniques aussi bien que des sciences (55d1-2, 56c4, 57a11-b2, 57e3 et 58c1).

262. Je rends par équerre le terme *prosagógion*, dont on trouve ici l'unique occurrence et que n'emploie aucun texte ancien. Une scolie au *Philèbe* rapporte que cet instrument servait au maçon ou au charpentier à redresser des pièces de bois ; il peut s'agir d'une équerre, mais aussi bien d'une sorte d'étau ou de presse.

263. L'allusion porte sur la remarque qu'on trouve en 55e.

264. Platon distingue entre la science arithmétique et l'arithmétique appliquée. Que la première, la science proprement dite, soit attribuée aux philosophes n'est pas surprenant : ces derniers, si l'on en croit le livre VII de la *République* (qui examine la même distinction, en 522c-526c), sont précisément ceux que distinguent leur maîtrise des sciences. Platon ne dit aucunement qu'il existe une arithmétique (ou une mathématique) spécifiquement philosophique, mais bien l'inverse : il n'y a de philosophie (et de philosophes) qu'à

la condition qu'une science arithmétique soit constituée et maîtrisée par ceux qui deviendront philosophes.

265. L'explication va être donnée de l'erreur méthodologique commise par ceux dont Socrate disait en 7a qu'ils « font "un" à l'aventure ».

266. « Calcul » rend *logistiké*. Jusqu'à l'époque de Platon, c'est ce terme qui désigne l'étude du nombre qu'on appellera par la suite arithmétique. Une fois ce dernier terme imposé, la *logistiké* prend le sens restreint, comme c'est le cas ici, de l'étude de tout ce qui est relatif au seul calcul. L'histoire de la signification relative des termes « logistique » et « arithmétique » est toutefois complexe, et elle l'est plus particulièrement s'agissant de Platon ; M. Caveing examine les occurrences de ces deux termes dans les dialogues, pour en expliquer la signification mathématique, dans *La Figure et le nombre. Recherches sur les premières mathématiques des Grecs* (il s'agit du vol. 2 de *La Construction du type mathématique de l'idéalité dans la pensée grecque*), Lille, Presses Universitaires du Septentrion, 1997, p. 159-169. La distinction qu'invoque ici Platon entre une science savante du nombre et son usage commun trouve du reste ici sa formule : le calcul des philosophes est ce à quoi il conviendrait de réserver le nom d'arithmétique, quand le reste relève d'une forme vulgaire de calcul. La *République*, VII, 525a, donne un exemple de la relative indistinction des termes « calcul » et « arithmétique » ; les autres textes pertinents sont indiqués par M. Caveing.

267. Encore une fois, ce que dit ici Socrate n'implique pas que la philosophie fasse un usage spécifique des mathématiques (voir, *supra*, la note 264). Le philosophe est le nom qu'il revient de réserver au savant le plus accompli, c'est-à-dire précisément à celui qui maîtrise le savoir mathématique. En ce sens, le philosophe n'est pas celui qui se sert des mathématiques d'une certaine manière, mais il est simplement le meilleur mathématicien.

268. Le texte de cette réplique est à son tour incertain (les manuscrits ne donnent pas des leçons identiques), et les éditeurs y ont porté bon nombre de corrections (fixées par Burnet, que Diès a suivi). Je traduis le texte ainsi corrigé.

269. Cette question des homonymes, et l'importance que Platon lui accorde dans la conception de la « participation », a déjà été rencontrée, *supra*, en 12d-13b (voir encore 34e) ; voir la note 286.

270. Le critère de l'exactitude (*akríbeia*), introduit en 56b, est désormais indissociablement lié à celui de la vérité. Cette dernière se dit de trois façons, comme clarté, exactitude et certitude. C'est là l'une des leçons majeures de l'analyse des sciences, qui peuvent donc toutes être distinguées selon leur exactitude, c'est-à-dire selon le degré de mesures qu'elles supposent. Socrate confond volontiers le double critère, en suggérant que ce qui est le plus mesuré est aussi bien le plus exact et le plus vrai. Au prix d'une nouvelle identification dont la rigueur est sans doute discutable, la chose sera aussi bien vraie des plaisirs : les plus vrais sont les plus mesurés. S'agissant du critère scientifique de l'exactitude, voir *Lois*, VII, 817e-820d.

271. Le tort rhétorique qui consiste à parler pour ne rien dire ou à faire durer inutilement une discussion vaine est souvent dénoncé par Platon ; il est de surcroît associé au motif de l'habileté, qui désigne en mauvaise part, le plus souvent, les sophistes et les rhéteurs ; voir notamment, entre de nombreux exemples, *Gorgias*, 448d-449d, puis *Théétète*, 173a-b.

272. La capacité à dialoguer (*dialégesthai dúnamis*) est rendue plus explicitement par « faculté dialectique ». Socrate fait en effet allusion ici à la dialectique, que la *République* avait déjà consacrée comme la première des sciences. L'expression *dialégesthai dúnamis* y était du reste déjà employée comme synonyme de *dialektiké*, en VII, 533a, lorsque Socrate dit de cette faculté qu'elle est la seule qui permette de voir ce qui est vrai et réel. Le *Parménide* la mentionne à son tour, en précisant que cette faculté a pour objet (et condition) les formes intelligibles (135b-c). Les dialogues concordent pour définir la dialectique comme un exercice méthodique du dialogue dont la fin est de connaître ce qui est réellement (et non pas ce qui apparaît et devient), en l'espèce d'unités véritables et intelligibles. Ce n'est pas la première fois que le *Philèbe* en appelle à la dialectique ; on se souvient qu'au début du dialogue, en 16e-17a, Socrate avait déjà distingué entre la manière éristique de dialoguer et la manière dialectique, fondée sur une véritable méthode de saisie de l'unité. La remarque a toutefois ceci de particulier qu'elle suggère ici, peut-être à la manière d'une boutade, que la dialectique est bien présente aux côtés des interlocuteurs, et qu'elle pourrait se manifester à eux pour les condamner.

273. Le texte est de nouveau incertain. Les manuscrits ne donnent pas tous, de cette première phrase, un même texte. Burnet et Diès retiennent les mêmes leçons, que je traduis. Après avoir évoqué la faculté dialectique, Socrate en rappelle l'objet. Ce faisant, Platon paraît toujours renvoyer son lecteur à des explications déjà produites. En l'occurrence, *République*, VII, 52 (et 531e-540c, qui définit la dialectique et la situe par rapport aux autres savoirs dont elle est l'accomplissement).

274. La dialectique est la connaissance de ce qui est réellement, ce qui la distingue comme telle de la perception des choses sensibles ou de l'opinion qu'on peut avoir de ces dernières. La réalité perçue au moyen du raisonnement et de l'intellect est la réalité intelligible, dont les dialogues disent que seule elle existe réellement, toujours identique à elle-même. L'expression qu'on trouve ici (*katà tautòn aeí*, « toujours identique à soi ») est l'expression proprement platonicienne qui permet de désigner chacune des réalités intelligibles. Voir, *infra*, les notes 282 et 284, consacrées aux autres formules techniques semblables qu'emploie Platon. Il faut surtout noter que Socrate trouve ici l'occasion de répondre à l'une des questions du début de l'entretien, qui demandait si des unités véritables, soustraites au devenir, existaient réellement et si on pouvait dire de chacune d'elles qu'elle reste toujours identique à elle-même (15b). La réponse est donc positive.

275. Si l'on se fie au développement que lui consacre le livre VII de la *République* (531d-533d), il ne va pourtant pas du tout de soi que tous reconnaissent l'éminence de la dialectique. C'est au contraire l'une des tâches les plus ardues de la philosophie que de la faire admettre, en opposant notamment la dialectique aux pratiques éristiques et sophistiques de la discussion savante. Où l'on voit revenir (comme en 16e-17a) le conflit entre deux pratiques de la discussion, la philosophique et la sophistique. C'est pourquoi Protarque invoque immédiatement la rhétorique de Gorgias.

276. La prétention de la rhétorique (sophistique) à connaître et à user de toutes choses repose sur ce procédé qu'est la persuasion. Platon en fait souvent la critique, dans plusieurs de ses dialogues. S'agissant de « la persuasion de Gorgias », l'examen et la réfutation les plus aboutis sont ceux du *Gorgias*, auquel Protarque semble renvoyer très explicitement le lecteur du *Philèbe* ; il se trouve en effet que Protarque résume les prétentions de la persuasion dans les termes exacts du *Gorgias*, lorsque Gorgias explique que sa technique, la rhétorique, parvient à persuader les concitoyens de telle sorte qu'ils se soumettent volontairement aux décisions du rhéteur (448c, 452c-e et 456a). À quoi Socrate objectera que la rhétorique n'est qu'une flatterie déplorable, une contrefaçon de la politique (notamment en 462b-463d).

277. En dépit de l'emploi fallacieux qu'en font les rhéteurs ou les sophistes, la rhétorique conserve bien un certain usage et une certaine utilité (comme le concède Socrate dans le *Gorgias*, dans les pages que cite la note précédente), qui tiennent à son pouvoir « psychagogique » : la rhétorique est l'aptitude à conduire les âmes au moyen du discours. C'est l'une des raisons pour lesquelles la philosophie doit en maîtriser l'exercice, au point d'envisager, comme le fait Socrate dans le *Phèdre*, 261a-270c, la conception d'une rhétorique proprement philosophique.

278. Socrate renvoie ainsi à l'exemple qu'il donnait en 53a-c.

279. L'argument en faveur de la poursuite du vrai, qu'on dirait aujourd'hui une poursuite « désintéressée », obéit au même schéma étiologique que celui qui préside à la définition du bien en 20d-21a. Socrate aura ainsi obtenu, peu à peu, que l'on puisse confondre la bonté et la vérité, en les réunissant dans une même cause finale.

280. La note suivante revient sur la cible que vise cet argument. Ce qui est dit ici de l'opinion (conformément aux remarques de la fin du livre V de la *République*) confirme de nouveau qu'elle est la connaissance (et le discours) relative à ce qui apparaît, aux phénomènes. Le monde dont il est question est sensible, ce qui le distingue selon Socrate des unités véritables et pures dont il est question dans l'entretien. Comme y insiste le *Timée*, la définition de la nature du monde (c'est-à-dire, puisque c'est ce couple qui selon Platon définit une nature quelconque, de ce qui l'affecte et de ce qu'il produit) n'est possible que si on la rapporte à ce dont le monde est une copie ou un produit : la réalité intelligible (28b-29d). Celui qui s'en tient à l'apparence sensible manque ainsi nécessairement la nature et la

cause véritable de l'existence de toutes choses, pour cette simple raison que cette cause n'est pas sensible. C'est un argument que le développement cosmologique du *Philèbe* avait déjà soutenu, en 28d-30e, en invoquant la nécessité d'une cause intellectuelle de toutes choses.

281. La cible de ces critiques est la connaissance de la nature et ceux qui s'y adonnent. Comme on l'a déjà noté, la critique adressée aux « physiciens » est courante dans les dialogues ; voir, *supra*, 28c-e et les notes 88 et 90. Le principal reproche que Platon adresse à ses prédécesseurs et contemporains physiciens est ici parfaitement résumé : autant l'enquête sur la nature est une indispensable tâche savante, autant elle est vouée à l'échec si elle n'aperçoit pas que le monde en devenir qu'elle observe a des causes qui lui sont hétérogènes et n'épuise aucunement, de ce fait, la réalité. Comme le dit Socrate dans le *Phèdre*, 269e-270a, le risque est alors considérable que le discours sur la nature, ainsi faussé, se mue en un bavardage vain.

282. Cette définition des choses en devenir correspond de nouveau très littéralement au début du récit cosmologique du *Timée*, que Socrate paraît ici littéralement résumer. Le vocabulaire des deux textes est le même, et l'on retrouve dans le *Philèbe* la distinction entre les choses en devenir, qui sont engendrées et sujettes à la naissance, et « ce qui reste identique et dans le même état » (29a1, trad. L. Brisson). L'expression technique « ce qui est (toujours) identique à soi » ((*aeì) katà tautà ékhon* ou d'autres formes d'*ékhein*) désigne dans les deux dialogues la réalité intelligible. C'est la même expression qu'avait déjà consacrée le *Phédon* (en 78d-80b), en disant des réalités intelligibles, toujours identiques à elles-mêmes, qu'elles ne peuvent être perçues que par le raisonnement. En revanche, comme on le voit ici, c'est ce qu'on pourrait appeler l'inconsistance ontologique des choses sensibles qui interdit qu'on puisse en faire l'objet d'une connaissance véritable.

283. « Dépourvu de mélange » rend *eilikrinés*, traduit jusqu'ici, le plus souvent, par « pur ». Voir, *supra*, la note 117.

284. « Absolument pas mélangées » rend le superlatif *ameiktótata*. Les réalités ainsi désignées sont toujours les réalités intelligibles, auxquelles il est rappelé que certaines choses sensibles ressemblent plus que d'autres. Par ailleurs, l'expression *aeì katà tà autà hōsaútōs* (« qui sont toujours dans le même état ») est de nouveau l'une des expressions techniques au moyen desquelles les dialogues désignent communément les réalités intelligibles, qui sans cesse restent identiques à elles-mêmes, conservent les mêmes déterminations. On trouve cette notamment cette expression dans le *Phédon*, 79d5, la *République*, V, 479a2 et e7, puis VI, 484b4, ou encore le *Sophiste*, 248a12 et 252a7.

285. « Ce qui est réellement » (ou aussi bien, « véritablement », puisque l'adverbe comporte cette double signification) rend *tò òn óntōs*, qui est l'expression platonicienne consacrée afin de désigner la réalité intelligible, distincte des choses sensibles qui, sans être réellement, « deviennent » (voir notamment les emplois du *Sophiste*,

240b3, qui dit du vrai qu'il est ce qui est réellement, ou encore du *Phèdre*, 249c4, du *Timée*, 28a3 et de la *République*, IX, 585d12, dans le contexte parent de la discussion sur le plaisir).

286. Socrate confirme ainsi que l'intellect et la réflexion sont des facultés qui portent exclusivement sur les réalités intelligibles. C'est une manière de corriger l'imprécision du début du dialogue, qui ne se prononçait pas sur l'objet éventuellement spécifique de la réflexion. Et c'est une manière encore de résoudre la difficulté, plusieurs fois rencontrée, de l'homonymie (voir 12d-13b, 34e, ainsi que la note 269). Ce qui est nommé en propre, soutient finalement Socrate, ce sont les réalités véritables ; quant à toutes les choses sensibles qui sont homonymes, elles le sont de façon seconde, parce qu'elles entretiennent un rapport de participation avec les premières.

287. Le verbe employé (*anamnēsasin*) rappelle la discussion des pages 34b-c. Si l'on veut l'entendre au sens strict, il faut supposer que Socrate suggère à Protarque que les précédentes remarques ont été oubliées, et que ce qui vient d'être dit des réalités véritables provoque la remémoration.

288. Platon emploie ce dicton (ou l'expression « deux et même trois fois ») dans le *Phédon*, 63e1, le *Phèdre*, 235a4, et, à l'identique, dans les *Lois*, VI, 754c2-3, et XII, 956e7-8. Il semble que le dicton puisse être imputé à Empédocle ; c'est du moins ce que suggère une scholie au *Gorgias*, 498e15, qui affirme que le dicton lui est emprunté (la scolie est retenue en DK B 25).

289. Le texte de la proposition est incertain en son début, selon qu'on retient avec Diès et comme je le fais la conjonction *én*, qui figure dans l'un des manuscrits du dialogue (et que je rends par « car »), ou bien que l'on adopte le relatif *hèn*, qui figure dans un autre manuscrit (c'est la leçon qu'adopte Burnet, qui comprend alors que le relatif désigne le plaisir). Ficin avait retenu pour sa part la leçon *è* (en songeant à une énumération, mais en traduisant une explication, comme s'il s'était agi de *ei* ; les apparats de Diès et de Burnet attribuent ce *ei* à Ficin, mais on ne le trouve pas dans toutes les éditions de son ouvrage).

290. Dionysos est le dieu du vin, que les grecs consomment mélangés à de l'eau dans un cratère ; Héphaïstos, « l'illustre artisan », est celui des métaux et des alliages, mais il apparaît aussi dans l'*Iliade*, I, 595-600 pour servir aux autres dieux « le doux nectar qu'il puise dans le cratère ».

291. Les réalités qui « restent toujours identiques à elles-mêmes et sont toujours dans le même état » sont les réalités intelligibles ; sur cette double formule, voir, *supra*, les notes 282 et 284.

292. À la différence de ce que proposent tous les autres traducteurs, qui rapportent le *hōsaútōs* au *dianooúmenos* final (en rapportant donc l'adverbe « semblablement » ou « à l'identique » au verbe « concevoir »), je choisis de lire ici de nouveau l'expression technique *tôn óntōn hōsaútōs*, que je traduis comme lors de ses précédentes occurrences ; voir la note 284.

293. Le texte est particulièrement elliptique. Il renvoie manifestement à des exemples qu'avait déjà observés la discussion, mais à des
occasions distinctes. Socrate rappelle la distinction des techniques et
des sciences selon qu'elles possèdent l'exactitude et la mesure, et lui
associe la leçon des développements consacrés à la fois aux réalités
astronomiques et aux réalités intelligibles. Ce qui est le plus ordonné
et le plus mesuré, les réalités intelligibles et, parmi les choses sensibles, les astres, est donc qualifié de divin, pour être distingué du
domaine des « affaires humaines ». Il est toutefois remarquable que
Platon ne limite pas l'exercice de l'intellect et de la réflexion aux
seuls objets divins, mais accorde plutôt son argument épistémologique à la thèse éthique selon laquelle on ne peut souhaiter aux
hommes une vie divine. L'argument épistémologique porte sur la
nécessité de rendre compte des réalités qui nous entourent. S'en
tenir au cercle lui-même ou aux sphères astrales sans les mettre en
rapport avec les cercles ou sphères sensibles qui nous entourent nous
condamnerait à tout ignorer de ce qui, précisément, nous entoure.
C'est ainsi que je comprends la comparaison, dont le texte peut
presque paraître lacunaire. La phrase conservée par les manuscrits
dit simplement : « et se servir des autres règles et cercles également
(ou « semblablement ») », *kaì toîs állois homoíōs* etc (dans ma traduction, l'adverbe *homoíōs* est donc accolé au verbe). Diès a voulu la
corriger, en substituant *ekeínois toîs* à *kaì toîs*, pour que l'on com-
prenne mieux qu'il s'agit de règles et de cercles semblables « à ceux-
ci », c'est-à-dire au cercle et à la sphères divins (d'autres éditeurs ont
corrigé encore plus explicitement en ajoutant un « divins », *theíois*, à
la phrase). Je ne traduis pas la correction de Diès, qui me paraît
d'autant plus inutile que le texte ainsi corrigé n'est finalement pas
plus sûr que celui donné par les manuscrits. Il faudrait enfin ajouter
que Socrate répond d'une certaine manière au procès en inutilité qui
est fait aux philosophes plus soucieux des affaires célestes que des
affaires humaines (voir l'*Apologie de Socrate*, 18b-c, puis *Théétète*,
174a-d). Au contraire, soutient-il, la science n'est entière que si elle
est en mesure de rendre compte des secondes à partir des premières.
Sur le statut platonicien des « affaires humaines » (*tà anthrṓpina*),
voir J.-F. Pradeau, *Le Monde de la politique. Sur le récit atlante de
Platon*, Timée *(17-27)* et Critias, Sankt Augustin, Academia, 1997,
p. 110-122. Et sur le procès fait à la philosophie qui ne se soucierait
que des astres, C. Gaudin, « Remarques sur la "météorologie" chez
Platon », *Revue des études anciennes*, 72, 3-4, 1970, p. 332-343 ; puis
L. Brisson, « L'unité du *Phèdre* de Platon », dans *Lectures de Platon*,
Paris, Vrin, 2000, p. 135-150.

294. Ce qui signifie sans doute que le chemin qui mène chez soi
n'est pas géométrique. Le constat rappelle l'exemple de la route
pour Larisse, qu'on trouve dans le *Ménon*, 97a-c, lorsque Socrate
explique qu'on peut aussi bien trouver le bon itinéraire à la faveur
d'une opinion droite que grâce à une connaissance exacte du territoire. Autrement dit, en l'absence d'un savoir scientifique rigoureux,
les techniques d'approximation ont leur légitimité.

295. Je rends ainsi *stokháseōs kaì mimēseōs* ; la « conjecture » rend l'aptitude des pseudo-techniques à « tomber juste » décrite en 55e-56c, quand la « simulation » avait été employée pour désigner l'aptitude des faux plaisirs à simuler les vrais, en 40c.

296. Comme l'avait déjà exigé l'entretien, lorsqu'il mettait de côté la possibilité qu'on puisse attribuer à l'homme une vie de pure réflexion 21e-22b et 33b.

297. On peut se demander pourquoi ce qui vaut pour les sciences, toutes sont admises pourvu qu'on possède celles qui sont exactes, ne vaut pas pour les plaisirs. La réponse peut être déduite du lien de subordination qui existe entre les techniques et les sciences communes et celles qui sont exactes. Un tel lien de dépendance n'existe pas entre les plaisirs, puisque ceux qui sont excessifs ne sont en rien fondés sur ceux qui sont mesurés. Mais l'on pourrait encore plus simplement répondre que les plaisirs écartés du mélange n'ont aucun droit à y entrer en tant que plaisirs, puisque ce ne sont justement que de faux plaisirs. Où l'on admettrait pour finir que, à strictement parler, tous les plaisirs (tous ceux qui sont réellement ou véritablement des plaisirs) entrent aussi dans le mélange.

298. Citation de l'*Iliade*, IV, lors de l'affrontement des Achéens et des Troyens : « Des flots de sang couvrent la terre. Tels des torrents, dévalant du haut des montagnes, au confluent de deux vallées, réunissent leurs eaux puissantes », IV, 451-454, trad. P. Mazon, Paris, Les Belles Lettres, 1961-1963. La citation a bien sûr pour fonction d'attester, à la suite de l'exemple du portier débordé par la foule, la violence de ce mélange total des sciences.

299. L'intention en question était formulée, conformément au projet exposé en 27c-d, en 55c et 61e. Il faut préciser que les parties en question sont aussi bien celles des sciences que celles des plaisirs. Avec cette différence remarquable, certes, que toutes les sciences et techniques contiennent une part d'exactitude ou de vérité, quand les plaisirs faux, pour leur part, ne contiennent aucune part de vérité.

300. Le « cas précédent » est celui des sciences (et techniques), qui comportaient elles aussi des espèces nécessaires à la vie (comme c'est le cas, en 62b-c, de la « musique »).

301. Les plaisirs nécessaires (*anagkaîai*) sont donc présentés comme les équivalents des sciences nécessaires, c'est-à-dire de ces savoirs dépourvus d'exactitude scientifique mais nécessaires à la vie courante (62a-b). Ils n'ont toutefois pas été définis ni même présentés auparavant comme une espèce particulière de plaisirs. La *République* se montre plus précise sur leur compte, en rapportant les plaisirs nécessaires à la satisfaction des désirs nécessaires (manger ou boire dans les limites du bien-être, comme l'explique VIII, 559a-c, en précisant que les plaisirs de ce type sont nécessaires à la vie, ou 561a, en ajoutant que les plaisirs nécessaires sont ceux qui sont avantageux ; voir encore IX, 571a-572d), puis en expliquant que le philosophe est celui qui fait le choix de ne satisfaire, outre des plaisirs qui sont propres à la connaissance de la réalité, que les plaisirs

les « plus nécessaires » : « Quant au philosophe, continuai-je, quel jugement croyons-nous qu'il portera sur les autres plaisirs par comparaison avec le plaisir de connaître le vrai, tel qu'il est, et de se maintenir continuellement dans l'activité d'apprendre ? Ne jugera-t-il pas que ces plaisirs sont bien éloignés du plaisir véritable ? Et ne les appelle-t-il pas des plaisirs réellement nécessaires, dans la mesure où il n'aurait aucunement besoin de ces plaisirs si la nécessité ne l'y contraignait par ailleurs ? » (IX, 581d-e, trad. G Leroux, Paris, GF-Flammarion, 2002).

302. Le terme *sugkratéon* (ajouté au mélange) est parfaitement synonyme du *summeiktéon* de la réplique qui précède (62e5). Afin de nommer le mélange, Socrate ne semble pas distinguer entre *krâsis* et *míxis*. La signification commune du terme *krâsis*, qui désigne le mélange de deux matériaux distincts afin de fabriquer un objet ou un corps, est toutefois plus forte, puisqu'elle implique non seulement l'association des deux ingrédients ou des deux matériaux, mais leur disparition en faveur d'un nouvel objet.

303. En 11b, Socrate avait mentionné quelques-uns des autres noms du plaisir.

304. Dans l'ensemble de cette prosopopée des plaisirs et des savoirs, Platon joue sur le sens du terme *génos*, qui désigne donc aussi bien le « genre » (d'objets ou de choses) que la tribu humaine, la race ou même la famille. La question posée est du reste de savoir si et comment la « famille » du plaisir et celle de la réflexion peuvent cohabiter sous le même toit, dans le même *oîkos*. Le début de l'entretien, ici rappelé, avait déjà conclu que ni la vie de plaisir ni la vie de réflexion ne pouvait se suffire à elle-même (22a-c, rappelé en 60b-c). Le *Politique* avait conduit un argument semblable en proposant que l'on lie et mélange, dans la cité, les tempéraments et les races (*génē*) opposés (305e-311a, où il s'agit bien de réaliser une *míxis*).

305. L'expression *eis dúnamin* (autant que possible) qualifiait la recherche « limitée » en quoi consiste la dialectique (selon les règles méthodologique définies en 16c-e et les rappels qu'on trouve notamment en 24e, 25a et 34c ; voir encore l'Introduction, p. 29-31). Encore une fois, on ne peut connaître les plaisirs que dans la généralité de certaines de leurs espèces. Ce sont de telles espèces (les plaisirs « vrais », puis « nécessaires ») qui sont accueillies dans le mélange.

306. Dans l'argument qu'il consacre à l'éducation (et à la question de savoir s'il faut punir les enfants fautifs ou les persuader de leurs fautes), le *Sophiste*, 229e-230e, emploie le même vocabulaire pour justifier la nécessaire purification à laquelle il faut soumettre les âmes enfantines.

307. Socrate précise quelque peu sa définition du plaisir vrai. Ce dernier avait été défini comme pur de toute douleur en 53c ; l'analyse des sciences permet par analogie de les dire mesurés, à quoi il faut désormais ajouter (puisque la mesure et la vérité ont été asso-

ciées à la bonté) qu'ils accompagnent la bonté et l'excellence. Cette définition reste générique.

308. Comme le signale, *supra*, la note 302, le terme *krâsis* est employé comme un synonyme de celui de *mixis*, avec une valeur toutefois plus forte (c'est la raison pour laquelle il est ici rendu par fusion).

309. Ou quelle est son « idée » (pour *tína idéan*). Comme le rappelle Socrate, le bien est un et le même pour toutes choses, qu'il s'agisse de l'homme et de l'univers ; voir, *supra*, les notes 44 et 50.

310. Le constat est bien la conclusion des arguments qui précèdent et qui ont peu à peu confondu la vérité et la réalité. Si ce qui existe est une réalité ou est en vue d'une réalité, et que seule cette dernière est à proprement parler vraie, il va en effet de soi que rien ne puisse exister sans comporter une part de vérité, c'est-à-dire sans être d'une manière ou d'une autre en rapport avec quelque chose qui existe réellement. Gosling, p. 134-135, puis 212-214 commente longuement l'usage du terme vrai et rend compte des difficultés qu'il suscite.

311. « Une sorte d'ordre incorporel » rend *kósmos tis asômatos* ; le terme de *kósmos*, qui désigne le monde mais aussi bien toute forme de tout ordonné. L'entretien atteint ainsi son achèvement et sa perfection totale (comme le note Diès, le *Ménexène*, 236e, associe également *lógos* et *kósmos* ; à quoi l'on peut ajouter l'analogie platonicienne entre le discours et le vivant, qu'on trouve notamment en *Phèdre* 264b-c, commenté par L. Brisson, « Le discours comme univers et l'univers comme discours. Platon et ses interprètes néoplatoniciens » (1987), modifié et repris dans *Lectures de Platon*, Paris, Vrin, 2000, p. 209-218). Socrate ne dit pas seulement de la discussion qu'elle atteint cette perfection cosmique, mais il l'affirme surtout de la vie qui suivrait les leçons de cette discussion, et qui y trouverait le principe de son excellence et de sa bonté. La discussion, à cet égard, aura été le lien qui permet d'ordonner la vie humaine à la perfection du monde (comme le suggérait plus tôt l'entretien, en 28d-30c), et de comprendre que l'ordre et la mesure qui font la perfection du tout doivent aussi faire celle du vivant (voir, *supra*, la note 92 qui indique des raisonnements platoniciens semblables, mais aussi les remarques parentes du *Gorgias*, 506c-d).

312. Littéralement, « l'attachement que tous portent à cet état » (*prosphilê tèn toiaútēn diáthesin*). Il faut rappeler que la définition de cet état psychique est l'objet même du dialogue, auquel Socrate avait assigné pour tâche de « définir la disposition et l'état de l'âme qui sont capable de procurer à tous les hommes la vie heureuse » (11d4). Dans le même sens, voir 32e-33a et, *supra*, la note 119.

313. La thèse est frappante, puisque Socrate suggère que tous les mélanges véritables sont, au sens strict, mesurés et limités. Dans le cas contraire, les mélanges ne pourraient donc pas subsister. Ce critère est celui, si l'on peut dire, d'une preuve par l'existence : un mélange véritable perdure. Appliquée aux plaisirs, la thèse prend en effet tout son sens : les plaisirs faux ne peuvent entrer dans un

NOTES 64d-65a 299

mélange sans le conduire (et se conduire eux-mêmes) à la destruction, quand seuls les plaisirs vrais peuvent entrer dans la constitution
de la vie bonne. Cela confirme, à terme, le statut générique double
ou plutôt intermédiaire du plaisir : seuls les plaisirs vrais peuvent
appartenir au troisième genre (celui des choses mélangées), quand
les autres plaisirs, dépourvus de mesure, restent illimités.

314. Cette remarque fait pendant à celle qu'on trouve en 45e (« il
est manifeste que les plaisirs et les douleurs les plus grands naissent
dans une sorte de mauvaise condition de l'âme et du corps, et non
pas dans leur condition d'excellence »). L'excellence d'un mélange
quelconque consiste donc en la présence d'une mesure. En 51e et
53b-c, la beauté du plaisir avait été déjà associée à sa pureté. Que la
bonté puisse être identifiée à la beauté va de soi pour Platon, qui
considère que le beau comme le vrai sont des aspects du bien (le
bien est en effet au principe de la réalité, c'est-à-dire de la vérité, tout
comme il est au principe de la perfection en quoi consiste et se
montre la beauté ; voir notamment les arguments de l'*Alcibiade*,
113c-114e, du *Banquet*, 181a, de l'*Hippias majeur* 285a-b, du *Gorgias* et de la *République*, VI 505d-509c).

315. Comme le signale la note qui précède, le bien comporte des
aspects (il est ce qu'il y a de plus vrai, de plus proportionné ou
encore de plus beau). C'est à la faveur d'un argument étiologique
que Platon entend ainsi expliquer que le bien est rencontré et perçu
sous ces différents aspects. L'objet de cet argument est de montrer
qu'on ne doit pas séparer ce qui est vrai, bon et beau, puisque ce ne
sont là, en dernière instance, qu'une seule et même chose ; et il est
encore d'établir que la vérité, la beauté ou ici la proportion ne sont
en toutes choses que des effets d'une seule et même cause, le bien
lui-même. L'argument est caractéristique du geste éthique platonicien : celui-ci se réapproprie les différentes valeurs ou normes de
l'action en vigueur chez ses contemporains et les rassemble sous un
même principe, en expliquant comment tout ce qui est réellement
estimable est à la ressemblance du bien. Ce dernier se trouve alors
être connu en autre chose que lui-même, à travers les effets dont il
est la cause et qui lui ressemblent, comme le soutient la *République*
(III, 401a-d, et surtout le récit de la sortie de la caverne, VII, 514a-
516b). On notera ainsi que le *Philèbe* dit du bien, comme le fait la
République, qu'il est la seule réalité que l'on peine à percevoir autrement qu'au travers de la multiplicité de ses aspects. Dans ces deux
dialogues (mais c'est aussi bien le cas, par exemple, de ce que dit
Diotime dans le *Banquet*, 202c-206a), la perception du bien est la fin
ultime à laquelle aspire toute forme de vie et toute connaissance.

316. Le rôle causal dévolu au bien est caractéristique de ce que
Platon conçoit sous le nom de participation. Comme on l'a plusieurs
fois signalé (de nouveau dans la note qui précède), le bien est la
cause finale de tout ce qui comporte une mesure. Mais il n'en est
toutefois qu'une cause partielle. Comme le souligne Socrate, le bien
est la cause de la bonté du mélange (et aussi bien de sa pureté, de sa
réalité, de sa beauté et de sa vérité), mais il n'est pas la cause du

mélange lui-même. L'unité qu'est le bien n'explique pas l'existence des ingrédients ou matériaux du mélange. On retrouve ainsi les difficultés afférentes à l'hypothèse de la participation qui, si elle rend compte des qualités des choses sensibles (qui sont ce qu'elles sont du fait de leur participation aux réalités intelligibles), ne suffit pas à rendre compte de leur genèse et de leur constitution. D'autres causes (et notamment ce que le *Timée* nomme la nécessité) entrent dans cette constitution. La même distinction causale joue ici : le bien est la cause de la bonté du mélange, non pas du mélange lui-même.

317. Socrate répète de nouveau que le bien est un et le même pour toutes choses, et en aucun cas relatif (en l'occurrence aux dieux ou aux hommes) ; voir, *supra*, les notes 44, 50 et 309.

318. Je rends par « joie excessive » le terme *perikháreia*, qui désigne un excès pathologique, proche du délire.

319. L'ensemble de l'argument ne prend son sens que si l'on rappelle que les adjectifs « beau » (*kalós*) et « laid » (*aiskhrós*) ont, en grec, un sens à la fois esthétique et éthique. Une belle chose est une bonne chose, estimable, quand une chose laide est une chose que l'on réprouve ou dont on a honte (c'est ainsi le même adjectif, *aiskhrós*, tout comme son superlatif *aiskhistos*, qui est rendu par laid puis par honteux). La formule sur la nuit qui dissimule le vice est un lieu commun sans doute ancien (il semble qu'on le trouve chez Héraclite ; voir, dans cette même collection, les textes 144 et 145 du recueil *Héraclite. Fragments. Citations et témoignages* ; puis encore les remarques que *République*, IX, 571d-572b consacre au sommeil).

320. Le texte de la phrase est corrompu (les manuscrits donnent, en 66a8 et après *nomízein, tèn aídion hēirēstai*, qui comporte une lacune). Pour autant qu'on puisse en juger, le texte pouvait dire que la mesure, ce qui est mesuré, etc., appartiennent à ce qui est éternel (et l'on songe alors aux réalités intelligibles), ou bien encore que la mesure, ce qui est mesuré, etc. ont acquis l'éternité. L'état de la question textuelle avant-guerre est sommairement présenté par Diès, dans sa Notice, n. 3, p. LXXXIX-XC. Diès entend justifier la conjecture *tína hēdion* (en lieu et place de *tèn aídion*), afin de traduire alors « s'est fixée plus volontiers la préférence » ; une remarque marginale d'un manuscrit lui inspire cette correction qui paraît toutefois forcée. Gosling examine à son tour cette phrase corrompue, p. 137-138 de son commentaire, en retenant pour sa part la conjecture (le terme serait présupposé, tout comme le verbe être) d'un *phúsin* (nature) qui permettrait de comprendre que « la nature éternelle a été saisie ». Ces hypothèses sont plausibles, mais aucune d'elles ne saurait passer outre l'état du texte. Dans le doute, je me suis donc abstenu de traduire la ligne 66a8.

321. Le premier rang a ainsi été attribué à la mesure elle-même, quand le second revient à cette « famille » qui paraît regrouper les choses qui sont convenablement mesurées ; en l'occurrence, dans les termes du dialogue il s'agit des produits du mélange qui relèvent du troisième genre (26d, et voir encore, par exemple, 52c-d).

322. Le début de cette phrase a gêné Diès, qui a corrigé le *tétarta* (quatrièmes, ce que Diès juge « impossible », note *ad loc.*) des manuscrits en un *tekmartá* (ce qui sert d'indice, de conjecture). Je traduis le terme des manuscrits, qui me paraît convenir à l'énumération.

323. Où l'on doit noter, une dernière fois, que les plaisirs purs comptent ces deux sortes de plaisirs, dont les objets sont distincts, sans que Platon ait aucunement écarté tous les plaisirs liés à la perception sensible (en l'occurrence, il s'agit des premiers plaisirs vrais décrits en 51b-e).

324. Le chant orphique auquel Socrate fait allusion est un chant théogonique, qui décrit les générations divines successives qui engendrent toutes choses. La citation de Socrate est retenue par Diels en guise de fragment (DK B 1 ; M.L. West, *The Orphic Poems*, Oxford, Clarendon Press, 1983, p. 118). L'ordre orphique des six générations n'est pas connu. Comme l'explique L. Brisson, « on peut supposer que, à son époque [celle de Platon], la théogonie orphique commençait par la Nuit, ce que confirme, semble-t-il, Aristote (F24) et qu'elle se terminait sur Dionysos » (Postface à *Orphée. Poèmes magiques et cosmologiques*, Paris, Les Belles Lettres, 1993, p. 161). Voir aussi Plutarque, *Sur l'E de Delphes*, 391d.

325. L'allusion à la théogonie orphique a ceci d'embarrassant qu'elle suppose un classement à six rang, là où Socrate n'en aura proposé finalement que cinq. Pour résumer, à partir du premier bien, on trouve 1. la mesure elle-même, ce qui est soit-même mesuré (c'est-à-dire le bien lui-même) ; 2. ce qui reçoit la mesure (et qui appartient de ce fait au troisième genre) ; 3. la réflexion (c'est-à-dire celui des ingrédients du mélange qui est par nature le plus apparenté à la mesure) ; 4. les sciences, techniques et opinions qui sont elles-mêmes les productions de la réflexion ; enfin, 5. les plaisirs purs. Ce qui « reste » alors, et dont on ne peut plus tenir compte, pourrait être identifié aux plaisirs impurs et illimités. C'est en effet ce que suggérait la mise au point méthodologique du début du dialogue, en 16e, lorsqu'elle expliquait que, une fois dénombrés les intermédiaires qui séparent l'unité de la multiplicité indéterminée, on devait « laisser chacune de ces unités se disperser dans l'illimité et l'abandonner » ; le sixième rang peut être celui, indéterminé, de cette dispersion. Le *Philèbe* aura ainsi établi que la vie bonne est éligible parce qu'elle est l'effet ou la production du bien. De sorte que le critère de classement est bien celui du degré de participation des différents prétendants au bien défini comme mesure.

326. On retrouve la comparaison du discours à un être vivant ; voir, *supra*, note 311, ainsi que *Phèdre*, 264c, et *Gorgias*, 505c-d.

327. Cette invitation à célébrer le Zeus sauveur ou protecteur (*sôtêr*), qui protège aussi bien les combattants que les voyageurs, était courante à la fin d'un banquet : on chantait en son honneur et lui consacrait la troisième et dernière libation, de vin pur. Ce sont donc les adieux au discours que prononce Socrate. L'hommage au dieu sauveur figure chez Pindare (*Isthmiques*, 6, 8-10), Eschyle

302   NOTES 66d-67b

(*Euménides*, 759-760) ou encore Sophocle (fr. 425 Pearson). Athénée, dans les *Deipnosophistes*, nous renseigne davantage sur cette troisième libation (II, 38c-d, XI, 471c-d et XV, 692f-693c). La formule est employée par Platon dans la *République*, IX, 583b et, de façon plus allusive, dans le *Charmide*, 167a.

328. Protarque fait allusion à la demande de Socrate qui, en 59e-60a, demandait que l'on en revienne aux questions initiales de l'entretien, de façon à leur donner, au besoin deux ou trois fois, la réponse adéquate.

329. « Préférable et meilleur » rendent imparfaitement *béltion kaì ámeinon*, qui sont les deux comparatifs du même terme, *agathón* (ce qui est bon).

330. Comme l'avait déjà signalé 22b. Le substantif *autarkeía* est un hapax dans les dialogues (à la différence de l'adjectif qui lui correspond et qu'on trouve par exemple appliqué dans le *Timée*, 33d2 au monde, dont le démiurge a voulu qu'il soit autarcique, puis au démiurge lui-même, en 68e3).

331. Le terme *idéa* apparaît à sept reprises dans le dialogue (16d1, d7, 25b6, 60d5, 64a2, 65a1 et 67a12). J'ai choisi de le rendre toujours par « nature » plutôt que par « idée » (comme la note 21 l'explique). Le terme désigne en effet la nature caractéristique de l'objet que l'on connaît, ou encore son caractère distinctif. *Idéa* n'a pas nécessairement le sens restreint et technique de forme, qui en ferait un synonyme d'*eîdos* (la « forme intelligible »), mais désigne plutôt et simplement la nature de la chose, telle qu'elle est connue.

332. Et encore ne s'agit-il que de la puissance du plaisir vrai (on peut toutefois généraliser le propos à l'ensemble des plaisirs, pour peu que l'on rappelle que les plaisirs autres que vrais, ne sont précisément que de faux plaisirs).

333. La critique de la divination est sans appel dans les dialogues. Si une forme de divination est envisageable ou simplement tolérable, ce n'est qu'à la condition exigeante que le devin soit possédé par le dieu. Socrate s'en explique dans l'*Ion*, 534d, en distinguant les devins ordinaires qu'il critique et les « divinement inspirés » qui, pour leur part, prophétisent sans avoir recours à l'interprétation (dont Socrate se moque ici). Platon y revient dans le *Timée*, lorsqu'il en appelle, en des termes proches très proches de ceux de l'*Ion*, à une « divination inspirée et vraie » (71e-72b). Dans la palinodie du *Phèdre*, 243e-257b, Socrate range le devin parmi les fous (c'est-à-dire aussi bien parmi les ignorants) qui sont susceptibles d'atteindre à quelque vérité lorsqu'ils sont divinement inspirés. L'argument est alors d'autant plus délicat que la philosophie est elle aussi une forme de folie inspirée. Mais le *Philèbe* se contente pour sa part d'une critique lapidaire.

334. La foule adopte le comportement des bêtes lorsqu'elle se vautre dans la poursuite des plaisirs ; on retrouve toujours l'argument dans les discussions déjà citées du *Gorgias* et du livre IX de la *République*.

335. Le *Gorgias* dit également de la philosophie qu'elle se répète d'autant plus (« elle dit toujours la même chose », 482b) qu'elle répète toujours la vérité. Pour consacrer l'autorité de son propre discours, le philosophe peut en appeler à sa Muse, et l'opposer ainsi à celle des poètes ou de tout autre de ses adversaires (d'avoir sa propre Muse est aussi bien accordé au bon législateur, dont le *Politique*, 309d dit qu'il est inspiré par la Muse de la technique royale). Et l'on devrait même accorder, selon la *République*, VIII, 548b, que la « Muse véritable » est « celle qui accompagne les dialogues et la philosophie ». De cette Muse, le philosophe est donc l'oracle.

336. Cette rhétorique de l'entretien qui, jamais achevé, en appelle à sa propre poursuite au-delà des limites de l'ouvrage, n'est pas inhabituelle dans les dialogues (ici-même, des questions sont posées et des développements sont annoncés sans que l'on y revienne : en 23d-e, 33b-c ou 50c-e), de sorte qu'il n'est pas nécessaire d'accorder une trop grande importance à l'hypothèse que quelque chose ferait encore défaut. Robin veut croire que Socrate fait ainsi allusion à l'examen du « cinquième genre », qui n'a pas été conduit. Mais la seule promesse explicite faite par Socrate est celle qui, en 50d-e, le voit annoncer, pour « demain », un examen plus précis des plaisirs qui supposent un certain rapport de l'âme et du corps. Le néoplatonicien Damascius, achevant son commentaire sur la question de savoir pourquoi le dialogue n'a pas de fin, proposait cette alternative en guise de réponse : « parce que ce dont il faut encore traiter peut être aisément déduit de ce qui a été dit. Ou bien parce que le bien est par nature insaisissable » (§ 259, 1-2).

ANNEXES

ANNEXE 1
PHILOALOS : LES « LIMITANTS »
ET LES « ILLIMITÉS »

Le *Philèbe*, lorsqu'il se prononce sur « la limite » et
« l'illimité », le *péras* et l'*ápeiron*, fait usage de notions
dont les commentateurs ont depuis longtemps signalé
qu'on ne les trouvait sous cette forme conceptuelle que
dans deux dialogues « tardifs », le *Philèbe* et le *Timée*[1],
en suggérant alors qu'elles étaient empruntées par
Platon à ses prédécesseurs pythagoriciens. Non pas
indistinctement à la tradition pythagoricienne[2], mais
plus précisément au « dernier pythagorisme » dont les
fragments attribués à Philolaos (c. 470-c. 400[3]) don-

---

1. Dans les autres dialogues, les deux termes sont employés dans
leur acception courante, sans être associés l'un à l'autre.
2. La question longtemps et toujours débattue de la dette de
Platon à l'égard du pythagorisme est particulièrement délicate. Pour
cette simple et brève raison que le « pythagorisme » a été pour l'essentiel forgé par des néoplatoniciens, qui reconstruisaient conjointement, sept siècles après Platon, une doctrine pythagoricienne et une
doctrine platonicienne. Voir notamment l'étude de D.J. O'Meara,
Pythagoras revived. Mathematics and philosophy in late antiquity,
Oxford, Clarendon Press, 1989, et l'ouvrage de W. Burkert *Weisheit
und Wissenschaft. Studien zu Pythagoras, Philolaos und Platon* (1962²),
traduction anglaise par E.L. Minar, revue par l'auteur, *Lore and
Science in Ancient Pythagoreanism*, Cambridge, Harvard University
Press, 1972.
3. Ces dates sont presque arbitraires : elles sont le résultat de
conjectures, forgées à partir de la date dramatique présumée du
Phédon de Platon, qui mentionne Philolaos, et de scholies qui évoquent son existence.

nent le meilleur sinon l'unique témoignage[1]. Et c'est bien à Philolaos que Platon aurait emprunté les deux principaux concepts du *Philèbe*. On se propose de citer puis de commenter ici ceux des fragments de Philolaos qui emploient ce couple de notions, afin d'éclairer, et finalement de soupçonner l'éventuel écho que leur donnerait le *Philèbe*.

On trouve dans les fragments attribués à Philolaos une description de la naissance et de la situation respective des astres, mais aussi semble-t-il le modèle cosmologique qui en est la condition et qui est construit selon les principes des nombres, de l'ordre, de l'harmonie et de la limite. Les fragments DK B1 à 6[2], comme les témoignages 16-22, privilégient, au principe de la cosmologie, ces deux genres de choses que sont les « illimités » (*ápeira*) et les « limitants » (*peraínonta*). C'est à partir de ces deux sortes de réalités, sinon de principes[3], que Philolaos explique la genèse et l'ordre du monde : l'une comme l'autre procèdent du

---

1. Il se trouve en effet que, sous la forme d'une telle opposition proprement opératoire, le couple de la limite et de l'illimité, qu'on les tienne pour des genres de choses ou bien encore pour des principes, n'apparaît pas avant Philolaos dans la tradition pythagoricienne ; il s'agit en revanche de notions qu'on trouve, sous une autre forme, dans la tradition de la « philosophie de la nature », où l'*ápeiron* joue notamment un rôle important.

2. Je suis la numérotation courante, abrégée DK (A pour les témoignages, B pour les fragments), qui est celle de H. Diels : H. Diels (puis W. Kranz), *Die Fragmente der Vorsokratiker*, Zurich et Berlin, Weidmann, 3 volumes, 1951-1952[6], réimprimée depuis. L'édition commentée la plus récente des fragments philolaïques est celle de C.A. Huffman, *Philolaus of Croton, Pythagorean and Presocratic*, Cambridge, Cambridge University Press, 1993 (qui conserve la numérotation de H. Diels).

3. Leur statut ne va pas de soi ; sont-ce des réalités particulières (parmi d'autres), des qualités, des genres de choses ou bien des « principes » ? Les fragments ne sont pas aussi explicites que l'est le témoignage d'Aristote, selon lequel il ne peut s'agir que de principes ; voir les explications de *Métaphysique*, A, 5-9, et plus particulièrement 985b23-986b8 ; 987a9-28 ; 987a29-b14 ; 987b22-988a7 ; 989b29-990a32, en notant toutefois qu'Aristote n'impute pas les thèses pythagoriciennes qu'il présente à Philolaos.

rapport qu'entretiennent entre elles les choses qui limitent (ou déterminent) et celles qui sont susceptibles d'être limitées (ou déterminées) :

1. Philolaos de Crotone, pythagoricien. [...] Démétrios dit dans ses *Homonymes* qu'il fut le premier des Pythagoriciens à rédiger un traité *Sur la nature*, qui commence ainsi : « La nature fut harmonieusement ordonnée (*harmókhthē*) dans le monde à la fois à partir de choses illimitées et de choses limitantes (*ex apeírōn te kaì perainóntōn*), le monde lui-même comme un tout et toutes les choses qui sont en lui. »

Diogène Laërce, VIII, 84-85.

2. Il est nécessaire que les choses qui existent soient ou bien limitantes, ou bien illimitées, ou bien à la fois limitantes et illimitées, mais non pas seulement illimitées. Ainsi, puisqu'il est manifeste qu'elles ne proviennent ni exclusivement de choses limitantes, ni non plus exclusivement de choses illimitées, il est clair que le monde et les choses en lui furent harmonieusement ordonnées ensemble (*sunarmókhthē*) à la fois à partir de choses limitantes et de choses illimitées. La manière dont les choses se produisent le montre aussi clairement : car celles qui proviennent de limitants limitent, celles qui proviennent de limitants et d'illimités à la fois limitent et ne limitent pas, et celles qui viennent d'illimités sont évidemment illimitées.

Stobée, *Anthologie*, I, 21, 7a.

3. Car rien, d'emblée, ne pourrait être connu si toutes choses étaient illimitées selon Philolaos.

Jamblique, *Sur l'*Introduction arithmétique *de Nicomaque*, 7, 24-25.

4. Et en fait, toutes les choses connues ont un nombre, car il n'est pas possible qu'une quelconque chose soit comprise ou connue sans cela.

Stobée, *Anthologie*, I, 21, 7b.

5. En effet, le nombre a deux formes qui lui sont propres, le pair et l'impair, et une troisième issue du mélange des deux, le pair-impair. Chacune de ces deux formes revêt de multiples aspects, qu'exprime chaque chose par elle-même.

Stobée, *Anthologie*, I, 21, 7c.

6. Quant à la nature et à l'harmonie, voici ce qu'il en est.
L'être des choses, qui est éternel, et la nature elle-même,
admettent une connaissance divine et non humaine ; si
ce n'est qu'aucune chose existante ne pourrait être
connue de nous comme existante s'il n'existait pas l'être
de ces choses dont le monde fut composé, les limitants
et les illimités. Et puisque ces principes existaient,
n'étant ni semblables ni de même espèce, il leur aurait
été impossible d'avoir été ordonnés pour former un
monde si une harmonie n'était pas intervenue, quelle
que soit la manière dont celle-ci est apparue. Des choses
qui sont semblables et de même espèce n'avaient besoin
d'aucune harmonie, mais celles qui n'étaient ni semblables, ni de la même espèce, ni du même ordre, il était
nécessaire que de telles choses fussent enchaînées
ensemble par une harmonie afin d'être maintenues en
un monde.

Stobée, *Anthologie*, I, 21, 7d.

Ces textes doivent être consultés avec prudence : ils
ne sont en effet cités, avant Stobée et pour partie, que
par des auteurs néoplatoniciens du IIIe siècle apr. J.-C.[1].
Rien ne plaide de manière irréfutable en faveur de
leur authenticité, de sorte que les informations qu'on y
trouve nous renseignent sans doute davantage sur le
néopythagorisme tardif que sur la doctrine éventuelle
de Philolaos, et qu'il ne faut donc pas exclure que ces
textes puissent être des faux, forgés en milieu néoplatonicien par des lecteurs du *Philèbe*. À supposer toutefois qu'on passe outre ces réserves, on peut éclairer la
signification des fragments cités de la manière qui suit.

Comme l'indiquent quatre de ces six fragments,
les limitants et les illimités doivent être tenus pour les
éléments constitutifs premiers (ils sont « principes »
en ce sens) à partir desquels l'ensemble de l'univers
s'est déployé, depuis son foyer central, puis ordonné,

1. Aucun des fragments que retient C.A. Huffman dans son
édition citée de Philolaos n'est donné par un citateur antérieur à Por-
phyre (disciple de Plotin, il vécut de 234 à 305). Mais C.A. Huffman, parce qu'il croit pouvoir reconstituer une doctrine authenti-
quement philolaïque, montre peu de prudence philologique en la
matière.

« harmonisé ». Ces principes réalisent une opération cosmique qui est indissociablement cosmogonique et cosmologique, puisqu'ils rendent à la fois compte de la genèse concentrique du monde, comme d'un processus de limitation, et de son harmonie actuelle, comme résultat de la combinaison active des limitants et des illimités. S'agissant de la formation des astres, qui est finalement l'un des deux seuls exemples que les fragments donnent d'une telle combinaison[1], Philolaos paraît tenir le feu pour un continu illimité, dont l'expansion est limitée par ce limitant qu'est la forme sphérique, elle-même déployée depuis le centre du monde[2]. De la nature exacte des limitants et des illimités (que désignent-ils ? Quelles choses ?), comme de la manière dont ils se combinent ou s'ordonnent, les fragments conservés ne disent malheureusement pas grand-chose[3]. Lisant ces six fragments, on peut à tout le moins supputer que Philolaos concevait ces deux principes comme susceptibles de rendre compte de toute la diversité phénoménale : c'est selon la manière dont s'exerce le rapport ou plus exactement la contrariété du limitant et de l'illimité, dans un processus de génération donné, que naît telle ou telle réalité. On peut encore, car c'est sans doute en cela que consiste l'originalité de son entreprise, estimer que Philolaos n'avait pas conçu ces deux principes comme des modèles ou des agents extérieurs au monde phénoménal, mais comme de véritables éléments et même comme les éléments ultimes constitutifs du monde, au même titre que les quatre éléments traditionnels qu'on

1. Dans les fragments B12, 13, 17 et éventuellement 21 (dont l'authenticité est plus qu'incertaine), ainsi que dans les témoignages A18 à 23, puis 26 et 27.
2. En B13 et 17, Philolaos donne une explication identique de l'embryologie du corps humain : celui-ci naît du chaud, puis il est refroidi par la respiration ; l'univers et les vivants ont donc un même développement, soumis au rapport des illimités et des limitants.
3. Ce silence a suscité bon nombre d'hypothèses interprétatives ; les moins imprudentes sont encore celles de W. Burkert, *op. cit.*, chap. IV, 3.

retrouve dans la plupart des physiques du Vᵉ siècle av.
J.-C. La causalité des principes constitutifs est en effet
immanente au monde et à toutes les réalités intra-
mondaines. C'est une hypothèse remarquable, à
l'époque, car elle va à l'encontre de celles des cosmo-
logies concurrentes qui tendaient plutôt à séparer la
causalité ordonnatrice du monde de son matériau ini-
tialement indéfini ou désordonné[1]. De ce point de
vue, Philolaos pourrait paraître annoncer la critique
que Platon fera dans le *Phédon* de la doctrine physique d'Anaxagore, en reprochant à ce dernier d'avoir
soutenu que l'intellect a ordonné le monde, avant de
l'avoir ensuite oublié pour n'expliquer les phénomènes qu'à partir de causes physiques nécessaires[2].
Au contraire, dans le monde fini de l'hypothèse de
Philolaos, les éléments constitutifs de toutes les réalités sont donc toujours et entièrement à l'œuvre, ils
sont visibles. Encore faut-il les voir. C'est bien sûr à
cette fin que le pythagoricien (comme bientôt l'auteur
du *Timée*) conçoit un modèle cosmologique dont la
fonction est d'attester le rôle principiel constitutif des
limitants et des illimités.

La signification de ces deux termes mérite trois
remarques. Comme l'indiquent d'abord tous les fragments, et à la différence notable de ce qu'adoptera la
terminologie platonicienne, Philolaos n'évoque qu'au
pluriel les limitants et les illimités ; ces choses limitantes ou illimitées sont ensuite, ce qu'atteste le début
du second fragment, des choses réelles et non des principes abstraits ; enfin et plus précisément, le choix
même des termes « limitants » (*peraínonta*) et « illimi-

1. Voir sur ces questions les études de A. Petit, « Harmonie pythagoricienne, harmonie héraclitéenne », *Revue de philosophie ancienne*,
XIII, 1, 1995, p. 55-66, puis « *Peras* et *apeiron* dans le *Philèbe* », dans
P.-M. Morel (éd.), *Platon et l'objet de la science*, Bordeaux, Presses
Universitaires de Bordeaux, 1996, p. 113-121.
2. *Phédon*, 97b-99e. Ce reproche platonicien, qui vaut de toute
évidence pour la plupart des « physiciens », est finalement d'avoir
séparé les causes ordonnatrices de la constitution actuelle du monde,
d'en avoir fait des causes lointaines et passées.

tés » (*ápeira*) est la preuve que ces deux sortes de réalités sont indissociables.

Outre leur enseignement cosmologique, les fragments philolaïques cités ont une portée épistémologique. Dans le contexte qui est de toute évidence celui de l'enquête *Perì phúseōs* (« Sur la nature » et la connaissance qu'on peut en avoir), le couple des limitants et des illimités a aussi bien pour fonction de rendre compte de l'existence des choses sensibles que d'expliquer comment cette genèse et cet ordre, en dépit de nos moyens humains, nous sont accessibles. On peut à ce propos et pour achever cette rapide lecture des fragments cités, faire trois remarques.

En premier lieu, dans la cosmogonie comme dans l'ordre d'exposition, ce sont les choses illimitées et limitantes qui sont premières, et non pas immédiatement les nombres[1]. Les nombres ne semblent intervenir que dans un contexte « épistémologique », lorsqu'il s'agit de qualifier la connaissance que nous avons des choses. Doit-on comprendre que le nombre est ici non pas ce qui constitue le monde, mais le principe ou le moyen de son intelligibilité ? Cette distinction entre un ordre réel et un ordre épistémologique, si elle a les faveurs de lecteurs contemporains, ne paraît pas pouvoir être défendue pertinemment[2]. S'il faut effectivement accorder les propositions relatives aux limitants et aux illimitées à celles qui portent sur le nombre, il est sans doute plus simple de soutenir que le couple limitants-illimités permet d'expliquer la genèse et l'ordonnancement du monde (par limitations des illimités)

---

1. Ce que pourraient laisser croire les remarques d'Aristote, par exemple en *Métaphysique*, A, 8, lorsque le Stagirite signale que les pythagoriciens s'accordent avec les autres philosophes de la nature pour « penser que la réalité se réduit strictement à ce qui est sensible et à ce qui est contenu dans ce que nous appelons le cercle du ciel », mais qu'ils ont toutefois pour spécificité de tenir « les déterminations du nombre et le nombre lui-même » pour « les causes des êtres et du devenir de l'univers matériel » (989ab-990a).

2. C'est pourtant ce à quoi s'emploie C.A. Huffman, *op. cit.*, commentant ces premiers fragments.

quand les choses limitées (déterminées) qui en résultent ont, elles, un nombre. Posséder un nombre, pour une chose, cela signifie alors qu'elle est limitée et déterminée en tant que telle ou telle chose par rapport à d'autres choses de ce même tout. C'est du reste ce que désigne la notion même d'*arithmós* (car le « nombre » est toujours le nombre d'un tout, d'un ensemble dont les termes peuvent être comptés). La distinction des deux genres de choses et la nature arithmétique *réelle* du cosmos peuvent ainsi être associées.

En deuxième lieu, car ce qui précède ne suffit pas à qualifier la connaissance de la réalité limitée et nombrée, le sixième fragment soutient que nous ne pouvons tout connaître (nous ne sommes pas des dieux). La précision est décisive puisque Philolaos, loin de la polymathie divine et absolue attachée à la figure légendaire de Pythagore, paraît se contenter d'utiliser de façon hypothétique son couple de principes : étant donné ces deux genres de choses, et l'hypothèse concomitante que tout résulte d'une limitation de l'illimité, il convient de chercher ce que peut être la détermination mathématique de chaque réalité particulière, son nombre. La connaissance humaine de la nature, dont la forme est hypothético-déductive, se trouve ainsi, à son tour, limitée.

Enfin, comme le suggère le deuxième fragment, les principes ne peuvent être tenus pour suffisants. Si Philolaos précise que le monde, comme tout ordonné (*kósmos*), n'est pas le résultat immédat de l'action réciproque des choses limitantes et illimitées, mais de leur ajustement réciproque, c'est afin de suggérer que l'harmonie cosmique, l'ajustement d'éléments hétérogènes, n'est pas spontanée. On ne peut donc confondre les choses limitantes et illimitées avec l'harmonie. C'est cette dernière, probablement conçue par Philolaos comme une relation numérique, qui produit l'ordre du tout.

Avec Philolaos, le dernier pythagorisme semble s'être ainsi installé de plain-pied dans la discussion présocratique sur la nature du monde et les conditions de possibilité de sa connaissance par l'homme. L'hypothèse pythagoricienne qu'on tient pour classique et qui affirme que la réalité est « numérique » est reprise ici dans le contexte d'une *enquête sur la nature* qui cherche à rendre compte de la diversité phénoménale en la rapportant à des processus continus, déterminés et définis par leurs limites. Les outils de la réflexion philolaïque ne paraissent pas extraordinairement différents de ceux qu'emploieront les philosophies de la nature athéniennes du IVe siècle ; en effet, la limitation des illimités et leur ajustement cosmique ne semblent pas éloignés des distinctions bientôt courantes de la matière et de la forme, ou encore des formes perçues par la pensée et des choses sensibles. Mais ces distinctions aristotéliciennes ou platoniciennes ne seraient plus en mesure, rétrospectivement, de rendre compte du choix philolaïque de ne pas dissocier la structure mathématisée du monde de son matériau. Un choix qui était peut-être le résultat d'une double discussion. Avec l'éléatisme d'une part, s'il s'est agi pour Philolaos de refuser l'hypothèse parménidienne selon laquelle l'être (le monde) serait tout entier limité (*Poème*, v. 40-45 (DK B8)). Car le pythagoricien soutient au contraire qu'il est possible de rendre compte de la réalité comme d'un ajustement d'illimités et de limitants. Avec d'autres philosophies de la nature, d'autre part, et notamment celles qui, comme c'est par exemple le cas chez Anaximandre (B1) ou Anaxagore (B1-19), suggéraient que tout procédait d'un illimité premier et absolu, ultérieurement ordonné et limité. À la différence de ces auteurs, Philolaos paraît défendre une explication de l'ordre entièrement et éternellement rationnel du monde, dont l'une des particularités est bien de maintenir l'existence dans le monde d'une forme active et sempiternelle d'indétermination.

Sans que l'on soit en mesure d'en reconstituer ou d'en établir les circonstances et les conditions, on peut supposer que l'enquête philolaïque se tient à la rencontre de la tradition pythagoricienne et de l'enquête

sur la nature qui occupe les physiologues de la fin du
Vᵉ siècle[1]. La présence, deux générations plus tard,
dans le *Philèbe*, du couple *péras/ápeiron* paraît alors
plus que tributaire de la terminologie philolaïque.
Parmi les cinq genres de choses qui existent, affirme en
effet Platon, la limite et l'illimité l'emportent en primauté, puisque le troisième (leur mélange) et le quatrième genre (la cause de leur mélange) ne permettent
guère que d'expliquer comment ils s'accordent, comment la limite détermine l'illimité. La parenté des
vocabulaires philolaïque et platonicien ne suffit bien
sûr pas à faire du *Philèbe* un exposé cosmologique
pythagoricien. Le *Philèbe* a un tout autre projet, et le
couple *péras/ápeiron* fait son apparition dans un contexte
qui n'est pas immédiatement cosmologique, qui n'est
sans doute pas davantage « ontologique », mais qui est
d'abord méthodologique. On peut choisir d'en
conclure que Platon a infléchi les concepts de Philolaos
de façon à leur donner une extension plus vaste, en
leur accordant une portée épistémologique et
méthodologique[2] ; mais on peut tout aussi bien y voir
l'un des effets de la reconstitution tardive et artificielle
d'une doctrine pythagoricienne par ceux des héritiers
de Platon qui avaient trouvé dans la terminologie du
Philèbe les principaux concepts de leur explication de
la réalité. Les remarques qui précèdent plaident incontestablement en faveur de cette seconde conclusion.

---

1. Voilà l'une des raisons pour lesquelles C.A. Huffman, qui tente
de reconduire les fragments philolaïques à ce double horizon, a
désigné Philolaos comme « pythagorean *and* presocratic ».

2. Ce que font les commentateurs déjà cités, et ce que fait encore
B. Centrone, dans son importante *Introduzione a i pitagorici*, Rome
et Bari, Laterza, 1996, plus particulièrement p. 12-15, puis 110-115.

ANNEXE 2
LE DÉBAT SUR LE PLAISIR :
LES CONTEMPORAINS DE PLATON

Dans l'*Éthique à Nicomaque*, Aristote conduit une analyse du plaisir dont les objets et les arguments éclairent grandement ceux du *Philèbe*. Aristote y évoque en effet le dialogue de Platon, dont il retient ou au contraire réfute certaines leçons, et de surcroît, il impute nommément à des auteurs certaines des opinions ou des hypothèses que le *Philèbe* critique.

Sommairement, le *Philèbe* réfute deux sortes de thèses opposées sur le plaisir : les premières sont de type hédoniste, les secondes de type antihédoniste. Il ne s'agit pas de thèses particulièrement élaborées, mais plutôt de dispositions générales. Dans le dialogue, celles-ci sont au nombre de quatre : on trouve d'abord, à peine examiné, 1. l'hédonisme sans réserve de Philèbe, puis 2. l'hédonisme tempéré que tente de défendre Protarque (en concédant que tous les plaisirs ne sont pas bons), avant, sur le versant antihédoniste, de découvrir là aussi 3. une thèse mitigée (les premiers ennemis du plaisir disent de lui qu'il n'est que le contraire de la douleur, mais inévitable à ce titre) et enfin, 4. une critique radicale du plaisir, chez ceux qui nient son existence même. Les quatre thèses sont de toute évidence établies les unes par rapport aux autres, leur contrariété est parfaitement symétrique, et elles sont toutes réfutées dans le dialogue qui les écarte en expliquant succes-

sivement que 1. le plaisir n'est pas le bien, 2. que
certains plaisirs ne sont pas le bien quand d'autres
seraient le mal, 3. que le plaisir n'est pas seulement
le contraire de la douleur, et enfin 4. que le plaisir
existe.

Il paraît possible, sinon d'identifier chacune de ces
définitions à un auteur ou à une école, de les apparenter au moins à des arguments défendus par certains
des contemporains de Platon. Si le recours à l'*Éthique à
Nicomaque* aristotélicienne s'avère indispensable, c'est
bien parce que Aristote expose à son tour les thèses de
ses prédécesseurs, avant de leur opposer sa propre définition du plaisir [1]. Il le fait lui aussi en ne retenant que
des définitions contemporaines, confirmant ainsi l'actualité du débat au sein même de l'Académie platonicienne. Ce sont les opinions du fondateur de l'Académie
puis de ses proches qui sont examinées : Aristote traite
du *Philèbe*, critique la thèse hédoniste d'Eudoxe (X, 2 [2]),
mais aussi celle des antihédonistes. Parmi ces derniers,
selon les arguments évoqués, il cite Speusippe (VII,

---

1. L'*Éthique à Eudème* traite également du plaisir, mais de façon
plus incidente ou plus rapide, de sorte que toutes les références à
Aristote le seront à l'*Éthique à Nicomaque*. La bibliographie consacrée à l'analyse aristotélicienne du plaisir est abondante. Elle l'est
d'autant plus que l'*Éthique à Nicomaque* en propose deux analyses
distinctes qui ne s'accordent pas spontanément (dans les livres VII
puis X). Voir par exemple la présentation des textes par A.-J. Festugière, *Aristote. Le plaisir*, Paris, Vrin, 1936, ou, plus récemment,
les analyses de S. Broadie, *Ethics with Aristotle*, Oxford, Oxford
University Press, 1991, chap. 2 et 6. J.C.B. Gosling et C.C.W. Taylor
ont consacré une étude à l'ensemble de la question : *The Greeks on
Pleasure*, Oxford, Clarendon Press, 1982 ; ils y ont défendu l'hypothèse que le débat philosophique sur le plaisir avait sans doute eu à
la fois une audience et des enjeux considérables dans les années
360, et que le *Philèbe* aurait été écrit à la suite de ce débat (les
auteurs vont jusqu'à préciser : Platon souhaitait prendre parti
contre Eudoxe).
2. Les fragments attribués à Eudoxe de Cnide (c. 395-342), qui
fut mathématicien, astronome et philosophe (notamment auprès de
l'Académie) ont été édités par F. Lasserre, *Die Fragmente des Eudoxos
von Knidos*, Berlin, De Gruyter, 1966 ; voir encore la notice de
J.-P. Schneider dans le *DphA*, III, (n° E 98) p. 293-302.

14[1]) et Platon (X, 2). Les arguments des uns et des autres sont toutefois difficiles à distinguer, pour deux raisons : la première tient aux ambiguïtés de l'hédonisme d'Eudoxe, la seconde à la relative confusion des arguments de Speusippe et de Platon.

Eudoxe est présenté par Aristote comme un personnage vertueux (X, 2, 1172b15), qui défend l'identification du bien au plaisir sans toutefois faire l'apologie des plaisirs corporels ou débauchés. Son hédonisme, pour ainsi dire, est tempéré, et il faut le distinguer de l'apologie intempérante des plaisirs corporels qui du reste, si l'on en croit Aristote, s'avère être une thèse parfaitement insoutenable[2]. L'argument d'Eudoxe, tel que le présente Aristote, est extrêmement simple : si l'on admet que tous les hommes poursuivent une fin et que cette fin est le bien, alors on doit admettre que le plaisir, parce qu'il est poursuivi par tous, est le bien (X, 2, 1172b9-14[3]). Mieux encore, dans la mesure où le plaisir est la fin par rapport à laquelle toutes les activités peuvent être regardées comme des moyens, il est la seule fin éligible pour elle-même, il est le « souverain bien ». À la thèse d'Eudoxe, Aristote adresse deux objections : tout plaisir n'est pas désirable (car il en existe qui sont nuisibles ou mauvais), et le plaisir n'est pas le bien, mais plutôt quelque chose qui accompagne le bien[4]. Mais Aristote ne demande pas pour autant qu'on refuse la thèse d'Eudoxe pour adopter celle des contempteurs du plaisir au sein de l'Académie. C'est

1. Athénien, Speusippe (c. 410-339) était le neveu de Platon. On trouve deux éditions précises et commentées des fragments qui lui sont attribués et des témoignages relatifs à sa vie comme à son œuvre : celle de M.I. Parente, *Speusippo. Frammenti*, Naples, Bibliopolis, 1980, et celle de L. Tarán, *Speusippus of Athens*, Leyde, Brill, 1981.
2. Platon ne dit rien d'autre en écartant d'emblée Philèbe d'une discussion que seul Protarque est en mesure de poursuivre.
3. La chose est vraie des hommes comme de tous les êtres vivants, qu'ils soient ou non rationnels (les enfants et les animaux sont également concernés).
4. Aristote définit le plaisir comme l'état qui accompagne une activité réalisée sans entrave ; voir notamment VII, 15 et X, 5.

qu'en effet la poursuite du plaisir lui paraît bien être une
réalité « anthropologique » (et même « zoologique ») :
Aristote maintient l'existence du plaisir et, surtout,
l'hypothèse que le plaisir accompagne chaque forme de
vie dans ce qu'elle a de plus achevé. Les arguments antihédonistes ne sont ainsi sollicités dans l'*Éthique à Nicomaque* qu'afin de corriger ce que la thèse hédoniste a de
partiel ou de faux ; à cet égard, Aristote reste fidèle à la
manière dont le *Philèbe* fait jouer les thèses antihédonistes contre l'opinion hédoniste selon laquelle le plaisir
serait le bien. Platon et Aristote n'en déduisent toutefois
pas la même définition du plaisir. Pas plus, et c'est ce
qui importe ici, qu'ils ne semblent objecter aux mêmes
arguments antihédonistes.

Lorsqu'il résume les critiques qui ont été adressées à
la thèse hédoniste d'Eudoxe, Aristote ne distingue pas
toujours clairement les arguments de Platon et ceux de
Speusippe, qui devaient donc être pour partie semblables. En revanche, leurs définitions respectives du
plaisir ne l'étaient pas, puisque Platon admet l'existence de plaisirs psychiques, distincts des faux plaisirs
corporels [1], là où Speusippe choisit pour sa part de
refuser toute existence au plaisir [2]. Aristote n'accepte

---

1. Aristote semble ranger les plaisirs vrais et purs de la sensation
qu'évoque le *Philèbe* (en l'espèce de la perception des belles formes
et des belles odeurs) dans le genre des plaisirs psychiques.
2. Les interprètes divergent sur ce point, mais les textes et témoignages dont on dispose corroborent toutefois ce qu'en dit Aristote.
Speusippe semble en effet avoir fait l'apologie d'un état qui ne soit ni
de peine ni de plaisir, tout comme il paraît bien avoir défendu
l'hypothèse que le plaisir était un mal. Voyez les textes examinés par
L. Tarán, *op. cit.*, p. 80-81, qui sur ce point n'est pas contredit par
M. Isnardi-Parente (p. 354-360 de sa propre étude). L. Tarán
demande que l'on ne confonde pas Speusippe avec les « rebutés »
qu'évoque le *Philèbe*, 44b-d, à l'encontre de ce que propose notamment M. Schofield, « Who were the *duschereis* in Plato, *Philebus*,
44a ff. », *Museum Helveticum*, 28, 1971, p. 2-20. Selon L. Tarán,
Speusippe ne se contentait pas d'opposer le plaisir et la douleur,
mais il les condamnait tous deux au profit d'un troisième état, de
« tranquillité » (ce qui apparenterait alors la thèse speusipéenne à
celle que défend Socrate lorsqu'il évoque un troisième état, en 44a,
ou un troisième mode de vie, en 55a-b).

pas l'antihédonisme de Speusippe, mais il ne se range que partiellement à l'avis de Platon : il accorde d'abord qu'il existe des plaisirs vrais et purs, mais il refuse ensuite qu'on définisse le plaisir comme un « devenir ». À la différence de ce qu'affirme le *Philèbe*, il faut concevoir le plaisir comme un état, lié à une activité.

Compte tenu de ces rappels aristotéliciens, une question peut être maintenant posée au dialogue de Platon : les thèses hédonistes et antihédonistes du *Philèbe* sont-elles, et ne sont-elles que celles que mentionne Aristote dans son *Éthique* ? Deux éléments textuels et argumentatifs permettent d'en douter. D'une part, parce que le dernier tiers du *Philèbe*, quoi qu'on en veuille, réfute les thèses antihédonistes qu'il expose, de sorte qu'il faudrait prêter à Platon bien des contorsions pour supposer qu'il met ainsi en scène, afin de la critiquer, sa propre opinion. D'autre part, parce que la thèse hédoniste est formulée en des termes qui ne l'apparentent pas explicitement à celle d'Eudoxe. C'est notamment le cas en 13a et suivantes, lorsque Socrate obtient de Protarque qu'il précise les raisons pour lesquelles le plaisir, quel qu'il soit, est un bien. La thèse hédoniste, répond Protarque, repose sur l'hypothèse que tous les plaisirs sont bons car ils ne diffèrent aucunement les uns des autres : les plaisirs « sont tous semblables » (13c7). Cette hypothèse ne paraît pas incompatible avec la thèse d'Eudoxe, mais elle ne figure pas dans l'exposé qu'en donne Aristote. En revanche, comme l'a fait remarquer A. Diès [1], elle trouve un équivalent doctrinal dans ce que nous savons,

---

1. A. Diès consacre un important chapitre de sa notice introductive au *Philèbe* à la question des « théories contemporaines du *Philèbe* », p. LIII-LXX. Il n'admet pas que les thèses en présence dans le dialogue puissent être réduites à la seule opposition Eudoxe-Speusippe qu'on trouve dans l'*Éthique* d'Aristote, mais suggère que le *Philèbe* fait aussi bien écho à un débat qui occupait déjà les savants de la précédente génération, celle des « Socratiques », parmi lesquels on trouve l'hédoniste Aristippe. Je partage ce point de vue, sans souscrire toutefois à l'hypothèse selon laquelle les deux groupes d'antihédonistes du *Philèbe* se révéleraient être, au prix d'un renversement « ironique », les hédonistes cyrénaïques (p. LXV-LXVII).

grâce à des doxographes postérieurs, de la doctrine
hédoniste d'Aristippe de Cyrène (fin du Vᵉ-début du
IVᵉ siècle[1]), qui fut l'un des proches de Socrate et le fondateur de l'école Cyrénaïque sur la doctrine de laquelle
Diogène Laërce nous renseigne[2]. Selon ce dernier,
« ceux qui restèrent fidèles au mode de vie d'Aristippe et
furent appelés Cyrénaïques professaient les doctrines
suivantes. Ils posaient à la base deux affections : souffrance et plaisir ; l'une, le plaisir, est un mouvement
lisse, l'autre, la souffrance, un mouvement rugueux. Un
plaisir ne diffère pas d'un plaisir et quelque chose n'est
pas davantage source de plaisir qu'autre chose. Le
plaisir semble bon à tous les vivants, alors que la souffrance, ils estiment devoir la repousser » (II, 86-87, trad.
M.-O. Goulet-Cazé). C'est bien cette thèse, si du moins
la source de Diogène est fiable, qu'évoque le début du
Philèbe. De sorte qu'on ne devrait pas s'empresser
d'attribuer au seul Eudoxe la thèse hédoniste du *Philèbe*[3]. Si Aristote l'a fait dans son *Éthique*, c'est de toute
évidence parce qu'il souhaitait limiter son enquête et ses
réfutations aux thèses soutenues dans l'Académie. Rien
n'interdit, pour ces mêmes raisons, de supposer que
Platon avait en son temps choisi d'élargir cette enquête à

---

1. Voir la notice « Aristippe de Cyrène », par F. Caujolle-Zas-
lawsky, dans le *DPhA*, II (n° 356), 1989, p. 370-375.
2. Au livre II 86-93. La reconstitution de la doctrine cyrénaïque se
heurte à un certain nombre d'obstacles. Ses représentants, sur trois
générations, ne soutiennent pas une définition strictement identique
du plaisir (exclusivement corporel chez Aristippe, le plaisir semble
devenir psychique à la génération suivante et mériter une autre
définition, probablement conçue à la faveur du débat qui opposait
alors les cyrénaïques à l'école d'Épicure). Les textes pertinents sont
notamment édités par G. Giannantoni, *I Cirenaici*, Florence, Sansoni,
1958 (repris dans les *Socratis et Socraticorum Reliquiae*, Naples, Bibliopolis, 4 volumes, 1990. Voir encore les remarques de M.-O. Goulet-
Cazé dans son introduction au livre II de Diogène Laërce, éd. citée,
p. 178-198.
3. C'est encore ce qui ne rend pas invraisemblable l'hypothèse
qu'on trouve par exemple chez R.G. Bury (qui estimait pour sa part
que les cibles hédonistes étaient les socratiques cyniques ; voir p. 95-
96, où Bury résume les opinions des principaux interprètes de la fin
du XIXᵉ siècle).

ses propres contemporains, qu'ils soient ceux du cercle socratique ou de l'Académie. C'est pourquoi les thèses antagonistes du *Philèbe* ne sont imputées à aucun auteur particulier ; leur caractère général, et volontiers vague, plaide pour un effort critique d'envergure : il s'agit à la fois pour Platon de se distinguer des positions académiques opposées que défendent sans doute, mais parmi d'autres, Eudoxe et Speusippe, mais aussi bien d'apporter sa contribution au débat éthique sur les plaisirs du cercle socratique athénien. La thèse cyrénaïque en relève donc, et avec elle cette définition du plaisir comme mouvement dont on a vu qu'elle occupe la réfutation de la seconde thèse antihédoniste du *Philèbe* (53c-55a). Il ne paraît pas vraisemblable, comme A. Diès l'a soutenu, que les cyrénaïques eux-mêmes soient ces antihédonistes [1]. Le témoignage de Diogène Laërce leur attribue en effet un hédonisme cohérent, et l'on voit mal pourquoi le début du *Philèbe*, qui paraît bien faire allusion à la définition cyrénaïque du plaisir, serait à terme contredit de façon aussi ambiguë. Supposer qu'il y aurait là un indice de plus de la malice ou de l'ironie de Platon paraît n'être qu'une solution de facilité. En revanche, toujours dans le contexte d'un débat « socratique », on admettra plus volontiers que Platon mentionne ici des arguments qui étaient adressés précisément contre Aristippe et ses partisans, et des arguments dont il entend tirer parti pour son propre compte. Comme A. Diès le signale lui-même, les arguments des seconds antihédonistes rappellent de manière frappante les arguments que le *Sophiste* impute à ceux qu'il nomme « les amis des formes » et qui opposent également le devenir et la réalité, en les séparant (248a-249d [2]). À la différence des

---

1. Voir, *supra*, note 1, p. 321.
2. La question se pose, finalement de la même manière qu'à propos des antihédonistes, de l'identité de ces « amis des formes ». Dans la mesure où l'hypothèse des formes est une hypothèse proprement platonicienne, il semble aller de soi que Platon désigne ainsi ses propres partisans (c'est par exemple l'avis de N.-L. Cordero, dans sa traduction du *Sophiste*, dans cette même collection, p. 248-249, n. 242). Et pourtant la chose ne va aucunement de soi, dans la

interprètes qui soutiennent que Platon fait de ces antihédonistes ses propres porte-parole[1], il semble qu'il faille
plutôt les tenir, comme les précédents, pour des adjuvants provisoires de la définition platonicienne du plaisir ; celle-ci suppose, en guise de préalable critique, que
l'on écarte les plaisirs mélangés que suscitent des choses
en devenir et non pas des réalités véritables. Ces antihédonistes font porter leur critique sur le mode d'existence
des plaisirs, c'est-à-dire précisément sur la définition
qu'en donnaient les cyrénaïques. La définition platonicienne du plaisir, comme l'analyse d'Aristote permet de
l'apercevoir, ne répète donc pas plus la thèse cyrénaïque
qu'elle n'emprunte la voie antihédoniste dont Speusippe
se fait le plus âpre représentant ; elle maintient en
revanche que le plaisir est une forme de devenir, au
risque, toujours selon Aristote, de ne pouvoir se soustraire aux critiques antihédonistes.

mesure où il est notamment reproché à ces « eidophiles » de ne pas
prêter suffisamment attention au fait que le mouvement appartient
d'une certaine manière à la réalité intelligible et que le savoir est bien
une forme non physique de mouvement (comme le souligne
H. Cherniss, *L'Énigme de l'ancienne Académie*, trad. citée, p. 157).

1. Comme c'est par exemple le cas de D. Frede (pour qui « il ne
fait aucun doute qu'il s'agit de Platon lui-même », p. 63, n. 3), qui
néglige ce faisant que Socrate ne nie pas l'existence des plaisirs.
R. Hackforth, parmi d'autres, suppose au contraire et à juste titre
que ces antihédonistes étaient des proches de Platon, et il mentionne
ainsi Speusippe (p. 105-108), quand d'autres interprètes font
remonter les auteurs présumés à la génération qui précède (par
exemple à Euclide de Mégarée, selon V. Goldschmidt, « Remarques
sur le *Philèbe* », dans les *Questions platoniciennes*, Paris, Vrin, 1970,
p. 43).

BIBLIOGRAPHIE

La bibliographie qui suit ne répertorie, outre les principales éditions et traductions du *Philèbe*, que les livres et articles mentionnés dans l'Introduction, les notes et les deux Annexes. Pour la compléter, on se rapportera aux bibliographies platoniciennes publiées tous les cinq ans dans la revue *Lustrum*. Par H. Cherniss (*Lustrum*, 4 et 5, 1959 et 1960), puis, depuis 1977, par L. Brisson (*Lustrum*, 20, 25, 26, 30, 31 et 35), qui poursuit désormais la publication de cette bibliographie à Paris, à la Librairie Vrin (dernière livraison, en 1999 : *Platon : 1990-1995. Bibliographie*).

Principales éditions et traductions contemporaines du Philèbe (par ordre chronologique) :

Schleiermacher, F., *Platons Philebos*, traduction allemande dans *Platons Werke* II 3, Berlin, 1809, 1861³ ; traduction reprise avec le texte établi par A. Diès en regard, et annotée par K. Widdra, Darmstadt, Wissenschaftliche Buchgesellschaft, 1972.

Badham, C., *Platonis Philebus*, édition annotée, Londres, Parker and Son, 1855 (noté Badham).

Bury, R.G., *The Philebus of Plato*, édition annotée, Cambridge, Cambridge University Press, 1897 (noté Bury).

Burnet, J., (édition), *Platonis Opera*, tome II, tétralogies III-IV, Oxford, 1901 (noté Burnet).

Apelt, O., *Platon, Philebos*, traduction allemande annotée, Leipzig, Meiner, 1922[2] (noté Apelt).

Diès, A., tome IX des *Œuvres complètes* de Platon, Paris, Les Belles Lettres, 1941 (noté Diès).

Hackforth, R., *Plato's Examination of Pleasure (the Philebus)*, traduction anglaise et commentaire, Cambridge, Cambridge University Press, 1945 (noté Hackforth).

Robin, L., *Philèbe*, tome II des *Œuvres complètes* de Platon, Paris, Gallimard, 1950 (noté Robin).

Taylor, A.E., *Plato, Philebus and Epinomis* (1956), traduction anglaise annotée, éditée par R. Klibansky et G. Calogero, Folkestone et Londres, Dawsons of Pall Mall, 1972[2].

Gosling, J.C.B., *Plato, Philebus*, traduction anglaise commentée, Oxford, Clarendon Press, 1975 (noté Gosling).

Cambiano, G., *Platone, Filebo*, traduction italienne annotée, dans le vol. II des « Dialoghi filosofici » de Platon, Turin, UTET, 1981, p. 487-569.

Durán, M.A., *Filebo*, traduction espagnole annotée, tome VI des « Diálogos » de Platon, Madrid, Gredos, 1992.

Gardeya, P., *Platons Philebos. Interpretation und Bibliographie*, traduction allemande annotée, Würzburg, Königshausen und Neumann, 1993.

Benardete, S., *The Tragedy and Comedy of Life. Plato's* Philebus, traduction anglaise commentée, Chicago, University of Chicago Press, 1993.

Frede, D., *Plato, Philebus*, traduction anglaise annotée, Indianapolis et Cambridge, Hackett, 1993 (noté Frede).

Frede, D., *Platon, Philebos*, traduction allemande annotée et commentaire, Göttingen, Vandenhoeck et Ruprecht, 1997.

Études :

a. Commentaires anciens et modernes :

(Damascius) Westerink, L.G., *Damascius, Lectures on the Philebus, wrongly attributed to Olympiodorus*, édition et traduction anglaise annotée, Amsterdam, North-Holland Publishing Company, 1959, 1982[2].

(Ficin) Allan, M.J.B., *Marsilio Ficino. The* Philebus *Commentary. A Critical Edition and Translation*, Berkeley et Los Angeles, University of California Press, 1975.

Cornarius, J.H., *Jani Cornarii eclogae in dialogos Platonis omnes, nun primum separatim editae cura J.F. Fischeri* (Bâle, 1561 pour la pemière édition), Leipzig, 1771.

b. Commentaires contemporains et études platoniciennes :

Ayache, L., « Le fonds médical du *Philèbe* », dans *La Fêlure du plaisir, études sur le* Philèbe *de Platon*, II, éd. par M. Dixsaut, Paris, Vrin, 1999, p. 35-60.

Baltes, M., « Is the idea of the good in Plato's *Republic* beyond being ? » (1997), repris dans *DIANOHMATA. Kleine Schriften zu Platon und zum Platonismus*, Stuttgart-Leipzig, Teubner, 1999, p. 351-371.

Barker, A., « Plato's *Philebus*, The numbering of unity », *Apeiron*, 29, 1996, p. 143-164.

Benitez, E.E., *Forms in Plato's Philebus*, Assen et Maastricht, Van Gorcum, 1989.

Benitez, E.E., « La classification des sciences (*Philèbe* 55c-59d) », dans *La Fêlure du plaisir, études sur le* Philèbe *de Platon*, I, éd. par M. Dixsaut, Paris, Vrin, 1999, p. 337-361.

Boussoulas, N.-I., *L'Être et la composition des mixtes dans le* Philèbe *de Platon*, Paris, PUF, 1952.

Bravo, F., « La critique contemporaine des faux plaisirs dans le *Philèbe* », dans *Renverser le platonisme*, II, M. éd. par M. Dixsaut, Paris, Vrin, 1995, p. 235-270.

Brisson, L., *Platon, les mots et les mythes* (1982), Paris, La Découverte, 1994².

Brisson, L., « Perception sensible et raison dans le *Timée* », dans *Interpreting the Timaeus-Critias. Proceedings of the IVth Symposium Platonicum*, éd. par L. Brisson et T. Calvo, Sankt Augustin, Academia, 1997, p. 307-316.

Brisson, L., *Le Même et l'autre dans la structure ontologique du* Timée *de Platon* (1974), Sankt Augustin, Academia Verlag, 1998².

Brisson, L., « L'unité du *Phèdre* de Platon » (1992), modifié et repris, dans *Lectures de Platon*, Paris, Vrin, 2000, p. 135-150.

Brisson, L., « Le discours comme univers et l'univers comme discours. Platon et ses interprètes néoplatoniciens » (1987), modifié et repris dans *Lectures de Platon*, Paris, Vrin, 2000, p. 209-218.

Brisson, L., « Comment rendre compte de la participation du sensible à l'intelligible chez Platon ? », dans *Platon : les formes intelligibles*, éd. par J.-F. Pradeau, Paris, PUF, 2001, p. 55-85.

Centrone, B., « ΠΑΘΟΣ e ΟΥΣΙΑ nei primi dialoghi di Platone », *Elenchos*, XVI, 1995/1, p. 129-152.

Cherlonneix, J.-L., « La "vérité" du plaisir ou le problème de la biologie platonicienne », *Revue de métaphysique et de morale*, 91/3, 1986, p. 311-338.

Cherniss, H., « Some War-Time Publications concerning Plato », II, *American Journal of Philology*, 68, 1947, p. 225-234 (pour le compte-rendu de l'édition du *Philèbe* par A. Diès), repris dans les *Selected Papers*, éd. par L. Tarán, Leyde, Brill, 1977, p. 142-216.

Gallop, D., « Plato and the alphabet », *Philosophical review*, 72, 1963, p. 364-376.

Dancy, R.M., « The One, the Many, and the Forms », *Ancient Philosophy*, 4, 1984, p. 160-193.

Dixsaut, M., « Une certaine espèce de vie », dans *La Fêlure du plaisir, études sur le* Philèbe *de Platon*, I, éd. par M. Dixsaut, Paris, Vrin, 1999, p. 245-265.

Dixsaut, M., « *Ousia, eidos* et *idea* dans le *Phédon* » (1991), repris dans *Platon et la question de la pensée*, Paris, Vrin, 2000, p. 71-91.

Dorion, L.-A., « La subversion de l'"elenchos" juridique dans l'*Apologie de Socrate* », *Revue philosophique de Louvain*, 88, 1990, p. 311-343.

Frede, D., « Rumpelstiltskin's pleasures : true and false pleasures in Plato's *Philebus* », *Phronesis*, 30, 1985, p. 151-180.

Frede, D., « Disintegration and restoration : pleasure and pain in Plato's *Philebus* », dans *The Cambridge Companion to Plato*, éd. par R. Kraut, Cambridge, 1992, p. 452-463.

Frede, D., « The hedonist's conversion : the role of Socrates in the *Philebus* », in *Form and Argument in Late Plato*, éd. par C. Gill et M.M. Mc Cabe, Oxford, Clarendon Press, 1996, p. 213-248.

Fronterotta, F., « L'être et la participation de l'autre. Une nouvelle ontologie dans le *Sophiste* », *Études philosophiques*, 1995/3, p. 311-353.

Fronterotta, F., *METHEXIS. La teoria platonica delle idee e la partecipazione delle cose empiriche. Dai dialoghi giovanili al* Parmenide, Pise, Éditions de la Scuola Normale Superiore, 2001.

Gadamer, H.G., *L'Éthique dialectique de Platon. Interprétation phénoménologique du* Philèbe (1931, 1983³), traduction par F. Vatan et V. von Schenk, Arles, Actes Sud, 1994.

Gallop, D., « Plato and the alphabet », *Philosophical Review*, 72, 1963, p. 364-376.

Gaudin, C., « Remarques sur la "météorologie" chez Platon », *Revue des études anciennes*, 72, 1970, p. 332-343.

Gaudin, C., « Harmonie et combinatoire : le traitement de la voix par Platon », dans *L'Esprit de la musique*, éd. par H. Dufourt, J.-M. Fauquet et F. Hurard, Paris, Klincksieck, 1992, p. 187-201.

Goldschmidt, *Les Dialogues de Platon*, Paris, PUF, 1947, 1971³.

Goldschmidt, V., *Le Système stoïcien et l'idée de temps*, Paris, Vrin, 1953, 1977³.

Goldschmidt, V., « Remarques sur le *Philèbe* », dans *Questions platoniciennes*, Paris, Vrin, 1970.

Hampton, C., « Pleasure, truth and being in Plato's *Philebus* : a reply to Professor Frede », *Phronesis*, 32, 1987, p. 253-262.

Hankinson, R.J., *Cause and Explanation in Ancient Greek Thought*, Oxford, Clarendon Press, 1998.

Huffman, C.A., « Limite et illimité chez les premiers philosophes grecs », dans *La Fêlure du plaisir, études sur le* Philèbe *de Platon*, II, éd. par M. Dixsaut, Paris, Vrin, 1999, p. 11-31.

Isnardi Parente, M., « Le idee nel *Filebo* di Platone », dans *Il Filebo di Platone e la sua fortuna*, P. Cosenza (éd.), Naples, M. D'Auria, p. 205-219.

Kenny, A., « False pleasures in the *Philebus* : A reply to Mr. Gosling », *Phronesis*, 5, 1960, p. 45-52.

Kolb, D., « Pythagoras bound : limit and unlimited in Plato's *Philebus* », *Journal of the History of Philosophy*, 21, 1983, p. 497-511.

Kühn, W., « Quatre catégories cosmologiques employées en éthique, *Philèbe* 23b-26d », dans *La Fêlure du plaisir, études sur le* Philèbe *de Platon*, I, éd. par M. Dixsaut, Paris, Vrin, 1999, p. 89-154.

Labarbe, J., *L'Homère de Platon*, Liège, Faculté de Philosophie et de Lettres, 1949.

Lefèbvre, D., « Qu'est-ce qu'une vie mixte ? La découverte de la vie mixte dans le *Philèbe*, 20b-22b », dans *La Fêlure du plaisir, études sur le* Philèbe *de Platon*, I, éd. par M. Dixsaut, Paris, Vrin, 1999, p. 61-88.

Letwin, O., « Interpreting the *Philebus* », *Phronesis*, 26, 1981, p. 187-206.

Meinwald, C.C., « One/many problems. *Philebus* 14c1-15c3 », *Phronesis*, 41, 1996, p. 95-103.

Menn, S., « Collecting the letters », *Phronesis*, 43, 1998, p. 291-305.

Moravcsik, J.M., « Forms, nature, and the good in the *Philebus* », *Phronesis*, 24, 1979, p. 81-104.

Petit, A., « *Peras* et *apeiron* dans le *Philèbe* », dans *Platon et l'objet de la science*, éd. par P.-M. Morel, Bordeaux, Presses universitaires de Bordeaux, 1996, p. 113-121.

Pradeau, J.-F., *Le Monde de la politique. Sur le récit atlante de Platon*, Timée *(17-27) et* Critias, Sankt Augustin, Academia, 1997.

Pradeau, J.-F., « Les formes et les réalités intelligibles. L'usage platonicien du terme εἶδος », dans *Platon : les formes intelligibles*, éd. par J.-F. Pradeau, Paris, PUF, 2001, p. 17-54.

Pradeau, J.-F., « Platon avant l'érection de la passion », dans B. Besnier *et alii* (éd.), *Les Passions à l'âge classique*, tome I, Le legs antique et médiéval, Paris, PUF, 2002.

Robin, L., *Platon*, Paris, PUF, 1935.

Robin, L., « Le cinquième genre de l'être dans le *Philèbe* » (1931), repris dans *La Pensée hellénique des origines à Épicure*, Paris, PUF, 1942, 1967², p. 355-360.

Sayre, K.M., *Plato's Late Ontology. A Riddle Resolved*, Princeton, Princeton University Press, 1983.

Schofield, M., « Who were the *duschereis* in Plato, *Philebus*, 44a ff. », *Museum Helveticum*, 28, 1971, p. 2-20.

Schöpsdau, K., « Vertu et plaisir : sur *Lois* V, 732d8-734e2 », *Revue philosophique de la France et de l'étranger*, 2000-1, p. 103-115.

Sedley, D., « Platonic causes », *Phronesis*, 43, 1998, p. 114-132.

Shiner, R.A., *Knowledge and Reality in Plato's Philebus*, Assen et Maastricht, Van Gorcum, 1974.

Shiner, R.A., « Must *Philebus* 59a-c refer to transcendant Forms ? », *Journal of the History of Philosophy*, 17, 1979, p. 71-77.

Stokes, M.C., *One and many in Presocratic Philosophy*, Washington, Centre for Hellenic Studies, 1971.

Striker, G., *Peras und apeiron. Das Problem der Formen in Platons* Philebos, *Hypomnemata*, Heft 50, Göttingen, Vandenhoeck & Ruprecht, 1970.

Vlastos, G., « Reasons and causes in the *Phaedo* » (1969), modifié et repris dans *Platonic Studies*, Princeton, Princeton University Press, 1973, p. 76-110.

Waterfield, R.A.H., « The place of the *Philebus* in Plato's Dialogues », *Phronesis*, 17, 1979, p. 71-77.

c. Études de philosophie ancienne :

Burkert, W., *Weisheit und Wissenschaft. Studien zu Pythagoras, Philolaos und Platon* (1962-), traduction anglaise par E.L. Minar, revue par l'auteur, *Lore and Science in Ancient Pythagoreanism*, Cambridge, Harvard University Press, 1972.

Centrone, B., *Introduzione a i pitagorici*, Rome et Bari, Laterza, 1996.

Festugière, A.-J., *Aristote. Le plaisir*, Paris, Vrin, 1936.

Giannantoni, G., *I Cirenaici*, Florence, Sansoni, 1958 (repris dans les *Socratis et Socraticorum Reliquiae*, Naples, Bibliopolis, 4 volumes, 1990).

Gosling, J.C.B. et C.C.W. Taylor, *The Greeks on Pleasure*, Oxford, Clarendon Press, 1982.

O'Meara, D.J., *Pythagoras Revived. Mathematics and Philosophy in Late Antiquity*, Oxford, Clarendon Press, 1989.

Parente, M.I., *Speusippo. Frammenti*, Naples, Bibliopolis, 1980.

Petit, A., « Harmonie pythagoricienne, harmonie héraclitéenne », *Revue de philosophie ancienne*, XIII, 1, 1995, p. 55-66.

Tarán, L., *Speusippus of Athens*, Leyde, Brill, 1981.

CHRONOLOGIE

Socrate	Platon	Événements politiques et militaires
		750-580 : Colonisation grecque notamment en Sicile.
		508 : Réformes démocratiques à Athènes.
		499-494 : Révolte de l'Ionie contre les Perses. Athènes envoie des secours.
		490-479 : Guerres médiques.
		490 : Bataille de Marathon.
		480 : Bataille des Thermopyles.
		480 : Victoire de Salamine. Victoire des Grecs de Sicile sur les Carthaginois à Himère.
		478-477 : Formation de la Confédération de Délos. Elle durera jusqu'en 404.
470 : Naissance de Socrate, dix ans après la bataille de Salamine.		
		459 : Guerre de Corinthe contre Athènes.

Socrate	Platon	Événements politiques et militaires
		449/448 : Paix dite « de Callias » entre Athènes et les Perses.
		447 : Bataille de Coronée.
		446 : Paix dite « de Trente Ans », qui durera quinze ans (446-431).
441-429 : Socrate semble avoir des liens avec l'entourage de Périclès (avec Aspasie, Alcibiade, Axiochos, Callias).		
		435 : Guerre de Corinthe contre Corcyre et alliance de Corcyre et d'Athènes.
		432 : Révolte de Potidée (432-429).
		431-404 : Guerres du Péloponnèse.
430 : Hoplite à Samos		**430-426** : Peste à Athènes.
429 : Socrate sauve la vie d'Alcibiade à la bataille de Potidée.		**429** : Mort de Périclès et rivalité entre Cléon (belliciste) et Nicias (pacifiste). Capitulation de Potidée.
	428-427 : Naissance de Platon.	**428-427** : Révolte de Mytilène.
423 : Les *Nuées* d'Aristophane. À un âge mûr, Socrate se marie avec Xanthippe dont il aura trois fils.		**421** : Nicias négocie la paix dite « de Nicias ».
		415-413 : Expédition de Sicile sous le commandement de Nicias, de Lamachos et d'Alcibiade. La mutilation des Hermès.
		414 : Trahison d'Alcibiade, qui gagne Sparte.
		412 : Révolte de l'Ionie et alliance entre Sparte et la Perse.
		411 : Révolution des « Quatre Cents » puis des « Cinq Mille ».

Socrate	Platon	Événements politiques et militaires
		410 : La démocratie est rétablie à Athènes.
		407 : Retour d'Alcibiade à Athènes.
406/405 : Socrate, président du Conseil. Le procès des Arginuses.		**406 :** Défaite d'Alcibiade à la bataille de Notion.
		405 : Denys Iᵉʳ, tyran de Syracuse.
404 : Socrate refuse d'obéir aux Trente et d'arrêter Léon de Salamine.		**404 :** Lysandre impose la paix à Athènes et institue les « Trente Tyrans ».
		403 : La démocratie est rétablie à Athènes.
399 : Socrate est accusé d'impiété, de corruption de la jeunesse et de pratique de religions nouvelles, par Anytos, chef de la démocratie restaurée par la révolution de 403. Il est condamné à mort. Il attend le retour du bateau sacré de Délos avant de boire la ciguë.	**399-390 :** Platon rédige l'*Hippias mineur*, l'*Ion*, le *Lachès*, le *Charmide*, le *Protagoras* et l'*Euthyphron*.	
		395-394 : Sparte assiège Corinthe.
	394 : Peut-être Platon prit-il part à la bataille de Corinthe.	
	390-385 : Platon rédige le *Gorgias*, le *Ménon*, l'*Apologie de Socrate*, le *Criton*, l'*Euthydème*, *le Lysis*, le *Ménexène* et le *Cratyle*.	
	388-387 : Voyage de Platon en Italie du Sud où il rencontre Archytas, et à Syracuse, où règne Denys Iᵉʳ.	
	387 : Retour de Platon à Athènes, où il fonde l'Académie.	

Socrate	Platon	Événements politiques et militaires
		386 : Paix dite « du Roi » ou « d'Antalcidas ».
	385-370 : Platon rédige le *Phédon*, le *Banquet*, la *République* et le *Phèdre*.	
		382 : Guerre de Sparte contre Athènes.
		378 : Guerre d'Athènes-Thèbes contre Sparte.
		376 : Athènes est maîtresse de la mer Égée. La ligue béotienne est reconstituée.
		375 : Flotte d'Athènes dans la mer Ionienne.
		371 : Thèbes bat Sparte à Leuctres : fin de la suprématie militaire de Sparte.
	370-347/346 : Platon rédige le *Théétète*, le *Parménide*, le *Sophiste*, le *Politique*, le *Timée*, le *Critias* et le *Philèbe*.	
	367-366 : Platon vient à Syracuse pour exercer, à la demande de Dion, une influence sur Denys II qui a succédé à son père. Dion est exilé.	**367 :** Mort de Denys Ier, Denys II, tyran de Syracuse.
	361-360 : Dernier séjour à Syracuse.	
	360 : Platon rencontre Dion qui assiste aux jeux Olympiques. L'exilé lui fait part de son intention d'organiser une expédition contre Denys II.	
		359 : Philippe II, roi de Macédoine, père d'Alexandre le Grand (359-336).

Socrate	Platon	Événements politiques et militaires
		357 : Guerre des alliés (357-346). Départ de l'expédition de Dion contre Denys II.
		354 : Assassinat de Dion.
	347/346 : Platon meurt. Il est en train d'écrire les *Lois*.	
		344-337/336 : Timoléon en Sicile.
		338 : Bataille de Chéronée.
		336 : Philippe assassiné. Alexandre le Grand, roi de Macédoine (336-323).

N.B. : En Grèce ancienne, on comptait les années comme années d'Olympiades. Or les jeux Olympiques avaient lieu au mois d'août. D'où le chevauchement de l'année grecque sur deux de nos années civiles, qui commencent début janvier.

Par ailleurs, la périodisation des œuvres de Platon que nous proposons n'est qu'approximative : rien n'assure que l'ordre de la composition des dialogues corresponde à l'ordre dans lequel nous les citons à l'intérieur d'une même période.

INDEX DES TERMES

INDEX CHRONOLOGIQUE
DES AUTEURS ANCIENS

TABLE

GF Flammarion

08/06/139015-VI-2008 – Impr. MAURY Imprimeur, 45330 Malesherbes.
N° d'édition LO1EHPNFG0705C002. – Août 2002. – Printed in France.